中央戏剧学院 教材

INTRODUCTION
TO
VARIETY SHOWS

综艺节目导论

胡鑫　编著

中国国际广播出版社

序

综艺节目作为一种大众文化的载体，早已突破了单纯的娱乐边界，深度嵌入大众的日常生活，成为大众文化景观中不可或缺的重要构成部分。综艺节目既是人们休闲时光的娱乐之选，更是文化传播、社会思潮交流及价值引领的关键载体。

与其他艺术类型一样，综艺节目的进化历程始终与媒介技术和社会思潮的变迁一致。从早期相对单一的节目样式，逐渐演变为融合多种艺术形式、横跨多类传播平台的复杂视听产品。综艺节目的发展历程生动映射出社会文化的动态变迁，其演变轨迹成为观察时代精神与文化趋势的重要窗口。在此背景下，编写《综艺节目导论》这本教材，既适用于播音与主持艺术、广播电视编导等专业教学，又能系统整合综艺知识体系、培育专业人才、提升大众的节目鉴赏能力，具有重要的理论价值与实践意义。

随着视听产业的快速发展，其对专业人才的需求在数量与质量上均提出了更高层次的要求。无论是台前的主持、表演，还是幕后的策划、制作、运营等各个环节，都需要从业者具有深厚的专业知识储备、敏锐的行业洞察力及创新实践能力。考察当前相关教育领域的教材现状，可以发现其存在知识体系不够系统完善、对行业前沿发展动态捕捉不及时等问题，较难契合培养高素质专业人才的迫切需求。对于相关专业的学生群体而言，尽管他们对综艺节目热情高涨，但大多仅停留在观众的浅层参与层面，缺乏深入剖析和理解节目的专业能力。《综艺节目导论》旨在搭建一座连接理论与实践、观众与专业领域的桥梁，引导学生从单纯的节目欣赏者转型为具备专业视角的分析者与创作者，为他们未来投身综艺行业或相关研究领域筑牢坚实基础。

综艺节目是一个融合了多种艺术形式、传播手段及文化元素，以娱乐观众为核心目的的视听节目类型。在综艺节目漫长的发展进程中，内容形式的多元融合趋势越发显著，这使得传统的节目分类方法无法适应节目形态的迭代发展。早期综艺节目类型较为单一，形式相对固定，节目类型界定相对简洁清晰。随着时代演进，尤其是新媒体技术的蓬勃发展，综艺节目的创作理念、技术应用及观众需求都发生了深刻变化，节目形态不断突破传统边界并越发复杂多样，不同类型节目之间的界限日趋模糊。这种融合趋势使得基于单一内容或传播渠道的传统分类方法难以精准界定节目类型，无法全面阐释当下复杂多元的综艺节目生态。

《综艺节目导论》在对当下热播节目形态进行广泛研究的基础上，选取了游戏类、竞技类、表演类、体验类、观察类、脱口秀和访谈类等七种类型深入探讨。这一分类不再局限于表面内容标签，而是聚焦于节目形态的底层构建逻辑——例如竞技类突出规则驱动下的冲突张力，观察类强调真实情境中的人际关系呈现——从而在融合趋势中锚定类型的本质差异。当前这七类节目已形成相对稳定的创作范式，能系统涵盖综艺领域的主流形态，可以为读者勾画清晰的行业版图。当然，任何分类框架都需保持动态开放性。综艺领域发展可谓日新月异，新节目形态不断诞生，尤其是部分尚处萌芽阶段的小众创新节目，其自身特点还未充分定型，尚处在动态发展中，未必能精准契合现有分类框架的标准。此外，随着跨类型融合趋势越发显著，不少节目不拘泥于单一类型范式而呈现出杂糅多种类型的典型特质，使得原本清晰的分类界限变得模糊。本教材在分类选取上并非完整覆盖综艺节目在漫长发展历程中的各类形态，而是顺应研究对象时效性限制，主要围绕当下热播节目展开，尽可能敏锐地捕捉行业当下主流走向，勾勒其丰富的历史演变轨迹与多元特性，助力读者突破现有分类框架局限，全面且深入地掌握综艺节目知识。

中央戏剧学院电影电视系一直秉承“厚基础、重实践”的教育教学理念。《综艺节目导论》采用“理论与案例相结合”的研究方法，通过构建系统理论框架为综艺现象分析提供清晰的逻辑工具，紧贴创作实践，选取覆盖多类型、多阶段的典型案例进行从形式到内涵的逐层剖析，将抽象理论具象化为可感知的创作规律。理论与案例有机融合的方式，既以案例实证强化了理论解释力，又通过理论延伸揭示了行业复杂面貌，为综艺研究提供了兼具学术价值与实践意义的新路径。

综艺节目作为大众文化的生动体现与时代趋向的敏锐反映，其价值远不止于娱乐消遣，它是社会文化的晴雨表、文化潮流的助推器，折射出当下社会的多元价值观、审美取向和生活方式，蕴含着丰富的文化内涵与社会意义，为学术研究提供了广阔且极具价值的领域。《综艺节目导论》的出版，有助于我们更好地理解综艺节目作为大众文化的演变规律，借此洞察时代发展的脉络与趋势，也进一步凸显了对综艺节目进行持续研究的重要性。

高雄杰

中央戏剧学院电影电视系主任，教授，博士研究生导师

2025年4月

目 录

第一章　游戏类节目

游戏不仅是我们日常生活中普遍存在的一种娱乐活动，更是一种重要的文化现象。《现代汉语大词典》对“游戏”的解释主要有：游乐嬉戏、玩耍；戏谑，也指不郑重、不严肃；文娱活动的一种，分为智力游戏、活动性游戏等。英语中表达游戏的词主要有两个——“play”和“game”。play泛指游戏，也指称戏剧、演出、娱乐、（为玩耍）假装等；而game则指社会性的游戏，它有组织、有规则并通常具有竞争性。

游戏是一个较难界定的概念，但可以确定的是，游戏是一种基于规则的互动性活动，旨在通过虚构的挑战提供娱乐、竞争和情感体验。游戏成立的核心在于参与者之间的互动，他们遵循共同的规则，追求特定的目标，这种活动通常是自愿参与的，具有非生产性特征，即其主要目的不是直接的经济利益或生产活动，而是享受游戏过程本身带来的乐趣和满足感。

而游戏类节目是指以游戏为节目主体，内容上强调娱乐性、趣味性，形式上突出互动性、参与性、竞争性的一类综艺节目。这类节目往往具有明确的规则和奖励机制，并通过设计各种任务和挑战来吸引观众，为观众提供轻松愉快的观看体验。

第一节　游戏类节目的发展历程

一、国外游戏类节目的起源

在国外电视媒体的起步阶段，电视节目的内容与形式都十分有限，一些电视节目往往借鉴了广播节目的模式，其中较为典型的就是以“知识问答”为主要形式的游戏节目。这类节目的根源可以追溯到广播时代的互动问答节目，节目在公共场合挑选参与者，并设计了一系列知识竞赛游戏，同时设置较为丰厚的奖金或奖品，旨在激发参赛者之间的竞争。这些广播问答节目因其趣味性和知识性而备受听众喜爱，并促使这种问答游戏的形式在电视媒体时代得到继承和发展。

自20世纪50年代以来，问答节目已成为电视黄金时段的主要节目类型。1955年6月，美国哥伦比亚广播公司（CBS）电视台推出了《64000美元挑战》节目，仅仅在3个月内，该节目就吸引了几乎半数的电视观众观看。这一现象表明，《64000美元挑战》在当时的电视娱乐领域具有显著的吸引力和影响力，这档节目也成为唯一登上1955—1956年度电视节目排行榜首位的游戏类节目。

这一时期，益智问答节目在电视领域备受推崇，如《正确的价格》《谁想成为百万富翁》《二十一》等节目，在电视黄金时段迅速吸引了大批观众，取得了令人瞩目的收视成绩。这些节目在相对短的时间内取得了巨大的成功，凸显了当时的电视观众对这一节目类型的浓厚兴趣。这些节目中获胜的选手往往成为名人，有些甚至获得了主持谈话节目的机会，并登上知名杂志的封面，进一步提升了他们的知名度和影响力。为了吸引更多观众，众多节目不断提高奖金数额，如1958年一位美国蓝领工人在《64000

美元挑战》节目中获得了高达164 000美元的奖金。高额的奖金随即引发了社会的关注甚至轰动。这些节目在当时的电视娱乐领域树立了新的标杆，吸引了大批观众，为电视节目制作和广告行业带来了巨大的商机。

在电视问答节目中，普通电视观众作为选手积极参与，成为节目的重要组成部分。他们在游戏中获得乐趣，同时也为观众呈现了充满悬念和引人入胜的比赛场面。尽管电视在发展初期受到各种限制，导致节目形式相对简单，但这并不意味着节目在效果上缺乏吸引力。相反，一些早期的问答节目为了提高观众的兴趣和节目的观赏性，采用了一些具有戏剧性效果的表现手法。例如，某些节目会邀请乐队和明星嘉宾参与，他们在节目中扮演提问者的角色，提出各种问题。同时，节目中的出题人则扮演学术专家或教授的角色，以权威和专业的形象呈现问题。此外，裁判坐在类似法官席的位置，以一种正式且一致的风格来宣布每个答案正确与否。这种设置不仅增加了节目的趣味性，也让观众在娱乐中感受到知识的权威性和专业性。这些创新的表现手法不仅为观众提供了更具娱乐性的观赏体验，还增加了节目的戏剧性和互动性。这种方式使观众更加投入，增强了他们的参与感。因此，尽管早期电视问答节目在制作上受到技术和资源方面的限制，但它们通过巧妙的表现手法成功地吸引了观众，为游戏类节目的发展打下了坚实的基础。

二、我国益智类节目的兴起

游戏类节目历来深受广大观众的喜爱，它们以轻松愉快的游戏环节为核心，营造出一种欢乐的氛围，为观众带来无尽的娱乐享受。在中国电视行业的起步阶段，与国外媒体早期的发展十分相似，以知识问答为主的益智类节目同样也是最早赢得观众青睐的节目类型之一。此类节目不仅为观众提供了具有知识性的娱乐，也成为家庭共享的欢乐时光，深受各个年龄段观众的喜爱。

益智类节目是一种以智力竞赛为核心内容的电视节目，通常包括问答、解谜、逻辑推理等元素，旨在考验参与者的记忆力、思维能力、反应速度和知识储备。这类节目往往结合娱乐性和教育性，通过互动性强的竞赛形式吸引观众，同时鼓励观众在观看过程中学习新知识、锻炼思维能力。

20世纪80年代，我国的电视益智类节目逐渐兴盛起来，具有标志性意义的是1980年广东电视台播出的《“六一”有奖智力测验》，该节目一经播出便引发热烈反响，并获得首届全国电视优秀节目评选一等奖，掀起了电视益智类节目的风潮。随即在1981—1984年，中央电视台连续4年举办了《北京中学生智力竞赛》。自此以后，智力竞赛、歌唱比赛、小品大赛等电视竞赛节目如雨后春笋般涌现，电视竞赛节目在强调专业性和艺术性的同时，尽可能兼顾竞赛挑战的娱乐性与刺激感。虽然电视在这一时期并未全面普及，但知识竞赛类活动却已见势头，不少单位都会组织类似活动以丰富员工的文化生活。1985年，演员王姬和总政话剧团导演金翼在北京电视台主持了《家庭百秒十问知识竞赛》。从中央电视台的《法律在身边“一二五”普法特别节目》，到地方台的《民族知识竞赛》《规范用字用语知识竞赛》等一系列益智节目可被视为中国游戏类节目的先驱。知识竞赛节目就像是一个更轻松的课堂，观众通过观看电视中参赛选手答题，仿佛身临其境，体验到参与其中的快感与愉悦。在以上这些节目的带动下，1984年，工人日报社出版了《知识竞赛题集》；1985年，浙江人民出版社、山西人民出版社分别出版了《知识竞赛题集》和《知识竞赛题解》；1986年，辽宁教育出版社出版了《知识竞赛2000题》。

益智类节目的第二个发展高潮是21世纪后。2000年7月7日，为响应党中央“科教兴国”的号召，中央电视台推出了益智类节目《开心辞典》，该节目是一种以知识问答为节目主体，以巨额奖励为节目特点的电视益智类游戏节目。之所以被称为益智类游戏节目，是因为在这类节目中，参与者和主持人都处于一种游戏状态，通过固定的游戏规则形成两个或多个主体之间的互动。而参与者答对题目的开心、答错题目的懊恼及在选择“放弃”还是“继续”之间的徘徊，主持人或严肃或轻松的语言和肢体表现，现场观众和台上参与者及主持人的互动，都让整个节目现场处于一种互动沉浸的氛围当中，具有很强的互动性和娱乐性。

这一类集结了传播知识、游戏娱乐和有奖问答元素的娱乐节目在电视荧屏上迅速崭露头角，其收视率逐步攀升，将益智类节目的发展推向了高潮。这一时期，中央电视台推出了《三星智力快车》、北京电视台播出《SK状元榜》、广东电视台珠江频道制作了《谁想成为百万富翁》等。此外，还有北京电视台的《梦想成真》、上海电视台的《智力大冲浪》、贵州电视台的《世纪攻略》、江苏电视台的《天天90分》、浙江电视台的《超能E百分》、湖北电视台的《幸运智多星》、河北电视台的《猜中彩》、辽宁电视台的《智慧擂台》、湖南电视台都市频道的《超级英雄》和《超级小英雄》、中国教育电视台的《创想之夜》等。

三、综艺娱乐节目的涌现

20世纪90年代后，综艺娱乐节目迎来了跨越式的发展。1990年，中央电视台和正大集团联合制作的综艺益智节目《正大综艺》播出，全新的节目形态、新颖的节目内容至今仍能使大家在茶余饭后谈及。节目由“世界真奇妙”“五花八门”“名歌金曲”三部分构成。以世界各地的旅游文化为切入点，围绕“看”做文章，通过猜谜的形式向观众介绍世界各地的风光、习俗、名胜、趣事。节目问答的形式虽然简单，游戏规则也还没有完全建立起来，但游戏已经取代了文艺化的表演，成为综艺节目的主要内容，综艺节目开始呈现出游戏化、娱乐化的倾向，这是电视向大众文化转变的标志之一。在游戏设计方面，《正大综艺》节目从第40期起，增设了抢答器，变“问答”为“抢答”。观众可以通过现场抢答、与嘉宾搭档、场外答题、有奖竞猜等多种形式参与节目；从第400期开始，节目开通热线电话，为场外观众提供了参与竞赛的平台。改版后的游戏规则把比赛设计成三个空间：第一个空间是演播室现场的竞赛，4位嘉宾通过现场答题决出胜负；第二个空间的比赛在演播室的观众席进行，现场观众通过表决器选择答案和所支持的嘉宾，答题最好的观众将代表现场观众参加最后的决赛；第三个空间的比赛在电视机前进行，观众通过热线电话参与答题，作为场外选手，与嘉宾和现场观众进行最后的三方对决，决出该期的胜利者。作为一档集中了知识问答、风光展示、吉尼斯之夜、选手闯关的综艺节目，《正大综艺》开创了电视娱乐的新形态，对其他类型节目的发展具有非同一般的意义。

此后，全国各个电视台都陆续推出了游戏类节目。1994年6月20日，上海电视台第8频道推出了一档名为《智力大冲浪》的游戏类节目，这是一档具有极高参与度的综艺节目。该节目以每周1期的频率播出，每期时长约为40分钟。与此同时，北京电视台也相继推出了《开心娱乐城》和《黄金乐园》等游戏娱乐节目。

此后，湖南电视台的《快乐大本营》、中央电视台的《幸运52》和《开心辞典》、安徽电视台的《超级大赢家》、北京电视台的《欢乐总动员》、福建电视台的《开心100》等综艺节目陆续播出，标志着纯粹以娱乐为目的的节目形态开始出现，开启了我国电视娱乐的热潮。

《快乐大本营》于1997年在湖南电视台开播，节目以游戏为主，辅以歌舞表演和嘉宾访谈等其他节目形式，其娱乐化、时尚化、知识化、大众化的节目特征及轻松有趣的节目效果实现了真正的“全民娱乐”。在节目中，嘉宾被邀请上台表演歌唱、扮演喜剧角色、参与各种游戏活动。观众和嘉宾处于一种游戏状态中，忘记自己的社会地位或身份，沉浸在一种互动、解放和娱乐的情境之中。这种互动风格在主持人的引导下得到了进一步的放大，观众的情绪受到了现场氛围的感染，享受其中，掀起了一股中国电视娱乐的“快乐浪潮”。随后，以“快乐”和“动员”为核心主题的综艺节目开始在全国各地的电视台如雨后春笋般涌现出来，游戏在其中越发重要，这一现象也标志着中国电视娱乐领域的一次显著转变。

1998年11月22日，中央电视台买入英国老牌综艺节目*GO BINGO*的播出权及使用权，打造了节目《幸运52》，一经播出就取得了优异的收视成绩。《幸运52》节目的主要形式是邀请普通观众作为参赛选手，以智力竞猜和趣味竞赛的方式展开智力对决，获胜者还有机会获得丰厚的实物奖品。除了场内选手的激烈竞争，该节目还提供了一种互动机会，即场外观众可以通过热线电话及时参与到节目中，并有机会获得相应的奖励。这种节目模式在真正意义上实现了与观众的互动，全国范围内的电视观众都有机会参与节目的选拔，并在最终阶段获得现场比赛的资格。该节目成功引入了国外益智节目的理念，并巧妙地锁定了以家庭为基础的观众群体，围绕中国传统的亲情观念展开。同时，该节目巧妙地创造了"家庭梦想"和"平民智力英雄"等核心理念，满足了观众日益增长的娱乐消费需求，取得了显著的市场效果。

1999年开播的《欢乐总动员》同样是当时国内观众最喜爱的、最有影响力的电视综艺节目之一。该节目集游戏性、表演性、竞技性、参与性于一体，其中最为知名的单元是"超级模仿秀"，其主要内容是参与者从外貌、神态、语言、气质等各个方面全面模仿明星的形象，这一节目模式为观众呈现了一种充满创意和趣味的表演形式，同时也为参与者提供了一个展示才能的平台。

在上述节目中，游戏作为一个非常重要的娱乐元素成为电视综艺节目不可或缺的一部分。这类节目采用的游戏模式给观众带来了新鲜、新奇的体验，使观众的参与感得到了空前的满足，也契合了人们潜意识中的"游戏情结"。此后，综艺节目不断经历着游戏化迭代，其基本特征是节目中的游戏环节和版块越来越多，节目整体框架越来越游戏化，同时，游戏的形式和种类越来越复杂多样，游戏的文化建构功能和影响力也越发凸显。

四、游戏与真人秀模式的结合

1999年，荷兰电视台推出的社会实验类真人秀节目《老大哥》取得了巨大的成功，随后被丹麦、美国、法国、澳大利亚、德国等国家借鉴和引进，制作了各自的版本。从2000年起，一场全球性的“真人秀浪潮”兴起并迅速蔓延，并形成了一种新的电视文化奇观。

真人秀节目是一种特殊类型的电视节目，节目完整记录了参与者在特定情境下，为了实现预先确定的目标，按照节目规则展开的一系列行为活动。这种将真实、悬念、才艺、竞技、互动等众多元素融为一体的真人秀节目，凭借精彩丰富的节目内容和创新的节目形式，快速成为深受观众欢迎的节目类型。真人秀节目可以定义为：由普通人而非扮演者参与，在规定情境中真实展现人的行动过程、矛盾冲突、情感纠葛等综合性因素的节目形态，依据不同的人物、人物关系、任务设置等因素，呈现出不同类别的真人秀，如野外生存、婚恋交友、游戏竞技等。

中央电视台经济·生活·服务频道在2000年8月的《地球故事》栏目中播放了美国CBS电视台制作的一档真人秀节目《幸存者》，这是真人秀第一次出现在中国电视观众眼前。同年，广东电视台推出《生存大挑战》，被视为我国最早的真人秀节目。

2008年，北京奥运会前后，许多电视台都推出了大型户外竞技类游戏节目。如2008年9月湖南电视台播出的《智勇大冲关》是一档全民体验游戏节目，将闯关游戏作为节目的核心，全民参与游戏竞技闯关，通过一次次的闯关成功到达最后的终点，赢得节目奖励。其中，选手登台前的自我展示，在中途意外落水所带来的笑料，马上要到达终点的紧张感、刺激感，观看群众的热情呐喊，都是节目的精彩看点。同样类型的节目还有浙江电视台在2009年推出的《冲关我最棒》及2010年安徽电视台推出的《男生女生向前冲》等。

五、海外节目模式的引入

在中国电视娱乐节目的早期发展阶段，游戏元素作为节目的辅助性内容，主要用于活跃现场氛围、增强观众参与度，并提升节目整体的娱乐效果。然而，随着电视行业的不断发展与创新，游戏逐渐从辅助性环节转变为综艺节目的核心组成部分，成为吸引观众关注的重要手段。

2014年起，浙江电视台、上海电视台等开始引进海外节目模式，《奔跑吧兄弟》（后更名为《奔跑吧》）、《极限挑战》等节目陆续播出，标志着游戏类真人秀在中国的正式兴起。这些新颖的游戏类真人秀节目以其独特的形式设计和创新的游戏玩法，很快就风靡全国，引领了国内电视娱乐的新潮流。这些节目通过精心策划的游戏任务和挑战，不仅考验参与者的智力与体力，更展现了嘉宾的个性魅力和团队协作能力，从而赢得了广大观众的喜爱和市场的积极响应。

海外节目模式的引进为中国电视行业带来了“电视节目模式”这一全新理念。电视节目模式（television formats）的概念源自英国，可译为电视节目模式、电视节目样式、电视节目模板、电视节目范本、电视节目版式等。在此概念中，“模式”一词表示一种成熟、经过验证和稳定的内在规范，具有明确的样式标准。然而，尽管已经有相当长时间的研究和讨论，至今关于电视节目模式的确切含义仍在不断探讨之中，尚未形成一个被广泛接受的确切合适的定义。“海外节目模式”大都经受了当地市场和受众的实际检验，可以在很大程度上规避节目失败的市场风险。也正是基于这样的原因，国内部分电视媒体开始引进海外节目模式，很快便取得了极大的成功。这种成功的节目范例具有强大的示范效应，强烈地刺激了其他电视媒体购买海外版权的欲望和胆量，各家电视媒体也开始纷纷效仿，积极地尝试从海外市场中购买和引进优秀的节目模式。

电视节目模式的制作过程通常需要经历三个关键阶段：第一阶段是模式设计阶段，即将创意点子具体化为一个“纸板模式”。在这个阶段，创意被转化为一个可操作的概念，包括节目的核心理念、结构、主题和形式等要素。第二阶段是模式发展阶段，这一阶段的目标是将“纸板模式”进一步发展成可实际制作和播放的电视节目。在此阶段，节目/模式指南得以完善，其中详细规定了节目的内容要求，如节目台本、不同节目版块、流程、参与人员的要求等。此外，还包括技术配备，如视频制作、灯光、摄影棚、舞台设计、音乐制作、后期特效等。同时，还需要确定节目的制作进度、财务预算，以及法律和保险等相关事项。这个阶段的目标是确保节目的所有要素都准备就绪，以便顺利制作。第三阶段是模式发行阶段，包括市场推广、节目销售、相关产品开发等策略。这一阶段的目标是将制作完成的节目推向观众，确保其获得广告商和观众的青睐。这可能包括与广告商的合作、赞助协议的达成、节目的广告宣传和市场营销，以及节目衍生品的开发等。总的来说，电视节目模式的制作过程是一个从创意到实际播出的多阶段过程，每个阶段都需要仔细规划和管理，以确保节目的成功制作和推广。

在海外节目模式的赋能之下，中国真人秀节目随即迎来了跨越式发展的阶段。2014年，浙江电视台引进了韩国SBS电视台综艺节目*Running Man*，推出《奔跑吧兄弟》大型户外竞技真人秀节目。节目中，固定嘉宾组成的“跑男团”与每期特邀嘉宾一起，通过一系列精心设计的竞技游戏和趣味挑战，在不同城市展开智力与体力的较量，不仅考验参与者的团队协作能力，也充满娱乐性和观赏性。《奔跑吧兄弟》以其轻松幽默的风格、明星嘉宾的亲民互动和积极向上的正能量，赢得了广大观众的喜爱，成为国内游戏节目的标杆。

2015年，上海电视台推出了《极限挑战》节目，迅速获得了极高的人气和关注度。节目集结了多位知名演艺人员组成“极限男人帮”，他们在节目中面对各种设定的极限情境和挑战任务，通过个人智慧与团队合作，共同完成一系列富有创意和难度的任务。《极限挑战》以其独特的节目设计、紧张刺激的挑战内容、成员之间的深厚友谊和积极的社会正能量，展现了嘉宾们勇于挑战、不惧困难的精神风貌，深受广大观众的喜爱，成为中国电视真人秀领域的又一标志性节目。

游戏在这些节目中占据重要位置，其形式与表现更是纷繁多样，如2015年11月湖南电视台引进日本富士电视台综艺节目《全员逃走中》，推出了创意实境游戏秀节目《全员加速中》。节目不再是由简简单单的游戏环节组成，而是直接将整个真人秀节目变成一个实境游戏，真人秀参与者变成了“游戏者”，在节目设置的三重游戏时空中，躲避“猎人”的追捕，获得“游戏币”，方能获胜。从单一的游戏环节、复杂的竞技环节到实境的游戏节目，游戏在真人秀节目中快速“扩张”，成为电视真人秀节目中不可或缺的元素。又如2014年10月，深圳电视台播出了《极速前进》，节目中所有参与的嘉宾两两组队进行竞技挑战，各队必须按照给定的任务前行，最先到达终点的获胜。参与节目的明星从第一集到最后一集都在经历各种挑战，虽然挑战的内容有所不同，但总体思路是争取以最少的时间高效率地完成挑战。

此后，越来越多的游戏挑战类节目播出，如中央电视台的《了不起的挑战》、浙江电视台的《西游奇遇记》和《二十四小时》、上海电视台的《哈哈哈哈哈》等。

六、文化综艺节目的兴盛

2009年，《开心辞典》推出“开心学国学”主题系列节目，是全国第一个以传统文化内容为核心的系列单元节目。在此之后，一些综艺节目陆续推出与传统文化相关的单元节目，如湖南经视《越策越开心》的“方言听写大赛”等。2009年5月，山东电视台齐鲁频道一档以国学为主要内容的综艺节目《所向无敌》走入观众视野，节目通过家庭互动的方式来引起更多人对国学和传统文化的关注。

2013年开始，益智类节目开启了全面与传统文化相结合的阶段，在全国范围掀起了传统文化浪潮。2013年12月31日，国家新闻出版广电总局下发《关于积极开办原创文化节目弘扬和传承优秀传统文化的通知》，要求上星综合频道深入挖掘传统文化资源，积极开办以弘扬和传承优秀传统文化为主旨的原创文化节目。在这一政策的推动下，一系列“文化”与“游戏”相结合的综艺节目如雨后春笋般涌现出来，如《最爱中国字》《中国成语大会》等。

这一时期的文化类节目处于发展初期，主要集中在国学文化类、语言文化类和文学诗词类这三大类别上，各节目同质化程度较高，差异化并不明显，大多采用“选手竞技+嘉宾点评”的节目模式。

2013—2016年，许多文化节目都以传统文化知识的考查为核心，并在“知识问答”这一传统游戏模式之上创新环节设计。例如，贵州电视台的《最爱是中华》节目设置了“名师高徒”环节，受邀嘉宾不仅承担着点评选手表现、阐释文化内涵的任务，还可以在竞技现场与选手共同进行挑战。此外，还有云南电视台在2013年推出的《中国灯谜大会》，节目以“猜灯谜、迎新春、中大奖”为核心，通过“猜灯谜”这一民俗活动传播传统文化。又如浙江电视台于2014年推出的《中华好故事》，讲述反映中华民族独特风俗和民族精神的故事，在传统的竞技挑战之外，新增戏剧演绎的环节，传播神话故事、童话寓言、成语典故等民间文学和文化历史知识。

2013年7月，《汉字英雄》第一季开播，节目以汉字为主要内容，采用答题竞技的模式，集综艺性和知识性于一体，将文化和娱乐相融合，集合全国各地的青少年倾情参与，意在为青少年打造展示汉字水平和个性的舞台。同年8月，中央电视台的《中国汉字听写大会》开播，因其规模之大和竞技之激烈被称为“全国汉字听写运动会”。该节目第一季的总决赛吸引了1.2亿名观众观看，获得2.6%的收视率，在重点节目全国平均收视率中排名第一，成功掀起了全国范围内的“汉字听写热”。成语同样成为语言文化类节目的创作题材，继汉字类节目广受好评之后，河南电视台和中央电视台“乘胜追击”，沿袭之前的节目模式分别推出《成语英雄》和《中国成语大会》，从成语的书写、内涵、典故、语用等各方面传播中国语言文化的独特魅力。

总的来看，这一时期文化综艺节目的主要内容取材于中华优秀传统文化的各个方面，如诗词歌赋、礼仪风俗、传统技艺、民族歌舞、曲艺等。其具备两个方面的基本特征：首先，以中国文化为节目的核心内容与表现对象，文化元素与传统文化主题贯穿在整个节目的制作中。其次，节目注重传承优秀传统文化，弘扬爱国主义高尚情操，发挥电视节目大众文化教育的功能。

2016年，中央电视台推出了现象级节目《中国诗词大会》，节目以弘扬中华优秀诗词文化为宗旨，创新性地增加了“百人团”多人挑战，进一步增强了答题竞技的互动性，加之相关专家对于诗词的生动解读，让人们重新感受诗词的妙趣和美感。节目精心挑选的古典诗词种类繁多、风格各异，这些诗词不仅包含了历代名家的佳作，也包括了不同流派和时期的代表性作品，为观众呈现了一个多姿多彩的诗词世界。其实，从2013年开始，诗词题材的文化类节目便已萌芽，如河北电视台的《中华好诗词》和陕西电视台的《唐诗风云会》等，均采用了答题竞技的形式普及诗词知识，四川电视台的《诗歌之王》将“诗”与“歌”相结合，让诗人创作诗词，歌手谱曲竞演，把诗唱给观众听。

文化益智类节目不仅为观众提供了互动娱乐的途径，也起到了文化普及与教育的作用，《中国汉字听写大会》平均每期出现的汉字接近900个，《中国成语大会》仅第一季出现的成语就接近2000条，《中国谜语大会》中每一季出现的谜题有100多道，《中国诗词大会》中每一季考查的诗句超过600句。而以上这些仅仅是作为考查问题的知识点，开场、选手自我介绍、嘉宾点评等环节也根据节目需要融入了不同的知识元素，使整场节目文化氛围浓郁。为确保题目的科学性，节目组专设题库组对考查内容进行反复测试，在设置题目难度时，题库组有意挑选一些对大家来说“既熟悉又陌生”的词句，提升了节目的游戏性与互动性。

七、其他游戏类节目的发展

（一）推理解谜类节目的兴起

2016年，湖南电视台播出的《明星大侦探》节目在创意上受到韩国JTBC电视台推理类综艺节目《犯罪现场》的启发，每期参与的嘉宾需要在“案发现场”寻找证据和真相，并找出真正的“凶手”。由于原版播出过的故事无法在中国版复制挪用，节目组需要进行全新的故事设计和案件构思，以保持观众的新鲜感和兴趣。节目组在第一季时邀请了韩国综艺团队的编剧和导演来现场指导，学习编剧和拍摄的核心方法后，开始独立编创故事和设计剧情。从节目第一季开始，各种侦探小说、悬疑故事和推理类影视都成为节目中剧本故事的灵感来源。

芒果TV于2019年制作的《密室大逃脱》节目更是将游戏效果发挥到了极致。在每期节目中，嘉宾都被困于不同主题的密闭空间内，仅能依靠暗示性的细节进行推理，逐渐开启新的空间，并通过解锁各种机关来“逃生”，直到全员逃脱为止。该节目延续了《明星大侦探》的布景风格，十余个房间层层相连，每一个细节都隐藏着关键线索。节目以沉浸式实景密室为特色，采用了新颖的“沉浸感+连续剧”叙事模式，成功地将嘉宾和观众带入了一个精心设计的“密逃宇宙”。这种叙事方式不仅增强了观众的参与感，还提升了节目的吸引力。为了进一步丰富观众的体验，节目创新性地引入了“户外密室”环节，打破了传统密室的局限，将解谜和探索的空间扩展到了户外，为观众带来了全新的挑战和惊喜。

2021年，爱奇艺推出的《萌探探探案》节目也属于此类。这是一档融合角色扮演与侦探推理的综艺节目，嘉宾在精心构建的情境中扮演不同角色，通过解谜和搜集线索来推进剧情，旨在为观众提供一场充满悬疑和趣味的娱乐体验。该节目每期根据一部经典作品，进行实景还原或改编，嘉宾通过剧情的疑点及游戏环节获取剧情线索，寻找剧情真相。节目把《潜伏》《庆余年》《还珠格格》《西游记》《白蛇传》等经典影视作品改编为“剧本杀”的游戏形式，在用经典剧情引起观众情感共鸣的同时，通过对谍战、古装、神话等不同题材剧本的解锁，给予观众多维度的推理体验与娱乐效果。

（二）室内综艺节目的迭代

2016年1月29日，浙江电视台打造了原创室内游戏竞技类节目《王牌对王牌》。与以往的室内综艺不同，这档节目探索了将户外真人秀模式移植到室内演播棚的创新模式，通过将游戏竞技的场景从户外移至室内，充分利用演播棚的“聚焦效应”，为观众呈现了一道别开生面的室内真人秀景观。节目每一期都邀请明星嘉宾参与，他们组成两支实力相当的王牌战队，由队长带领进行“对战”。游戏环节的设计紧凑而富有创意，确保了节目的观赏性和趣味性。作为一档室内综艺节目，《王牌对王牌》在游戏种类设计上更加精巧多样，除了游戏的环节，节目还融入了小品、歌唱、舞蹈等多种演绎形式，这不仅展现了嘉宾们的才能，也让整个节目的内容形式更加多元化。

2021年，湖南电视台在“升级青春品牌、深耕青春基因、领航青春生态”的主旨下，推出一档全新室内综艺节目《你好，星期六》，同时对内容进行了升级与迭代，力图实现主流立场、青年态度与潮流文化的融合，解锁主流内容青春化表达新范式，而丰富多样的游戏形式依然是这档节目最核心的看点。

第二节　游戏类节目的创作特征

一、游戏类节目中的游戏类型

（一）问答型游戏

问答型游戏是指由主持人提出问题，有标准答案，嘉宾抢答或者必答的一种游戏。通常由节目组事先准备好一些文化类、常识类、技巧类的问题，主要考验嘉宾知识储备及随机应变能力。例如，2012年，江苏电视台推出的《一站到底》，节目打破以往答题类节目的固定模式，让不同年龄层次、不同身份、性格各异的10位守擂者和1位攻擂者同台竞技，以答题PK的方式获得别人手中的奖品，一旦失败，就掉下擂台，能否"一站到底"成为节目中的最大悬念。

在综艺节目中，问答型游戏环节的设计往往通过融入奖惩机制和挑战元素，与那些传统严肃的知识竞赛节目形成鲜明对比。例如，节目可能会要求嘉宾在吊威亚的状态下进行答题，答错者将被升至更高位置。又如，对战双方头顶悬挂水桶，水桶中是否装水事先未知，答错题的参与者将面临水桶倒置的惩罚。2015年,《快乐大本营》节目推出了创新的游戏环节——"拆弹专家"，该环节通过制作大型道具，模拟紧张的拆弹场景。在节目中，两队各有3名队员被捆绑在立柱上，面临"纸片炸弹"的威胁。两队队长需要通过正确回答一系列问题来剪断导火线，以确保队员的安全；若回答错误，则"炸弹"会模拟爆炸，队员将遭受相应的"惩罚"。

这些充满创意的情境设计在游戏类节目中屡见不鲜，其核心目的在于通过设置具有挑战性的规则，激发参与者之间的竞争和冲突，同时增加意外的发生概率，以此营造紧张刺激的节目氛围，达到娱乐观众的效果。通过这种方式，节目不仅考验了参与者的知识水平和应变能力，还通过戏剧化的游戏设计，增强了节目的互动性和娱乐性，从而吸引了广泛的观众群体。

（二）词句型游戏

词句型游戏主要有词语拼写、成语听写及组词造句等形式，如加字游戏、接龙游戏等，主要考验嘉宾的文化水平与临场反应。由中央广播电视总台制作的《中国汉字听写大会》《中国成语大会》《中国诗词大会》节目、河南电视台于2013年推出的《汉字英雄》节目等都是词句型游戏类节目的代表。

2013年7月，河南卫视与爱奇艺联手打造的中国首档大型网台联动的文化综艺季播节目《汉字英雄》播出，这是一档以汉字文化为主题的竞技类节目，其游戏形式多样，包括汉字听写、成语接龙、偏旁部首组合、多音字辨识、汉字演变追踪等，旨在通过这些富有挑战性的游戏环节，考验参赛者的汉字知识、书写能力和文化素养，同时增加节目的趣味性和教育性，让观众在轻松愉快的氛围中学习汉字，感受汉字之美。

《汉字英雄》节目播出仅仅一个月后，中央电视台（2018年组建中央广播电视总台）《中国汉字听写大会》开播，节目以独特的“汉字听写”形式构成竞赛框架，邀请来自31个省、自治区、直辖市的学生和在内地接受教育的港澳台学生160人，组成32支代表队共同参赛。此外，节目邀请国内语言文化专家担任裁判和解说，中央电视台著名播音员轮番担任读词主考官。《中国汉字听写大会》以其独特的节目设计，将汉字听写竞赛与游戏化元素相融合，创造了一个充满教育意义且极具娱乐性的舞台。通过真人秀的生动形式，节目不仅展现了汉字文化的丰富内涵，还成功点燃了观众对汉字的学习热情，在紧张刺激的比赛氛围中，观众得以深刻体验汉字之美，实现了教育与娱乐的和谐统一。

这一时期，汉字知识问答、成语接龙、诗词对答等词句型游戏成为文化综艺节目的主要内容，这些节目巧妙地将传统文化与现代传播手段相结合，为观众提供了一个深入了解和体验中华传统文化的平台，同时为传统文化的现代传播注入了新的活力，让观众在享受娱乐的同时，也能感受到中国汉字、成语、诗词的深厚魅力。其中，最具有代表性的节目是2016年中央电视台打造的《中国诗词大会》，该节目以其丰富多彩的游戏形式深入挖掘和展现中国古典诗词的魅力。例如，“单字飞花令”要求选手根据给定的单字快速背诵出包含该字的诗句；“双字飞花令”则在难度上升级，需要选手对含有特定两个字的诗句进行即兴反应；“诗词接龙”环节中，选手需以前一个诗句的最后一个字作为下一个诗句的开头，形成连贯的诗词串；“诗词填空”考验选手对经典诗词的记忆和理解，需要在空缺处填入正确的字或词;“诗词知识问答”则更侧重于诗词背后的文化和历史知识，选手需回答与诗词相关的各种问题。这些游戏形式不仅增加了节目的互动性和观赏性，也使得诗词学习变得更加生动有趣，有效地促进了中国传统文化的传播和普及。

（三）猜谜型游戏

猜谜型游戏作为综艺节目中的常见环节，通常要求参与者通过非语言的方式，如肢体动作或绘画，来传递信息并猜测谜底，成功猜中的队伍或个人获得胜利。这类游戏的经典形式包括“你比划我猜”和“传声筒”，频繁出现在《快乐大本营》《王牌对王牌》等室内综艺节目中。为了提升节目的娱乐性，节目组经常在猜谜的基础上引入不稳定因素或干扰因素，如邀请语言不通的外国嘉宾参与传话、设置障碍物、使用声音干扰等，以此增加游戏的难度和不可预测性。

实际上，许多节目中的游戏都是猜谜游戏的变种，如“画图猜词”“画图猜成语”“猜故事”等。为了增强游戏的紧张感和悬念，不少猜谜游戏还增加了时间限制。例如，在《青春环游记》等节目中，游戏规则要求嘉宾在面对同一问题时能够迅速且一致地给出答案，以安全传递手中的“炸弹”至下一组；如果答案不一致，“炸弹”则可能“爆炸”，嘉宾会面临游戏的惩罚或特殊效果。

通过这些创新的游戏设计，节目不仅考验了参与者的想象力、创造力和默契度，还通过设置紧张的时限和潜在的失败惩罚，为观众提供了充满悬念和惊喜的观看体验。这种设计有效地提升了节目的互动性和观赏性，进一步巩固了猜谜型游戏在综艺节目中的重要地位。

（四）动作型游戏

动作型游戏在综艺节目中的显著特征在于其设计能够有效激发参与者进行身体活动。例如，“我说你做”要求嘉宾根据口头指令模仿或协作完成特定动作；而“你比划我猜”则依赖于参与者通过肢体语言来描述和表演，从而让其他成员猜测谜底；又如“水上大冲关”是一种典型的对抗性动作游戏，它要求嘉宾在充满障碍的水上赛道上进行竞速，嘉宾需要在保持平衡的同时尽快通过各种水上设施，如滑梯、摇摆桥等，这不仅考验了参与者的敏捷性和协调性，还充满了娱乐性和挑战性。

《奔跑吧》节目中的“撕名牌”环节是动作型游戏的一个典型代表。这是一种团队对抗性游戏，每位团队成员都佩戴名牌，目标是保护自身名牌不被撕下，同时争取撕下对方团队成员的名牌。游戏通常在不同的空间展开，参与者需要运用策略，如躲藏和协作，以增加获胜机会。“撕名牌”不仅考验参与者的体力和反应速度，还极大促进了团队合作和竞争精神，成为节目的标志性环节。除了“撕名牌”，《奔跑吧》还包含其他多种动作型游戏，如“跐压板跳远”“弹射飞椅”“泥潭大战”，这些游戏以其独有的挑战性和娱乐性，为节目增添了丰富的观赏元素。

对抗性动作游戏，如《快乐大本营》中的“角力大战”通过使用弹力绳增加了互动性和趣味性，要求参与者在限定时间内通过相互拉扯绳索完成特定指令，如夺取道具或食用队友提供的食物，虽然形式简单，但极富娱乐性。然而，过度强调身体对抗的游戏设计可能偏离娱乐游戏的初衷，存在安全风险。

（五）表演型游戏

表演型游戏并非严肃的演技竞技，而是在游戏节目中加入表演元素，以娱乐为最终目的，用比赛的形式来展示表演者的才华。表演型游戏中的表演通常包括歌唱、舞蹈、朗诵、模仿、时装展示等活动。

较为典型的案例有湖南电视台制作的《百变大咖秀》、爱奇艺推出的《偶滴歌神啊》等节目。其中，《百变大咖秀》是湖南电视台2012年推出的晚间综艺节目，版权引自西班牙原创综艺节目 *Your Face Sounds Familiar*，节目以明星模仿别的明星为主要形式。模仿是人类的天性，既是一种游戏形式，也是一种表演形式。在模仿型游戏中，参与者需通过一系列表演元素，如动作、声音、化妆和造型等，来模拟特定的目标对象。游戏的成功与否通常取决于观众的认可程度或评委的评分。

除此之外，表演型游戏还有即兴表演、角色扮演、合作表演等形式。可以说，表演型游戏是综艺节目的重要形式之一，通过参与者的表演和互动，不仅能够传递快乐，还能促进文化交流和艺术欣赏，从而在娱乐的同时，提升公众的文化素养和审美情趣。

（六）夺宝型游戏

夺宝型游戏是综艺节目通过构建竞争性情境并设定一个终极目标，激励参与者通过竞争、比赛和抢夺等环节来争夺最终胜利的一种游戏形式。在众多真人秀节目中，夺宝型游戏不仅是节目的重要组成部分，而且常常构成节目叙事的核心。以《极限挑战》第一季为例，无论是“时间战争”“继承者们”“海岛求生记”，还是“职场宫心计”“冲出黎明”“异次元特工”，各期节目均融入了鲜明的夺宝主题，使得整个节目仿佛是一场精心编排的大型夺宝活动。

在游戏的进行过程中，参与者为获得“宝藏”而不可避免地发生行为冲突，在冲突从形成、发展到解决的过程中，参与者之间不仅会产生个人与个人、个人与集体之间的竞争关系，还可能引发集体之间的对立。这些冲突的存在不仅凸显了游戏本身的竞技特性，同时也为节目增添了戏剧张力，使得节目内容更加丰富和引人入胜。通过这种设计，夺宝型游戏有效地提升了综艺节目的观赏性和话题性，为观众提供了紧张刺激的观看体验。

此外，游戏也成为一种媒体互动与营销形式，如中央广播电视总台春节联欢晚会的微信红包“摇一摇”，抑或是新春佳节支付宝“集五福”等活动，引发了全民抢红包的风潮。新式游戏逐步成为一种新的仪式，进而固化为“新民俗”，成为社会文化生活的有机组成部分。

二、游戏类节目的创作特性

（一）娱乐性

游戏类节目的设计根植于其核心宗旨——提供娱乐。节目通过设计各式各样的游戏来吸引观众，也由此激发与满足观众的娱乐体验。在这一过程中，观众虽以旁观者的身份参与，却能通过观察游戏的进行，与游戏人物产生共鸣，以及感受游戏所营造的独特氛围，实现深层的愉悦和满足感。

综艺节目中的游戏环节，如“传声筒”“你比划我猜”“障碍赛”“默契考验”等，在设计上简洁明了，能激发出很好的娱乐效果。这些游戏之所以能够牢牢吸引观众的目光，很大程度上得益于参与其中的知名明星。明星的加盟不仅显著提升了节目的观赏性和娱乐性，更为观众带来了源源不断的欢笑和乐趣。特别是当观众目睹那些平日里形象无瑕的明星在游戏中出现失误，或展现出不同于平时的个性时，一种意外的亲切感和真实性便悄然而生。这种由对比和意外所引发的娱乐效果，构成了游戏类节目吸引观众并维持高收视率的核心竞争力。通过明星的自然表现，节目能够打破观众对明星的固有印象，使观众与明星之间建立起一种新的、更加亲近的联系。

因此，游戏类节目的娱乐性特征主要表现在其轻松幽默的氛围营造、多样化的游戏互动设计、明星嘉宾的深度参与以及充满创意的节目构思等方面。节目通过精心编排的环节和充满趣味性的游戏，迅速缩短了与观众的心理距离，为观众提供了一个解压和放松的空间。同时，明星的自然表现和即兴反应往往成为节目的亮点，为节目增添了不可预测性和观赏价值。此外，综艺节目常常巧妙地融入社会热点和流行文化元素，使得节目内容不仅贴近生活，而且富有时代感，从而进一步增强了其娱乐性和吸引力。

（二）双形态

根据节目的核心目的和表现形式，游戏类节目可被分为娱乐式和竞争式两大类别。娱乐式游戏节目的核心在于提供一种轻松愉悦的观赏体验，强调节目的趣味性和观赏性。这种节目形态倾向于消解正式性，鼓励观众在无压力的环境中享受节目内容，从而实现一种审美上的自由和放松。相对而言，竞争式游戏节目则以竞争为导向，强调博弈与竞争。这类节目通常具有一定的严肃性、对抗性。竞争式游戏节目的审美体验往往与紧张、刺激和悬念相关联，它们通过竞赛机制激发观众的参与感和紧张感，从而提供一种截然不同的观赏体验。在价值取向上，娱乐式游戏节目倾向于推崇娱乐性和自由性，鼓励消解秩序和打破常规，为观众带来一种超越日常生活的轻松愉悦感。而竞争式游戏节目则更注重严肃性、秩序性和规则的遵守，它们通过竞技特征来吸引观众，强调公平竞争和个人能力的展示。

以具体节目为例，《王牌对王牌》中的“传声筒”游戏环节，通过引入外国嘉宾这一不确定因素，创造了意外的娱乐效果，体现了娱乐式游戏节目追求轻松和愉悦的特点。相比之下,《开心辞典》和《一站到底》等知识问答节目则属于竞争式，它们通过竞赛的形式来实现娱乐目的，节目中充满了悬念和对抗，观众在观看的过程中能够感受到紧张刺激的竞技氛围。此外,《明星大侦探》和《密室大逃脱》等节目通过设定情境和角色扮演，强化了故事性和参与感，将观众带入一个充满悬疑和人物博弈的故事世界中。这些节目虽然在形式上可能更接近于娱乐式，但其内在的竞争元素和对策略、智慧的考验，同样符合竞争式游戏节目的特质，因此，具有双形态的特征。

（三）参与性

游戏类节目通过精心设计的观众互动环节，显著增强了节目的吸引力和观众的参与感。这些环节不仅包括观众投票、提问，还可能邀请观众直接参与游戏，从而影响节目的走向和结果。这种直接的参与方式，使得现场观众的反应成为节目活力和真实感的重要来源。节目通过这些参与性的环节和互动性的元素，激发了观众的参与热情。观众在观看节目的同时，感受到自己对节目进程的影响力和作用，从而产生强烈的参与感和满足感。

哲学家伽达默尔曾提出:“最真实感受游戏的，并且游戏对之正确表现自己所‘意味’的，乃是那种并不参与游戏而只是观赏游戏的人。”从观众的角度来看，他们与节目中的人物共同参与了一场游戏，体验了一次文化消费的过程，在这个过程中，观众体验到了消费的快感，而无须承受劳动的痛苦。

以湖南电视台的《明星大侦探》为例，该节目巧妙地融合了剧情、综艺和推理元素。每一期节目都构建了一个虚构的案件，参与者化身为玩家，通过现场搜证和推理讨论来分析案情，并最终通过投票的方式指认“凶手”。观众在观看过程中，仿佛与玩家一同进入案件现场，以侦探的视角参与调查，体验了一场智力和推理的冒险。为了维持节目的悬念和紧张感，该节目采用了有限视角的叙事手法，即只展示玩家所知道的信息，让观众与玩家一同探索案情的真相。随着调查的深入，观众对案情的了解逐渐增加，他们可以根据自己的理解，选择不同的视角来观察和分析案情。观众通过镜头、弹幕、评论、视角转换等多种方式参与到节目中，成为节目构成的一部分。这种参与方式，使得观众不再是被动的信息接收者，而是节目创造和传播过程中的积极分子。他们通过社交媒体、互动平台等渠道与其他观众、节目的参与者进行交流和互动，共同构建了一个充满活力的观看社区。通过这样的设计，游戏类节目不仅为观众提供了娱乐，还创造了一种全新的文化体验，让观众在享受节目的同时，也能感受到参与和创造的乐趣。

第三节　游戏类节目案例分析

一、《王牌对王牌》案例分析

近年来，游戏类节目已成为观众最为熟悉和喜爱的节目形态之一，尤其是室内游戏节目，已成为各电视台和网络平台的主要综艺节目形式。其中，浙江电视台于2016年1月29日推出的《王牌对王牌》以其独特的节目构思和创新的竞技形式，从众多节目中脱颖而出，成为当下游戏类节目的典型代表。

《王牌对王牌》定位为一档室内竞技真人秀，每期节目都围绕一个核心主题展开，汇聚两支由影视领域的知名IP嘉宾组成的王牌团队。节目中，知名IP嘉宾指的是那些在电影、电视剧等影视领域中广受欢迎的原创故事和角色的代表人物，他们通过才艺展示和竞技挑战，共同参与一场充满趣味和竞争的竞技游戏。

《王牌对王牌》以其创新的节目形式和庞大的嘉宾阵容，从众多游戏类节目中脱颖而出。它不仅为观众带来了丰富多彩的娱乐体验，还十分注重情感元素的融入，以及经典影视IP的再现和主创团队的重聚。节目旨在让观众在欢笑声中重温经典作品的魅力，同时在情感上产生共鸣，体验到一种超越娱乐的深层次满足。

（一）创新游戏形式

《王牌对王牌》以其创新的游戏形式和多元化的嘉宾阵容著称，每期节目都会精心策划，邀请包括资深演员、流行歌手、人气偶像及经典角色的演绎者在内的明星嘉宾，确保了节目内容的丰富性和观众的新鲜感。这些明星嘉宾不仅是节目的吸引力所在，他们的参与也成为游戏设计中不可或缺的一部分，为节目带来了新的看点和期待。节目中的游戏环节设计巧妙，通常涵盖团队对抗、才艺展示、默契考验和智力挑战等，旨在通过轻松愉快的氛围促进明星嘉宾之间的互动和竞技。这些游戏不仅考验嘉宾的反应速度和团队协作能力，更是他们个人魅力和才艺的展示平台，为观众提供了紧张刺激且充满乐趣的观看体验。此外，节目还会根据每期的主题，为嘉宾量身定制角色，让他们在角色扮演与真实性格间自如转换。无论是资深演员的演技挑战、流行歌手的音乐游戏，还是人气偶像的舞蹈和时尚挑战，每位嘉宾都能在这些精心设计的游戏环节中展现自己的独特才华。这种创新的游戏形式不仅增强了节目的观赏性，也提升了趣味性，使《王牌对王牌》在众多综艺节目中独树一帜。

然而，《王牌对王牌》中游戏环节的设计并非独立存在，而是与每期的节目主题紧密相连，这不仅为观众提供了娱乐的享受，更在无形之中加深了观众对主题的理解和感悟。在特定的主题背景下，嘉宾化身为与主题息息相关的角色参与到游戏之中。以《王牌对王牌》第二季节目中的“经典武侠队VS传奇仙侠队”一期为例，嘉宾们重现了自己饰演过的经典武侠角色和仙侠角色，如林志颖的“小鱼儿”、李若彤的“小龙女”、赵文卓的“黄飞鸿”等。节目通过一系列与主题紧密相关的游戏挑战，不仅展现了嘉宾对角色的深刻理解和生动演绎，也让观众在轻松愉快的氛围中重温了经典作品的难忘瞬间。节目中的每一个游戏和任务都与角色的故事紧密相连，嘉宾在完成挑战的同时，也在讲述一个个引人入胜的小故事，这些故事汇聚成节目的主题，让观众感受到主题的深度和力量。这种精心的设计不仅极大地增强了节目的观赏价值，而且确保了每位嘉宾都能在忠实于角色设定的同时，充分展现自己的特长，从而为观众带来更多的惊喜和愉悦。

（二）引入经典影视IP

《王牌对王牌》的一个重要创新点是将经典影视IP引入节目中，如《武林外传》《卧虎藏龙》《还珠格格》等，通过对这些经典影视作品的重温与复现形成节目独特的内容特征。节目通过邀请这些经典IP作品的原班人马，重现经典场景，让观众在回忆中感受到这些作品带来的欢乐与感动。这些经典IP作品成为一种文化符号与情感纽带，不仅唤起了观众对往昔美好记忆的怀旧之情，还通过明星嘉宾对这些经典角色的重新演绎，实现了跨时代的文化交流与情感共鸣。例如，情景剧《武林外传》的演员们在节目中再次相聚，重现了剧中的经典场景，让观众仿佛回到了那个充满欢笑的武林世界；在第三季的一期节目中，1986年版的《西游记》剧组重聚，让观众再次感受到了那份童年的纯真与快乐。这种情感上的共鸣，正是节目通过经典重现所引发的，因此，这种IP融合的策略不仅丰富了节目的内容，也提升了节目的文化价值和情感共鸣。

此外，节目通过巧妙设计的游戏环节，将这些经典IP与流行的娱乐形式相结合，创造出新的互动体验。例如，节目中可能会设置与原作品相关的谜题解答、角色扮演挑战或是剧情重构等游戏，既考验了嘉宾对原作的理解，也激发了他们的创意与即兴表演能力。这种创新的节目设计，不仅为经典IP注入了新的活力，也使得《王牌对王牌》成为连接不同年代观众的桥梁，进一步拓宽了节目的受众基础和文化影响力。

在《王牌对王牌》中，对经典IP复现作为一种怀旧策略成功唤起了观众的集体怀旧情绪，这种策略不仅让经典IP在观众心中再次焕发光彩，而且通过对这些经典作品的重温与致敬，挖掘了社会集体无意识中深藏的记忆与情感。怀旧情结作为一种情感纽带，承载着一代甚至几代人共同的记忆，它既有温度也有深度，触动了观众对过去的回忆，同时激发了他们对未来的憧憬。

（三）构建“重聚”场面

《王牌对王牌》的成功之处不仅在于娱乐性和趣味性，更在于它能够深刻激发不同受众群体的情感共鸣。正如上文所言，节目中对经典IP的重新演绎，让观众得以重温那些曾伴随他们成长的故事和角色，这种重温是对过去的致敬，也是对经典文化的传承。通过这样的创新呈现，节目不仅满足了观众的情感需求，提供了情感上的共鸣和满足，也强化了综艺节目的娱乐性和观赏价值。

其中，“重聚”是该节目最具标志性的形式，例如，在第四季节目中，《还珠格格》剧组的到来激起了“80后”与“90后”观众的童年回忆，剧中“老佛爷”的扮演者缓缓出现在舞台上，不仅让现场的主持人、嘉宾湿了眼眶，也让荧幕前的观众深受感动。为了构建这样的重聚场面，实现节目的情感传播效果，节目团队常常需要克服各种困难，尽最大努力“还原经典”。

《王牌对王牌》节目中的重聚形式，是一种深具影响力的文化现象和情感体验。它通过精心策划和创意执行，成功地将经典影视作品中的演员们重新聚集在一起，不仅为观众带来了一次次怀旧的感动，而且通过对这些经典形象的再现，强化了节目与观众之间的情感联系。这种重聚不仅是对过往岁月的回忆，还承载着对艺术和时代精神的尊重，以及对那些塑造了一代人共同记忆的艺术作品的致敬，也展现了综艺节目在当代文化生活中的多重价值和深远影响。

二、《极限挑战》案例分析

《极限挑战》是由东方卫视推出的一档励志体验真人秀节目，自2015年6月首播以来，便以其独特的节目形式和深刻的社会意义受到了观众的热烈追捧。节目借鉴了韩国MBC电视台《无限挑战》的节目模式，并在此基础上进行了本土化的创新，形成了具有中国特色的节目风格。每一期《极限挑战》都围绕一个贴近社会现实的主题展开，如环保、教育、公共卫生等，旨在通过娱乐的形式传递正面的社会价值。节目中的嘉宾通常由多位知名艺人组成，他们在节目中扮演不同的角色或领取不同的任务，深入体验各种社会职业和生活状态，完成一系列既有趣又充满挑战的任务。

（一）聚焦社会现实

《极限挑战》在选材上聚焦各行业劳动者的生活状态和心路历程，节目在保持娱乐性的同时也逐渐向情怀性深化。节目通过让嘉宾深入体验不同领域的职业，真实地展现了劳动者的艰辛与不易，同时也揭示了他们背后的故事和情感。在节目中，嘉宾常常会被安排体验基层劳动者的日常工作，如快递员的工作，通过亲自派送包裹，嘉宾感受到了快递员的忙碌和辛苦，同时也展示了快递员对工作的热情和责任感。

此外，节目还将观众的视线引向了那些平时可能被忽视的群体，例如，在“欢迎来到东升村”这一期中，嘉宾深入广西桂林龙胜各族自治县的深山苗寨，与当地的孩子们共同生活和学习，亲身体验孩子们的日常，深入了解他们的生活状态和面临的挑战。通过与孩子们的亲密接触和实际参与，嘉宾将留守儿童所面临的问题真实而深刻地展现在观众面前。节目通过嘉宾的切身体验和孩子们的故事，不仅传递了温暖和关怀，也成功唤起了社会对留守儿童群体的广泛关注和深刻思考。

反映民生热点也是该节目的选题标准之一，例如，节目常常设置与环保相关的挑战，让嘉宾在完成任务的同时，了解到环保的重要性和紧迫性。在《极限挑战宝藏行·绿水青山公益季》中，嘉宾通过徒步、自驾、露营等方式，身体力行地倡导绿色低碳生活方式，探访绿色产业建设的典型地区。与此同时，节目通过讲述经济与生态效益双丰收的典型故事，展现生态治理对于打造经济绿洲的实际推动意义。

（二）剧情式演绎

讲故事是电视节目最不可或缺的、最常用、最有效的表现手法，《极限挑战》不再单纯地以游戏、竞技为主，而是在这些元素上加入了剧情大纲和具体的人物形象设定，每期节目都以故事作为大背景，并设计相应的比赛规则与环节，为故事的发生发展奠定基础，因此，《极限挑战》也被认为是“剧情式综艺”。此类节目的表象是剧情化的，内核依然是综艺化的。它既不像一般综艺节目以模块结构进行环节堆砌，模块与模块之间鲜有关联，又不像真正意义上的影视剧情片，完全以剧情推进为基调，而是在抽丝剥茧层层递进的同时，糅合综艺节目特有的娱乐元素，将两者进行混合。以第四季的第一期和第二期节目为例，节目以“知识改变命运”为主题，让6位成员“穿越”到1978年，体验下乡知识青年的生活，并设定只有通过“高考”才能回到2018年。这一设计巧妙地将虚构空间与现实空间相结合，具有很好的娱乐效果，在让成员体验历史生活的同时，也让观众感受到了时代的变迁。又如第三季“长大成人”一期，嘉宾重回青葱时代，体验父辈的亲情、友情、爱情。每一个人都经历了截然不同的“人生故事”，既有恋爱时的悸动，也有成家后的烦恼。当嘉宾牵着自己的“孩子”走在象征生命的大桥上时，他们不断回顾自己的人生故事，并向着“未来”一步步走去，这一段落感动了许多观众，成为这档节目的“名场面”。

（三）嫁接经典作品

《极限挑战》在叙事方面展现了独特的创作风格，巧妙地将电影中的多种类型元素融入节目设计之中，为观众带来了丰富多彩的观看体验。节目制作团队借鉴悬疑、动作、公路、科幻等电影类型的叙事技巧，通过紧张的剧情推进和丰富的情感变化，增强了节目的吸引力和观赏性。

为了迅速拉近与观众的距离，节目在命名和情境设计上直接引用了众多知名影视作品，如《宫心计》《继承者们》《卧虎藏龙》《温州一家人》《欢乐颂》等，这些熟悉的标题不仅唤起了观众的共鸣，也迅速构建起他们对节目情境的基本认知和期待。

此外，《极限挑战》中对经典作品的互文性引用也是节目的一大特色。例如，“疯狂的石头 2 之血战到底”在剧情设计上参照了同名电影《疯狂的石头》，而“时间之战”则借鉴了电影《时间规划局》。这种巧妙的类型参照和经典作品的融合，不仅为节目增添了文化深度，也使得观众能够迅速沉浸在节目的情境之中。

通过这种创新的叙事手法，《极限挑战》成功地打破了传统综艺节目的界限，将电影艺术与电视娱乐相结合，为观众提供了一种全新的娱乐体验。节目的这种跨界融合和类型创新，不仅丰富了综艺节目的表现形式，也拓宽了观众的想象空间，使得《极限挑战》成为一档具有深厚文化内涵和社会影响力的节目。

（四）真实性的展现

《极限挑战》节目的真实性特征体现在其对“开放式过程”和“开放式结果”的坚持，摒弃了传统综艺节目中常见的预设剧本和固定规则，为嘉宾提供了自由发挥的空间。节目将嘉宾置于真实的社会环境和情境中，让他们以自然反应和即兴互动来推动情节发展。真实性不仅体现在嘉宾的情感流露上，更体现在他们对待任务的认真态度和解决问题的实际行动中，嘉宾的真实反应往往能够引起观众的强烈共鸣。这种弱化剧本的创作方式，不仅增强了节目的不可预测性和悬念，也使得观众能够获得更加深刻和真实的情感体验。

此外，《极限挑战》在拍摄手法上也力求真实。节目镜头常常深入嘉宾的日常生活和内心世界，捕捉他们最自然的状态和最真实的情感。无论是面对困难时的焦虑和迷茫，还是完成任务后的喜悦和满足，这些真实的情感表达都极大地增强了节目的感染力。

同时，节目还注重展现嘉宾的个性特点和人格魅力。在没有剧本约束的情况下，每位嘉宾都能充分展示自己的才华和智慧，他们的幽默感、领导力、团队精神等优秀品质在节目中得到了充分的展现。这种对个性的真实展现，不仅让观众看到了明星光环背后的真实自我，也成功地打破了观众与明星之间的界限，让明星的形象更加立体和饱满。

三、《奔跑吧》案例分析

20世纪90年代末的亚洲金融危机后，韩国提出了“文化立国”的发展战略，先后颁布了十几部法律法规，为韩国电视媒体的发展创造了良好的氛围。从2013年开始，许多韩国原创综艺节目模式被引进到中国，从湖南电视台的《爸爸去哪儿》《歌手》开始，到上海电视台的《妈妈咪呀》《不朽之名曲》，均是从韩国引进的节目模式。

从2014年开始，中韩开启影视联合制作新模式，呈现出双向互补、灵活多元的合作特征。2014年也成为韩国节目模式引进的井喷之年，上海电视台的《花样爷爷》《两天一夜》、浙江电视台的《奔跑吧》、江苏电视台的《明星到我家》、天津电视台的《喜从天降》、贵州电视台的《完美邂逅》、北京电视台的《勇敢的心》，以及之后的《蒙面唱将猜猜猜》《如果爱》《花儿与少年》《真正男子汉》《令人心动的offer》《心动的信号》等韩国综艺节目模式陆续进入中国市场。

2014年，浙江电视台引进韩国SBS电视台*Running Man*的节目模式，由中韩两方联合制作，推出《奔跑吧兄弟》（后更名为《奔跑吧》）。这档节目的联合制作打破了此前各大电视台直接购买版权引进节目的单一模式，实现了我国电视节目跨国制作的突破。《奔跑吧》节目采用户外竞技的模式，每期邀请多位明星嘉宾参与，通过一系列设计巧妙的游戏和任务进行竞技，强调团队合作与个人能力的展现，每期节目都有一个明确的主题，嘉宾需要根据主题完成各种有趣的任务和挑战。自2014年10月首播以来，《奔跑吧》便以其独特的娱乐形式和亲民风格迅速赢得了广大观众的喜爱，并成为中国最受欢迎的游戏类节目之一。

（一）强化游戏性

《奔跑吧》节目设计紧密围绕各种形式的游戏而展开，通过展现游戏参与者在游戏过程中的真实表现来达到娱乐目的。丰富多样的游戏设计是该节目最鲜明的标识，而“撕名牌”游戏则是其中的典型代表。该游戏通常要求参与的嘉宾将对方背后的名牌撕下，名牌上写有嘉宾的名字，是他们在游戏中的角色标识。每位嘉宾都需要保护自己或队友的名牌不被撕掉，同时尝试撕掉其他人的名牌，最后没有被撕掉名牌的选手会成为该期节目的胜利者，获得一定的奖励。嘉宾在追逐、搏斗中产生的悬念感、紧张感，极大增强了节目的吸引力与情节张力。节目一经播出，这一“撕名牌”游戏很快就风靡全国，也被其他节目效仿，如湖南电视台2015年推出的《全员加速中》节目，便有类似“猎人”与“猎物”的追捕游戏，“加速队员”必须在一定的时间限制内，在所划定的场地中，躲避“猎人”的追捕并尽可能完成发布的任务，至游戏结束成功逃避追捕即可获得全部胜利币。

《奔跑吧》节目的游戏特征体现在其创新性、互动性和竞技性的完美结合。节目设计的游戏环节通常围绕当期主题展开，融合了趣味性与挑战性，要求嘉宾在户外环境中完成多样化的任务，许多游戏设计既考验嘉宾的体力和智慧，又强调团队合作与策略运用。此间，节目通过摄像机的拍摄真实客观地记录参与者在游戏过程中的一切活动，凸显出嘉宾博弈过程中的真实感与现场感。节目采用全程跟拍模式，嘉宾的一切表现活动都被摄影机完整记录。

（二）注入虚构性

一般而言，以《奔跑吧》为代表的户外游戏节目以竞技和挑战为核心，但为了增强节目的观赏性和娱乐性，节目会适当增加虚构性，让嘉宾在虚构的故事情境中展开行动。如第一季节目中的“前世情未了”“穿越世纪的爱恋”“大漠公主争夺战”“敦煌大劫案”“寻找神秘人”等，均具有一定程度的虚构性，节目组会提前设计好一些情节和任务，为选手分配角色，将节目发生的背景安置在一个虚构的情境当中。如“敦煌大劫案”的主题源于“丝绸之路”的历史背景，在节目的一开始便叙述了当期的故事背景：“公元前138年，为建立联盟夹击匈奴，汉武帝派张骞两次出使西域，开通了中国通往欧非大陆的贸易交通线。此后众多商队沿着这条交通要道将丝绸、茶叶和瓷器运往西方诸国。一段段惊险曲折的通商故事就此展开。”

为了增强节目的真实感，节目组会将故事发生的地点安排在古代遗迹、偏远的海岛、阴森的古堡之中，这些环境不仅为游戏提供了丰富的视觉元素，也为选手的行动增添了一层探险的神秘感。例如，在第三季的“家族复兴之战”中，节目将游戏背景设置为“外族人”和“继承人”之间的对抗，把所有的嘉宾安置在一个阴森的古堡内，嘉宾需要通过游戏当中每个人的表现来推测出谁是外族人，谁是真正的继承者。这样的故事化叙事方法使得节目充满了戏剧性，人物关系不断反转，情节紧张，悬念迭生。在这些虚构的故事情境中，嘉宾将展开一系列充满挑战和趣味的行动。通过这样的设计，节目不仅增强了叙事性与娱乐性，也让观众在轻松愉快的氛围中体验到了游戏竞技的乐趣。

（三）营造“人设”符号

“人设”一词最初并不是指真实人物的形象，而是一种用于漫画、电影、动漫作品中的专有词语，用来形容动漫中的角色、人物的外在形象特点与性格特征，即人物形象的设定，包括给虚构的人物设定的家庭、经历、外貌、性格等，后来这一观念从二次元逐渐扩展到了现实生活中。

《奔跑吧》节目十分注重人物形象的符号性，并善于抓住不同明星身上的独特性格和行为特征，来建构出独属于他（她）的“人设”标签。“人设”的打造不仅使嘉宾更具辨识度，而且使节目更具观赏性，增加了叙事的连贯性和稳定性。而正是由于每位嘉宾身上带有标签化的“人设”，也使明星在观众心中留下了深刻的印象。

“人设”这一概念被赋予明星时，不仅塑造了他们的独特形象，也成为节目传播的一种策略。众多类似节目，如《极限挑战》《了不起的挑战》《全员加速中》等，都在努力塑造嘉宾的“人设”，如“小绵羊”“神算子”等标签。一方面，多元化的传播环境促使观众倾向于喜欢那些具有个性和鲜明特色的人物形象。另一方面，这样的“人设”能够缩短明星与观众之间的距离，增强明星的真实感和亲和力。同时，明星在公众面前与私下里形象的差异，也极大地激发了观众的好奇心。

第二章　竞技类节目

人类竞技的历史可以追溯到远古时期，远古人类对于自然充满恐惧与敬畏，进而产生了对于力量的崇尚与追求。特别是在原始社会资源有限的情况下，为了生存和繁衍，人类需要通过竞争获取更多的资源。这种竞争意识也逐渐渗透在人们的社会生活中，竞技的出现及发展与人类的生存需求、社会发展和文化演变紧密相连。竞技是竞争的一种特殊形态，作为一种普遍现象，它源于人类对于个体和团队之间竞争、合作关系的认识与理解，它既是人类生存和发展的产物，也是社会文化和生产劳动的重要组成部分。人们参与竞技活动，旨在展示自己的才能、技能和力量，以获得奖励、荣誉和地位。

竞技类节目则是依据于这一历史悠久的人类活动而产生的，竞技类节目是一种具有竞争和挑战性质的娱乐节目，它通常邀请选手参与各种比赛，展示选手的才能和技能，往往具有竞争性、挑战性、观赏性、互动性等特征。

《电视辞典》将电视竞赛节目定义为“利用电视进行的知识、文艺、技能等方面公开竞赛的特种节目”。需要言明的是，竞技类节目与游戏类节目有相似的形式，但侧重却有所不同。技艺比拼、能力比较是竞技类节目的核心特征，而游戏性、趣味性与互动性则是游戏类节目的基本特征。基于这样的差异，本章将竞技类节目单独讨论，此类节目按照不同的竞技内容可以分为音乐竞技、舞蹈竞技、体育竞技等具体类型。

第一节　竞技类节目的发展历程

一、改革开放后竞技类节目的开端

在我国，竞技类节目无疑是电视荧幕中的“常客”，一直伴随着电视的发展。20世纪80年代，中央电视台便开始制作以音乐表演、音乐人才选拔为核心的电视节目，节目设定了一系列竞赛规则，对参赛选手进行公开选拔，最早的音乐竞技节目由此诞生。

1984年3月，一场全国电视系统的工作会议在北京召开，会议提出了举办“首届全国电视歌手青年大奖赛”的建议，这一建议立即得到了广泛的响应。经过1个多月的筹备，首届全国青年歌手电视大奖赛于1984年5月正式启动，并通过各地方电视台的预赛，最终在11月于中央电视台举行决赛。这就是大众熟知的《CCTV青年歌手电视大奖赛》，它是中国首个国家级电视声乐权威赛事，一经播出就引起了广泛的关注。在近30年的播出历程中，该节目挖掘并塑造了一批批出色的歌手，被公认是国内声乐界的重要赛事。

《CCTV青年歌手电视大奖赛》对我国改革开放后的文艺市场繁荣发挥了重要推动作用，它的诞生与发展也为我国文艺人才的培育提供了重要平台与全新路径。但值得注意的是，《CCTV青年歌手电视大奖赛》的参赛门槛相对较高，更像是音乐专业人士、艺术团体之间的专业比赛，普通公众或音乐爱好者往往只能作为观众，较为被动地接受节目信息，无法直接参与其中。因此，随后涌现的音乐竞技类节目开始将目光转向普通大众，如1985年上海电视台的《卡西欧杯家庭演唱大奖赛》、1998年福建电视台的《银河之星大擂台》等音乐节目相继诞生，此类节目更加具有大众性与普及性。

二、选秀节目模式的进入

21世纪后，音乐竞技类节目呈现出更为丰富的内容与形式。2001年，英国独立电视台推出了选秀节目《流行偶像》，随后，美国福克斯广播公司买下该节目的版权并加以适当改编，推出了《美国偶像》，这一新的选秀节目模式瞬间风靡全球。

这种“海选+音乐+竞技+造星”的全新真人秀节目模式很快进入中国。2004年，湖南电视台推出了音乐选秀节目《超级女声》，选秀模式的加入让当时的观众耳目一新，使节目取得了极高的收视率并产生了很大的社会影响力。与《CCTV青年歌手电视大奖赛》相比，《超级女声》将选拔范围扩大到全国各地，通过海选、复活赛等阶段选拔出优秀选手，使更多有才华的普通人有机会展示自己，增加了节目的大众性。并且，节目引入了观众投票机制，观众可以通过短信和网络投票支持喜欢的选手，这种方式使观众成为节目的重要参与者，提高了观众的参与度和节目的话题度。真人秀模式的运用，也使得节目开始注重展现选手真实的生活状态和成长过程，让观众更加全面地了解选手的成长历程。这与之前许多音乐节目强调舞台表现形成鲜明对比，使节目更具吸引力，音乐竞技类节目由此展现出强烈的故事性与话题性。2004年《超级女声》《我型我秀》等节目的成功推动了一批该类型节目的创作，如上海电视台2006年推出了《加油！好男儿》，节目专注于选拔德才兼备的魅力男性，打造新一代青年形象。在4个多月时间里，节目每周进行递进式的大型直播，以勇气、才艺、责任感等7项为考核指标，充分展示原本平凡无名的男性从“青蛙”一步步“进化”成万众瞩目的“王子”的神话般历程。

此后，大量音乐竞技类节目涌现出来，如山东电视台推出的《天籁之声》、江西电视台推出的《中国红歌会》、青海电视台推出的《花儿朵朵》等，音乐竞技成为21世纪初期我国电视节目形态的主要代表。

三、竞技类节目的模式探索

2000年8月，美国知名的竞技真人秀节目《幸存者》在中央电视台2套的《地球故事》栏目中播出，成为中国观众看到的第一档国外竞技类真人秀节目。而我国电视真人秀节目的雏形则是广东电视台于2000年6月推出的《生存大挑战》，该节目的创意来源于中国香港亚洲电视与日本电视台联合制作的系列节目《电波少年》，节目讲述了两位分别来自中国香港和日本的青年结伴而行、互帮互助，历经几个月的颠簸流浪，战胜了饥饿、寒冷、孤寂、疲惫，完成横越非洲艰苦旅程的故事。

随着真人秀节目模式的不断普及，各大电视台也纷纷开始制作电视真人秀节目，不同内容形式的竞技类节目如雨后春笋般涌向电视荧幕。例如，以2006年上海电视台打造的《舞林大会》为代表的舞蹈竞技类节目，2006年中央电视台的《赢在中国》等创业竞技类节目，2008年湖南电视台的《智勇大冲关》、2009年山东电视台的《快乐向前冲》等闯关挑战类型的竞技类节目。但由于早期节目内容和题材单调，缺乏吸引力，各大电视台的竞技类节目同质化现象较为严重，节目制作粗糙、泛娱乐化等现象也较为普遍。

四、音乐竞技类节目的突破

2012年，浙江电视台的《中国好声音》节目一扫国内综艺节目萎靡不振的景象，将音乐竞技类节目推向了更高的发展阶段。《中国好声音》来源于荷兰音乐节目*The Voice of Holland*，这是一档跨国的歌唱竞技类电视节目，2010年初在荷兰播出。节目开创了“The Voice of ...”的节目模式，逐步出口至全球64个国家和地区。2011年该节目模式进入美国，节目不再是全民海选，而是由节目组筛选出歌唱技艺出众的普通人或不知名的歌手、音乐人，作为参赛选手进入导师盲选阶段，4位导师由本国的成功歌手或资深音乐人担任，4位导师带队展开竞赛。浙江电视台《中国好声音》引进荷兰的版权，同时邀请了荷兰的制作团队，从节目策划、运行到宣传各个环节都由荷兰节目组进行组织监控。

《中国好声音》之所以取得巨大成功，原因不仅在于其发掘了众多拥有动听“好声音”的歌手，更在于其在节目形式和内容上的创新突破。节目摒弃了传统选秀节目中评委与选手的单向评价模式，创新性地引入了“导师制”。在这个新模式下，评委变身为音乐导师，选手通过自己的歌声去打动4位导师，赢得他们的转身认可。随后，选手有机会选择加入自己心仪的导师团队。这种双向选择的机制不仅增加了节目的互动性和观赏性，也为选手提供了更个性化的成长路径，从而深受广大观众的喜爱。

《中国好声音》获得巨大成功后，引进国外节目版权，依据成熟的节目模式进行节目制作，成为当时各大电视台的“法宝”。例如，湖南电视台于2012年引进了美国*The X Factor*节目，于2013年推出了《中国最强音》；上海电视台引进了美国*American Idol*节目，于2013年5月推出了《中国梦之声》；山东电视台引进了韩国*K-pop Star*版权，于2013年7月推出了《中国星力量》。众多海外节目模式被快速引进，推动了中国音乐竞技类节目的高速发展。

2013年新年伊始，湖南电视台推出了引自韩国MBC电视台的明星歌唱竞技类节目《我是歌手》，2017年更名为《歌手》。这档节目一反音乐竞技类节目的常态，将节目主体由平民转移到明星身上，一方面迎合了观众越来越高的音乐鉴赏品位，另一方面又不同于国内普遍的“草根”路线，以“实力”与“怀旧”为卖点打造明星对决真人秀，实现了节目主体定位的精英化，这便与以往的“草根”选秀节目产生了明显的区分。因此，《歌手》不再走由“草根”到明星的“造星”路线，而是直接让已成名的歌手进行音乐的对决，不再表现普通人成长的煽情经历，而是用最好的音乐给观众最纯粹的音乐盛宴。

《歌手》的成功催生了后来的一大批音乐竞技类节目，如江苏电视台的《蒙面唱将猜猜猜》、浙江电视台的《天赐的声音》、北京电视台的《跨界歌王》、中央电视台的《中国好歌曲》等。此时，音乐竞技类节目的发展开始进入自主原创阶段，如《中国好歌曲》节目最核心的要求就是“原创音乐”，与以往节目中翻唱经典歌曲的模式不同，原创歌手基于对日常生活的感悟，制作出来的音乐更容易引起观众的共鸣，故一经开播便创收视新高。此后，各大电视平台又相继推出了如《金曲捞》《国乐大典》《声入人心》等自主研发的节目，这些自主研发的节目为中国音乐真人秀节目创作提供了很好的示范。

五、户外游戏竞技类节目的兴起

在音乐竞技类节目如火如荼发展的同时，2014年，浙江电视台引进了韩国SBS电视台综艺节目*Running Man*的节目模式，推出了大型户外竞技真人秀节目《奔跑吧兄弟》。该节目于2014年10月10日播出后在国内真人秀节目中异军突起，收视率持续走高，成为2014年中国电视市场上成功的电视节目之一，将游戏竞技类节目推向了全新的发展阶段。正是由于《奔跑吧兄弟》节目的大获成功，上海电视台随即参考韩国的《无限挑战》，推出了《极限挑战》节目，2015年6月14日，该节目在东方卫视首播，开创了国内剧情式竞技类节目的先河。此后出现了一系列同类型节目，如中央电视台的《了不起的挑战》、浙江电视台的《挑战者联盟》《高能少年团》、深圳电视台的《极速前进》等。这些节目虽然带有竞技性，但节目形式依然以游戏为核心，遂可以定义为游戏竞技类节目。

六、竞技类节目的多样化发展

除了上述节目类型外，竞技类节目在不断发展的过程中，也出现了多元化的节目类型，概述如下。

第一，体育竞技类节目。如邀请明星参与跳水比赛的《星跳水立方》《中国星跳跃》，偏向专业化的体育竞技类节目《运动吧少年》《来吧冠军》，明星运动赛事《超新星运动会》，以单项运动为主的《这！就是灌篮》《大冰小将》等。武术也同样可以纳入体育范畴，河南电视台于2004年推出的武术搏击类节目《武林风》无疑是此类节目的代表，该节目一经推出即刻引起了武术搏击爱好者的强烈追捧。近年来，具有代表性的体育竞技类节目有：北京电视台制作的以弘扬中华民族文化和推广中国传统功夫技艺为主旨的《精武门》；上海电视台将现代搏击与中华武术相互结合，融入了娱乐内容的《青春有搏击》；腾讯视频于2023年推出的国内首档热血竞技生存真人秀《我可以47》。

第二，舞蹈竞技类节目。舞蹈竞技类节目的多样性体现在不同的节目定位和特色上，如《舞动奇迹》就是一档专注于明星舞技展示的节目，它采用了英国BBC电视台在全球广受欢迎的*Strictly Come Dancing*的节目模式，充分展现了明星的舞蹈才能和舞台魅力。又如为专业舞者打造的由上海电视台制作的《舞林争霸》，舞蹈种类涵盖现代舞、嘻哈舞、国标舞、拉丁舞和摩登舞等。同样，湖南电视台制作的《舞蹈风暴》也是专业化的舞蹈竞技类节目，会集了众多青年舞者同台竞技。还有面对年轻群体的街舞节目，如优酷播出的《这！就是街舞》系列节目。

第三，电子竞技类节目。近年来，我国电子竞技类节目经历了快速发展，出现了多种创新形式，腾讯视频于2022年推出的《战至巅峰》便是其中的代表。该节目讲述了30位来自文体领域的电竞新人，组成不同战队，深入顶级电竞俱乐部，在竞技体育项目的规则下磨合、成长、突破，经历实训锤炼，并肩作战争夺最终“王者战队”荣耀的故事。节目向观众展示了电竞行业生态和新人成长的过程。这类节目不仅展现了电子竞技选手的热诚和团队精神，也增加了观众对电竞文化的认知。随着电竞产业的蓬勃发展，电子竞技类节目正在成为连接电竞文化与大众、传递电竞体育精神的有效媒介。

此外，还有设计大赛、模特大赛、厨艺大赛、机器人竞技等内容形式丰富多样的竞技类节目不断推陈出新。几十年间，我国的竞技类节目在形式、内容、风格等方面都经历了显著的发展与变化，也逐渐形成了鲜明的特色。一方面，在全球范围内引进先进的制作理念和技术，使节目制作水平不断提高，呈现出国际化的特点和品质；另一方面，这些竞技类节目在借鉴和吸收国际经验的同时，也注重本土文化元素的融入和创新，展现了中华文化的独特魅力。

第二节　竞技类节目的创作特征

竞技类节目的内核是通过竞技过程展现人的卓越能力，因不同的竞技内容而出现不同类型的竞技节目。竞技类节目不论以任何竞技形式出现，都必须以能够体现个人或团体在竞技中卓越的能力为中心，不同类型的竞技节目有着各自独特的创作特征。

一、音乐竞技类节目

进入21世纪以来，音乐竞技类节目大约经历了4个发展阶段：以《超级女声》《我型我秀》《快乐男声》等为代表的初创期，素人选秀成为当时的潮流；以《中国好声音》《歌手》等为代表的探索期，该时期节目以引进外国节目模式为主；以《中国好歌曲》《跨界歌王》等为代表的发展期，这一时期许多自主原创节目开始出现；以《声生不息》《乐队的夏天》《时光音乐会》等为代表的勃兴期，大量原创的音乐节目开始出现，形成了发展高潮。

由于音乐本身具有普遍性、娱乐性、审美性，其受众广泛、传播效果突出，音乐竞技类节目一直都是一种重要的节目类型，大致可以分为以下几个主要类别。

第一，素人选秀类。节目的参与对象是“草根”素人，通过进行歌唱才艺比拼与角逐得出冠军，如《超级女声》《我型我秀》《妈妈咪呀》《中国好声音》等。近年来，该类节目也向着音乐“养成系”模式发展，如“创造营”系列、《青春有你》及《声动亚洲》、《明日之子》等。

第二，明星竞唱类。这一类节目以突出歌者的水平、发掘参加者歌曲演绎的天赋为主旨，有以专业歌手为主的《歌手》《全能星战》，以非专业歌手为主的《跨界歌王》，具备歌唱实力的素人与歌手之间的对战《全能星战》等。

第三，音乐文化类。在充斥着选秀竞唱类节目的媒介环境中，公益类文化传播类节目如同一股清流，流入观众心扉。例如，音乐教育类节目《音乐大师课》、诗词文化传唱类节目《经典咏流传》、音乐公益支教类节目《让世界听见》，同样获得观众的注意与青睐。

第四，音乐娱乐类。此类节目以受众需求作为制作的核心点，追求互动与娱乐效果，如观众互动竞猜类节目《偶滴歌神啊》、粉丝互动类节目《我想和你唱》、接歌游戏类节目《我爱记歌词》等。

而音乐竞技类节目往往具有以下几个方面的创作特点。

（一）音乐性

音乐是人类共同的语言，无论年龄、性别、文化背景和地域差异，音乐都可以打破这些界限，让人们产生共鸣。这是由于音乐是一种强烈的情感表达方式，可以让人们在聆听中体验到喜、怒、哀、乐等多种情感。音乐竞技类节目可以通过选手的歌声和演唱方式，触动观众的内心，使他们产生情感共鸣。因此，以音乐为桥梁，节目更加容易达成与观众的联系，这种联系是一种共识或共同体验，由此形成了节目与观众之间对话、交流、交互的可能与前提。而音乐性是音乐竞技类节目的核心审美特征，它主要体现在对音乐作品的表现、欣赏和评价等方面。

（二）大众参与性

音乐竞技类节目是具有大众参与性的一种节目形式，一些节目为了增强观众的参与感，将娱乐性、游戏性注入竞技类节目中。例如，浙江电视台的《我爱记歌词》创新性地将“比唱歌”变为“记歌词”，节目规则简化为“谁能唱对歌词”，开启了不设评委，不比外貌、音准和舞台表现的电视KTV。没有职业、性别、年龄限制，唱对歌词成为唯一的标准，这样的规则设置实现了真正的“零门槛”。这样设置拉近了节目与观众的距离，调动了全民的娱乐积极性，真正做到了全民卡拉OK大联欢。节目在制作的初期，在各大城市街头搜罗选手进行“全国麦霸城市对决”，继而直接从报名参加节目、来到现场的观众中通过“歌词大接龙”选出选手上台。节目在新年等特别节日临时增加接唱送红包活动，全场接唱、热烈参与，观众与演职人员争相竞秀，真正实现了大众参与。

同时，《超级女声》《快乐男声》的海选与投票、《中国好声音》的素人选秀、《歌手》的大众评审等设置也在很大程度上增强了大众参与性与互动性。这种互动性不仅有助于提升节目的娱乐性和观赏性，还能增强观众对节目的参与感和认同感。自《超级女声》等节目出现以来，不同形式、不同层次的互动就成为音乐竞技节目的重要内容。其中就包括现场互动，如选手、评委、主持人等角色之间的互动；观众参与，音乐竞技类节目通常会设置观众投票、互动环节等方式，引导观众参与节目的制作和决策。例如，观众可以通过短信、网络投票等途径，为自己喜欢的选手投票；节目还可能设置现场提问、观众点歌等环节，让观众亲自参与节目的内容；

同时，社交媒体也已成为观众与节目互动的重要渠道。节目制作方会通过社交媒体发布节目预告、幕后花絮等内容，吸引观众关注；选手、评委和主持人也会在社交媒体上与用户互动，分享自己的意见和感受。

（三）竞演式

竞演式是一种常见的音乐竞技节目形式，它强调的是参与者在舞台上的表演和竞技。这种节目通常不依赖于固定的、客观的评价标准来决定比赛结果，而是更多地依赖于评委、观众和网友的主观感受和评判。竞演式节目的核心在于展现参与者的专业技能和艺术表现力，通过高水平的演绎给观众带来审美上的享受和情感上的共鸣。

例如，《歌手》《声入人心》《蒙面唱将猜猜猜》等节目，都是通过嘉宾评委的专业点评、现场观众的即时反馈及网络投票的广泛参与来综合评定每位选手的表现。这些节目的评委通常由音乐界的专业人士组成，他们的点评不仅基于选手的演唱技巧，还包括舞台表现、情感传达等多个维度。

竞演式竞技类节目的显著特征之一是其专业化水平。节目制作团队会精心策划每一个环节，确保选手能够在最佳状态下展现自己的才华。高水平的作品演绎不仅能够激发观众的热情，还能够推动音乐艺术的发展和创新。

然而，随着音乐竞技类节目的专业标准被放宽，节目的重心可能会从专业竞技转向娱乐性更强的内容。例如，爱奇艺在2015年推出的《偶滴歌神啊》就是一档以音乐为基础，但更注重娱乐效果的节目。在这类节目中，音乐的专业性可能不是最重要的考量因素，节目强调通过各种有趣的互动和游戏环节，为观众带来轻松愉快的观看体验。

（四）仪式性

仪式性是指节目通过一系列规范化、庄重化的程序和行为，使参与者和观众产生共同的情感体验和价值认同。这些程序和行为旨在强化节目的娱乐性、观赏性和传播力，同时提升节目的艺术价值和社会意义。音乐竞技类节目通常在精心设计的舞台和场景中进行，以营造出宏大、庄重和梦幻般的氛围。同时，舞台设计、灯光效果、背景音乐等元素都有助于强化节目的仪式感。例如，《歌手》《声入人心》《时光音乐会》《声生不息》《我想和你唱》等节目将日常演唱与仪式表演明确区分开来，营造了典型的具有仪式性的竞技空间。节目在传统仪式感的基础上，融入现代审美观念和技术手段，打破常规，创新表现形式，这种创新性使得节目的仪式感更具时代感和吸引力。

二、舞蹈竞技类节目

舞蹈艺术与电视媒介的联袂由来已久，1958年5月1日，中国第一家电视台、中央电视台的前身——北京电视台开播，开播首日的19:30就播出了《四小天鹅》《牧童与村姑》《春江花月夜》3个舞蹈节目，成为中国电视文艺节目的先锋。虽然，彼时的电视舞蹈类节目尚未有复杂的电视语言介入，大多是将舞台舞蹈照搬上电视荧屏，但也为后期该类型节目的审美形态、声画语言的运用提供了前期尝试机会，为舞蹈类综艺节目的创作积累了有益经验。

1999年，中央电视台综艺频道开设的《舞蹈世界》栏目标志着中国电视舞蹈综艺的诞生，它是集经典舞蹈艺术作品展播与舞蹈综合艺术普及于一体的电视节目。2000年，首届CCTV电视舞蹈大赛播出，大赛本着“公平、公正、公开”的宗旨和充分体现群众性的原则，面向全国专业团体和广大舞蹈爱好者，为大众搭建展示自我的舞台。作为唯一的全国性电视舞蹈大赛，以其权威性、丰富性获得了一大批舞蹈演员和编导的青睐，一度成为当时中国舞蹈专业赛事之一。2002年，《星空热舞俱乐部》在星空卫视播出，节目通过华丽的舞台与服饰、商业化的包装、娱乐化的节目流程与形式，打造了一场激情四射、动感热烈的现代舞蹈赛事。2004年，星空卫视又相继推出两档参考《美国偶像》而制作的同类型舞蹈类综艺节目——《星空舞状元》与《超级星期舞》。

与此同时，受国外真人秀节目形态的影响，舞蹈竞技类节目也步入了与真人秀相结合的第二个发展阶段。这一阶段主要的节目有：2006年上海电视台的《舞林大会》、2007年湖南电视台播出的《舞动奇迹》、2009年浙江电视台制作的《越跳越美丽》、2013年上海电视台的《舞林争霸》、2014年浙江电视台的《中国好舞蹈》等。

而当节目内容同质化严重时，观众产生审美疲劳，就会要求在原有类型基础上不断进行变化和创新。鉴于此，从2017年开始，编创者通过对舞蹈节目类型要素的改编、组合和比例配置，采取冲突弱化、技术创新等手段，让节目的叙事核心回归舞蹈艺术本体，并引发了观众的广泛关注和热烈讨论。由此，舞蹈竞技类节目也回归“本体”阶段。例如，2018年优酷的《这！就是街舞》和爱奇艺的《热血街舞团》得益于互联网媒介所拥有的稳固的青年文化圈层，以“街头文化”为内核成功找到了舞蹈类综艺节目与年轻受众的契合点。《这！就是街舞》成功让优酷的“这！就是”系列综艺升级为网络综艺品牌。江苏电视台《蒙面舞王》承接王牌音乐节目《蒙面唱将猜猜猜》的“蒙面”元素，加强了舞蹈节目的悬念设计。深圳电视台的《起舞吧！齐舞》、湖南电视台的《舞蹈风暴》、上海电视台的《舞者》等节目放大了舞蹈艺术的技术呈现与身体美学，给予了观众全新的观舞体验。

舞蹈竞技类节目是舞蹈与影像艺术联合的产物，舞蹈类综艺节目在拓展情感表达时空的同时，也加大了专业舞蹈在大众中的推广力度，向观众普及了多元的舞蹈知识。该类型节目通过舞者的动人演绎，让艺术形象与现实生活实现深度联结，照见了普通人对梦想的坚持与热爱，也唤起了广大观众的情感共鸣。

舞蹈竞技类节目也存在一些共同的创作特征，详述如下。

（一）彰显形体动作之美

舞蹈竞技类节目中演员的形体动作是一种独具特色的、无声的艺术语言，能够通过刺激观赏者的视觉器官传递特有的情感，从而表达作品的宏大主题和深刻内涵。舞者既能以变化的形体动作塑造各种人物形象，又能营造回味无穷的美妙意境。而观众在用传统方式欣赏时，会受制于场地、距离等因素，无法欣赏到多角度的精彩细节，如舞蹈表演者生动的表情变化。视听媒介则能够用角度的调整和景别的变换，让观众清晰地看到各种优美的舞姿造型。舞蹈表演者在形体动作的表现上本身就有很强的艺术张力，还可以利用面部表情和身体各部位的变化来表达作品的主题，并延伸舞者的情感，反映作品中人物的内心世界。例如，2022年中央广播电视总台春晚上，舞蹈诗剧《只此青绿》以其独特的视觉冲击力和深邃的文化内涵，迅速成为全民热议的焦点。该作品通过精湛的舞蹈动作，展现了中华民族传统文化的卓越风姿，其形体之美不仅令人赏心悦目，更富含深厚的文化意蕴。结合现代视听技术，节目巧妙地将传统艺术与创新手法相融合，为观众呈现了一场视听盛宴。通过精心设计的景别切换和运动镜头运用，节目赋予了观众全新的空间体验，使得舞蹈类视听节目能够以影像的力量，充分彰显舞蹈艺术的独特魅力和深远影响。

（二）营造奇观化的审美体验

精心设计的舞台布景、灯光效果及服装化妆等元素，可以增加节目的视觉冲击力，同时也能更好地传达舞蹈的主题和情感。而伴随媒介技术的发展，舞蹈节目的视觉表达已不再仅仅满足于对舞蹈动作和舞者形体的捕捉，为了进一步强化舞蹈的感染力，节目通过创新视觉呈现技术，试图给观众注入奇观化的感官体验。

例如，湖南电视台的《舞蹈风暴》节目，“风暴时刻”这一环节将“艺术的技术化”与“技术的艺术化”完美融合了起来。节目采用了“时空凝结”

技术，在圆形舞台周边等距离布置了128台摄像机，以同步拍摄的方式实现了360° 全景式定格效果。在此基础上，《舞蹈风暴》第二季进行了技术升级，“风暴时刻”的拍摄画质从720P升级到4K级别，并在360° 视角的基础上增加了俯瞰视角，视觉体验实现了从平面到立体的突破。这种经过特殊透视处置的展示画面，能给观众带来强烈的沉浸感和立体感，不仅没有打破舞蹈原有的流畅性和连贯性，还突破了摄像机的拍摄局限。通过慢动作回放，节目放大了舞者表演的所有细节，创造性地带来了全新的沉浸式观赏体验，让观众更直观地体会每一个表演的精彩瞬间。此时，舞蹈表演的整个过程被建构为一种文化仪式，观众获得了超越日常的审美体验。

（三）娱乐性与竞技性的融合

舞蹈类节目本身就具有娱乐色彩，无论是华丽的舞台表演，还是深情的独舞，或是激烈的舞蹈对决，都能够吸引观众的眼球，带给他们视觉和情感上的享受。然而，当下的舞蹈节目不仅展现舞台“前台”的表演，也将镜头深入“后台”中，记录比赛过程中发生在舞台之外的真实故事。例如，《舞动奇迹》会记录明星选舞、日常排练过程中遇到的困难和趣事等，并通过节目展现给观众，这种全方位记录展现出节目自身的娱乐性。节目中的幕后故事、训练过程、舞者个人故事等元素，也能增加节目的娱乐性。这些元素可以让观众更深入地了解舞者和舞蹈，同时也增加了节目的人文关怀和情感深度。

当然，节目应该是寓教于乐的，能够让观众在开怀大笑的同时获得心灵上的启发，而舞蹈艺术陶冶情操的美育功能更是不可忽视。因此，只有树立“专业”意识，实现从追求形而下的“快感”到追求形而上的“美感”的转变，打造出具有专业品质内涵的舞蹈文化，舞蹈竞技类节目才能突出重围、收获成功。其中，突出“竞技性”则是达成这一目标的重要因素。

竞技性是当下的舞蹈节目普遍存在的显性特征。从节目形式上来看，该类型节目整体上均为比赛模式，赛制规则、舞蹈表演、专业评审中都呈现出鲜明的竞技性。节目规则决定了其所展示的舞蹈作品能够在有限的时间里体现出选手的舞蹈技术水平与专业功底，并让观众从中感悟到舞蹈的灵动之美、意涵之所在。这就要求舞蹈编舞者的专业素质过硬，能编排出短小而精良的舞蹈作品由参赛者进行演绎。节目在编舞的时候也注重“量体裁衣”，充分尊重选手自我的创作空间，使选手选择适合自己的舞种，尽情展示自己的个性。因此，竞技性也进一步强化了节目的专业性色彩，并通过制定比赛规则、设立评委团、观众投票、竞赛性表演及设立奖惩制度等方式来营造节目的竞技情境。这些元素共同构成了节目的竞技框架，为观众提供了一场紧张刺激、富有竞争性的视听盛宴。

三、体育竞技类节目

1998年中央电视台播出的《城市之间》为我国体育类真人秀节目的起始，是目前学术界较为一致的看法，但该节目并非我国的原创，而是引进于法国。法国电视节目《城市之间》创办于1962年，是一档大型趣味体育竞技类节目。该节目是法国电视界公认的“常青藤”栏目，是法国收视率最高的节目之一，也因此吸引了英国、德国、西班牙等诸多国家引进。该节目以体育竞技比赛为模式，聚焦城市文化与健康文化传播，具有广泛的群众基础。1998年，在我国当时的媒介环境下，《城市之间》一经引进与播出，在国内立即引起了收视热潮。国内有40余座城市参与到节目的制作之中，规模浩大，影响力空前，该节目被誉为国内体育类真人秀节目的开端。中国版《城市之间》将体育竞技和趣味娱乐巧妙地融为一体，开拓了国内体育节目创意与传播视野，为体育节目的创新发展提供了有益的借鉴与思考。

此后，聚焦武术、格斗的河南电视台王牌节目《武林风》，湖南电视台制作的以“超越自我，成就梦想”为口号的《智勇大冲关》等体育竞技类节目逐渐出现。2013年开始，外部政策环境的激励与完善，节目制作水平的不断提升，使体育竞技类节目迎来了繁荣发展的时期。2014年《国务院关于加快发展体育产业促进体育消费的若干意见》为体育产业发展指明方向；2016年《“健康中国2030”规划纲要》《体育发展“十三五”规划》相继出台，国民健康体质成为国家富强的重要标志，体育产业在经济建设中的地位日益突出。政策红利的不断释放使体育类节目获得了大量的资本支持，体育竞技类节目也获得了前所未有的繁荣发展时期。

2013年4月6日，浙江电视台播出了《中国星跳跃》，该节目模式源自荷兰综艺节目*Celebrity Splash*。2013年4月7日，江苏电视台播出了《星跳水立方》，节目模式引进自德国的*Stars in danger: High diving*。两档节目均是以明星跳水为内容，一方面，明星的加盟满足了观众内心的窥视欲望；另一方面，节目借助明星自身的超高人气扩大了宣传效果。例如，《星跳水立方》邀请众多明星参与，他们在节目中不再是演员、歌手的身份，而是经过一定专业跳水训练的“运动员”，在国际泳联的跳水规则下，在3米跳板和5米、7.5米、10米跳台4个项目中进行单人和双人跳水对决。节目不仅在北京奥运会水立方等专业跳水馆进行录制，还邀请奥运冠军担任教练、国际跳水裁判现场打分。节目的录制播出也完全按照奥运会跳水比赛转播规格。

此后，大量的体育竞技类节目陆续播出。2016年，浙江电视台推出励志竞技节目《来吧冠军》，该节目抓住人们对2016年里约热内卢奥运会的关注热潮，将多种体育项目融入节目中的不同环节，在为观众普及体育竞技知识的同时，传递轻松愉悦的体育精神。2015年，北京申办“2022年冬奥会”成功，北京电视台以此为契机推出了《跨界冰雪王》节目。节目邀请滑雪奥运冠军担当教练，零起点的参赛者在进入国家花滑队接受专业训练之后完成比赛。网络平台也开始聚焦体育竞技节目的生产，如优酷的《这！就是灌篮》，聚焦青年潮流文化，通过篮球高手之间专业、刺激的篮球比赛，推广篮球竞技文化，强调集体荣誉感和个人拼搏逐梦精神，传播“青春、热血、励志”的正能量。

同时，《超新星运动会》《王者之战》《大冰小将》《冠军中国》《我要打篮球》《青春有你》等一批体育竞技类节目陆续播出，运动选秀、冲冠挑战等不同节目类型不断涌现，此类节目呈现出跨越式发展的态势。

（一）突出竞技性

竞技体育比赛因其不可预测性和紧张刺激的竞技场面，往往令人心潮澎湃，而且充满悬念。这种未知性和竞技性共同作用，不仅增强了节目的紧张感和观赏性，也展现了体育竞技类节目独有的吸引力。在内容选择上，体育竞技类节目倾向于那些广为人知且深受群众喜爱的体育项目，如篮球、足球、田径和武术等，这些项目因其广泛的群众基础，为大众提供了广泛的参与机会。

节目制作团队精心设计一系列充满挑战的环节，将快节奏、突发性和高风险等元素巧妙融入节目之中。通过这些环节和道具的设置，观众能够体验到强烈的感官刺激和视觉冲击。这种设计不仅考验了参与者的技巧和应变能力，也为观众带来了一场场惊心动魄、精彩纷呈的体育竞技盛宴。

（二）强调对抗性

对抗是竞技类节目中最直接且引人入胜的元素，它体现为个体与个体、团队与团队之间的直接较量。在这类节目中，对抗不仅是力量、智慧或速度的比拼，也是策略和技巧的展现。以《这！就是灌篮》为例，参与者通过身体对抗展现篮球技艺；《最强大脑》则聚焦智力的较量，考验参与者的记忆力、逻辑思维等能力；而《男生女生向前冲》以速度和敏捷性为核心，展开一场时间的竞赛。这些对抗或比赛均建立在明确的规则和评判标准之上，确保了胜负的客观性和公正性，为观众提供了紧张、刺激且充满悬念的观看体验。

对抗性是体育竞技过程中最突出的特征。节目中，运动员需要与其他参赛者进行直接或间接的竞技对抗。直接的竞技对抗是指运动员在同一时间、同一场地上进行的比赛，如篮球、足球等团队对抗赛，拳击、柔道等个人对抗赛；间接的竞技对抗是指运动员在不同时间、不同场地上进行的比赛，通过比较成绩来决定胜负，如田径、游泳等计时赛事，举重、跳水等评分赛事。体育竞技类节目中的对抗性不仅包括运动员之间的身体对抗，还包括他们在技术和战术上的较量。运动员需要运用各种技巧、策略和心理战术，以在比赛中获得优势。例如，在足球比赛中，运动员需要运用传球、带球、射门等技术，以及阵型变换、进攻与防守平衡等战术，来争取进球并防守对手。

体育竞技类节目通过展示运动员的个人能力、团队协作、技术与战术对抗及情感激荡等方面，呈现出一场场激烈的竞赛。这种对抗性使得节目更具观赏性和紧张感，吸引了大量观众的关注。同时，对抗性也是激发运动员进步、推动技术和战术发展的重要动力。

不仅如此，对抗性越强，越能调动参与者的积极性、吸引观众的关注，节目也就越精彩。对弈双方实力越强，比赛难度越大、悬殊越小，节目的对抗性就越强。因此，提高节目的对抗性要从缩小比赛双方差距、增加比赛难度和提高参与者水平入手。

（三）规则的客观性

对“规则”一词的解释一般有3种：一是规定出来供大家共同遵守的制度或规章；二是规律、法则；三是（在形状、结构或分布上）合乎一定的方式。对于节目而言，规则主要指的是一种规律和法则，它是一种规定出来供参与者遵守的制度。规则的设定明确了节目展开的时空情境，是节目的所有设计得以生成、展开的基础。

相较于其他类型的节目，体育竞技类节目通常具有明确的竞技成绩和评价标准，如比赛成绩、排名等。这种客观性使得节目具有更高的公信力，同时也为观众提供了一个清晰、可量化的参考依据，便于他们判断参赛者的表现。体育竞技类节目的规则就是在制作节目时所要遵循的要求、原则和倾向，具体包括参与者的选择、节目环节的设置、淘汰与晋级机制、奖励、对参与者行为的约束等。节目制作者通过客观的体育运动规则将节目的各个元素串联起来，节目的展开依托规则的运用。

例如，体育竞技类节目《这！就是灌篮》，在保持竞技体育专业性方面，采用了“1V1”和“3V3”两种赛制相互穿插的方式，通过涂鸦、路牌、灯光、球场等现场布置营造街头篮球的氛围。8个赛段的规则设置强调了竞技体育最直观的竞技性和残酷的淘汰机制，强化对抗色彩。

规则的制定对于体育竞技类节目具有举足轻重的作用，它不仅为节目的走向提供了明确的指引，更决定了节目的整体发展方向。体育竞技类节目的赛程通常分为积分赛、选拔与淘汰赛及单期竞技比赛3种形式。在积分赛中，参与者根据每期节目的表现获得相应积分，最终通过积分的累计来决定胜者。选拔与淘汰赛则通过选手之间的直接对抗来决定每期的胜负，胜者得以晋级，败者则面临淘汰，这种充满变数的淘汰机制不仅关乎选手的命运，也为节目增添了紧张感与刺激色彩，通常与积分赛制相结合，并在赛季末设置总决赛，进行最终的较量。而单期竞技比赛则由不同的参与者独立参赛，各期之间相互独立、互不影响。正是这种胜负的不确定性、选拔与淘汰的悬念，构成了体育竞技类节目最吸引人的魅力所在。

第三节　竞技类节目案例分析

一、《歌手》案例分析

《我是歌手》是由湖南电视台2013年制作的音乐竞技类节目，节目模式来源于韩国MBC电视台的《我们的星期天晚上：我是歌手》。节目的第一季播出时间为2013年1月18日。2017年，节目更名为《歌手》（下文统称为《歌手》)，2020年停播，2024年复播。

从比赛规则来看，每一季《歌手》节目都会邀请众多具有一定知名度与影响力的歌手参赛，并通过大众评审投票得出排名。在此基础上，按照两周一次的频率对歌手进行排名，并实行末位淘汰制；同时，被淘汰的选手还可以以复活赛的方式进行竞赛，最终参与到整季节目的最后环节——“歌王”评选。这一模式已在当下的竞技类节目中得到推广，不仅可以有效地调动观众的参与热情，还能更好地体现竞技类节目的公平性，最终实现为展现选手综合实力服务的目标。

（一）打造视听盛宴，专注音乐本身

《歌手》作为一档明星音乐竞技类节目，为了凸显节目的专业性及回归音乐本身的这一核心目标，声音的呈现就显得尤为重要。为了更好地呈现歌手的精湛唱功，让观众得到专业的音乐熏陶与享受，节目配备了顶级的现场乐队、音乐总监、音响、调音师、视觉总监、灯光师，让歌手在最优的音乐设备配置环境中尽情发挥。《歌手》的硬件设施包括音响设备和灯光设施，其中音响设备包括调音台、现场音响和歌手监听系统。歌手监听系统采用了各领域的顶级知名设备。

而《歌手2024》与前作不同，节目以直播形式呈现，引入了全球领先的“沉浸式扩声系统”——L-ISA音响系统，这是L-ISA沉浸式扩声系统首次运用在综艺节目的直播中。从早期的单声道到目前广泛使用的立体声，再到电影中采用的杜比环绕声技术，视听艺术始终追求真正沉浸式的声音效果。随着科技的进步，电影音效已经实现了沉浸式体验。然而，现场扩声由于现场技术条件的限制，仍然采用传统的立体声布局和单声道补声来覆盖观众区域。在立体声演出中，音频混合的“最佳听音”区域仅占场地的约5%。L-ISA沉浸式扩声系统通过创新的扬声器配置和声音算法映射技术，显著扩大了“最佳听音”区域的覆盖范围，达到70%~90%。这意味着无论观众身处何地，都能享受到均衡且与视觉统一的顶级听觉体

验，清晰捕捉到音乐中每一个乐器和每一位歌手演唱的每一个细节。通过L-ISA沉浸式扩声系统的引入，节目为观众带来了前所未有的沉浸式听觉盛宴，将视听艺术推向了一个新的高度。顶尖的声音技术让节目现场及电视机前的观众享受到绝无仅有的精彩演出，节目制作组通过视觉与听觉的双重构造，把观众的注意力转移到探讨音乐本身，带领观众回归对音乐的感悟与尊重。

（二）全方位记录，呈现完整流程

《歌手》节目组以每位歌手为核心，全面跟踪记录了他们从赛前准备到候场、观战、登台演出、下台至公共休息室，直至最终排名揭晓的全过程。幕后的编曲创作、彩排演练、服装造型等细节均被真实呈现，为观众勾勒出一个个立体且充满情感的歌手形象，表达了节目对专业歌手的崇高敬意与尊重。每位竞演歌手只需在每期节目中全身心演绎一首歌曲，以其独特的音乐理念和演唱风格诠释作品。每位歌手的房间、休息区均设有摄像头，能够捕捉到他们在其他歌手演唱时的即时反应，并通过后期剪辑巧妙展现。经过精心筛选和重组，节目呈现出多角度、跨时空的叙事特色，节奏紧凑，情节跌宕。此外，《歌手》每期约100分钟的节目内容，是从38台摄像机拍摄的400多小时素材中精选剪辑而成的。其中，15个机位全程捕捉观众反应，几乎能够实时捕捉到每位观众的细微表情和动作，使得歌手、音乐与观众形成一个互动紧密的审美共同体，观众也得以沉浸在音乐的震撼之中。

（三）让渡选择权利，创新评审规则

《歌手》跟以往的选秀节目不同，开设了“知音评审团”制度。所谓的“知音评审团”，就是从众多的电视观众中严格筛选出500位具备一定音乐素养，懂音乐，更懂欣赏音乐的“知音”组成评审团，对歌手的演绎进行评判。也就是说，歌手的去留是由现场500位大众听审决定的，500位

听审将根据自己的现场感受选出自认为最好的1位歌手。此外，500位听审在年龄、职业、兴趣等方面都具有一定的差异性，这也增加了节目的公平性。这种评审制度为普通大众提供了一个表达自我音乐见解的平台，无疑也增加了节目的可看性。与以往其他音乐竞技类节目不同的是，《歌手》的专家顾问只对参演歌手的表现做出点评，并不参与评分和筛选的工作。他们的点评也不是面对现场观众的，而是单独拍摄，避免他们的点评影响大众听审的选择。这样的设计彰显了节目“真实、真歌手、真竞技”的初衷。在歌手演唱的过程中，节目导播会通过切换镜头展示现场观众及其他嘉宾的即时反应，有人沉浸专注，有人泪眼婆娑，也有人跟着音乐节律摇摆。这些“反应镜头”不是对现场观众、嘉宾真实反应的简单记录，而是在群体间的互动和情感共鸣中，营造了一个信息共享、情感相互影响的传播氛围。就如节目导演所言：“真诚是这个节目的最大特色，我们不仅用真诚的态度唱歌，用真诚的舞台呈现最本色的音乐，用真诚的节目回馈一直支持我们的观众，也希望得到最真诚的评价和反馈。”

（四）创新舞美设计，构建仪式场景

仪式是人类情感体验、文化观念表达的重要载体，它通过特定的行为方式和情感载体来传递深层的意义。在《歌手》这一音乐竞技类节目中，制作团队精心设计，力图在有限的物理空间内创造出充满仪式感的节目氛围。节目巧妙地运用了光束灯等舞台技术，通过光影的交错和变化，不仅营造出线条分明、层次丰富的视觉效果，还极大地增强了舞台的纵深感和空间感，为每一位歌手的表演提供了完美的视觉衬托。随着歌手的演唱，灯光的形态不断变化，与舞台设计相得益彰，共同营造出一种庄严而神圣的音乐仪式现场。这种灯光、舞台及镜头的巧妙结合，不仅影响了观众的情绪和期待，也显现出仪式性表演与日常演唱的区别。此外，节目的仪式感还体现在多个方面，如现场乐队的伴奏、500位观众的集体注视以及比赛结果的逐一揭晓等环节，这些设计都进一步强化了节

目的仪式性质，使其不仅是一场音乐赛事，更是一次深入人心的文化体验和情感交流。

（五）营造悬念，强化叙事效果

悬念是作家或导演处理情节、设置冲突及展现人物命运时，利用受众对未知剧情、故事或人物命运的关切和期待心情，在叙事作品中所做的悬而未决的一种处理方式。悬念作为一种叙事技巧，在推动叙事向前发展的同时，还能够营造出一种紧张、刺激的氛围，迅速抓住受众的眼球。

《歌手》节目十分善于构建悬念，利用观众对结果的渴望心理，通过抑制信息的释放、放慢节奏、延长等待时间等方式，营造出一种紧张、刺激、扣人心弦的氛围。观众与歌手一同经历这种悬念的营造过程，使得节目情绪层层递进，高潮迭起，观众的期待感被无限放大，从而增强了结果揭晓时的戏剧性效果。实际上，戏剧性效果的实现也十分依赖于节目的后期制作环节，后期剪辑人员需要根据节目内容、节目主题等因素，对素材进行排列、组合、加工，利用不同的叙事技巧与策略对节目的叙事进行完善、调整甚至重构，营造出紧张、惊喜或感动的故事情节，让观众在观看节目时产生共鸣，从而提高节目的吸引力和收视率。

二、《舞蹈风暴》案例分析

2019年，湖南电视台打造的《舞蹈风暴》是一档以舞蹈竞技为主题的电视节目，节目旨在通过激烈的舞蹈对决，展现舞者的高超技艺和对舞蹈艺术的热爱。节目会集了来自不同舞蹈流派的顶尖舞者，他们通过一系列精心编排的舞蹈表演，争夺最终的冠军荣誉。节目用全新的呈现方式给观众带来了一场精彩的舞蹈盛宴，刷新了人们对舞蹈的认知，不仅为观众带来了视觉与情感的双重享受，同时也推动了舞蹈文化的传播与发展，成为备受观众喜爱的舞蹈类节目之一。

（一）视觉技术的赋能

自2019年开播以来,《舞蹈风暴》节目以其高度的观赏性和创新的“时空凝结”技术，迅速吸引了广大观众的目光。节目通过打造“视觉奇观”，为观众提供了一场精神与视觉的双重盛宴。其中，最为引人注目的莫过于节目在圆形舞台上运用128台摄像机，实现360°无死角的实时观测，捕捉舞者精心编排的“风暴时刻”。这一独特的视角让观众得以从任何一个角度欣赏到舞蹈的每一个细节，获得了前所未有的观看体验。根据节目规则，每位选手都需要在自己的表演中设计一个引人注目的动作，通过这些摄像机同时拍摄，创造出360°的全景定格影像。这一环节不仅成为节目的标志性特色，也是对舞者技艺的一次严峻考验。节目组在选择“风暴时刻”时，通常会与选手进行沟通，并与幕后团队协作，以确保所选动作既具有视觉冲击力，又能准确反映选手的舞蹈水平。大多数选手倾向于选择那些展示身体在空中滞留的高难度技巧或舞姿，这些动作往往成为最具观赏性的“风暴时刻”。《舞蹈风暴》不仅为观众带来了震撼的舞蹈表演，也推动了舞蹈艺术的创新与发展，成为舞蹈爱好者不容错过的一档精彩节目。

舞蹈，被誉为“流动的雕塑”，这一称谓深刻揭示了舞蹈中节律性与造型性的辩证统一。舞蹈的动态美、节奏感和韵律感都依赖于时间的流动，它在时间的连续推进中塑造出一系列变化无穷的造型。而造型，则是舞蹈动作在特定瞬间的凝固，如同雕塑一般，将美定格于永恒。然而，在舞蹈表演的连续流动中，观众往往受限于自己的观看位置或视线范围，难以捕捉到那些转瞬即逝的精彩造型。正是在这样的背景下，“风暴时刻”应运而生，它通过对视觉奇观的构建，为观众呈现了舞蹈中的每一个精彩瞬间。在《舞蹈风暴》的舞台上，机位的设置和拍摄条件都达到了极高的水平，节目组会根据选手的舞蹈构思和作品特点，灵活切换拍摄角度，以更好地展现选手的表演。当选手进行大幅度的运动时，镜头会采用正面拍摄，清晰捕捉并展现选手动作的流畅度；而在需要展现情感表达或面部表情的关键时刻，摄影师则会切换到特写镜头，使选手的情感表达更加纯粹，表演更加细腻；对于那些包含躺地或地面造型设计的舞蹈动作，镜头会及时切换到舞台顶部的机位，全方位捕捉并展现舞台上的造型，为观众带来全方位的视觉享受。通过这样精心设计的拍摄和剪辑，每一期《舞蹈风暴》都成了一场视觉与情感的盛宴，让每一位观众都能深刻感受到舞蹈艺术的魅力，体验到舞蹈作为"流动的雕塑"所蕴含的无限可能。

这种动态定格的技术效果还经常用在跳水、体操等体育比赛中，用来回放运动员动作，作为判定比赛结果的关键技术参照。这一技术本身早已出现，而将之与舞蹈艺术结合也不是《舞蹈风暴》的原创之举。中央电视台2017年春节联欢晚会就首次采用了这种环绕拍摄的视觉技术来呈现舞蹈节目的精彩动作瞬间，让观众能够360°欣赏舞者的曼妙舞姿。这一视觉技术手段的成熟，为电视舞蹈节目回归艺术审美价值提供了更多的可能。

（二）平衡专业性与趣味性

《舞蹈风暴》在保持舞蹈专业性的同时，并没有忽视大众的需求，而是在舞蹈知识普及、嘉宾角色设置、挖掘娱乐性等方面进行了诸多尝试，努力提高节目的吸引力，做到了舞蹈专业性和节目趣味性的动态平衡。首先，节目中专业角色的遴选和设置体现了节目知识普及与艺术美育的定位，节目考虑到专业性和大众性的并存，从舞蹈、音乐、表演、观众等四个角度选择评审嘉宾，节目中的"风暴见证官"既有爵士舞蹈家、舞蹈教育家、编舞家等顶级舞蹈专家，又有迎合大众审美趣味的流行演艺嘉宾。这些嘉宾不仅扮演着评委角色，而且是舞蹈表演的鉴赏者，他们常常用通俗、贴切的语言，引导观众去理解稍显晦涩、专业的舞蹈术语，不仅对舞者的艺术表现力和动作完成度做出专业的评判，还实时给观众提供专业角度的审美经验分享，帮助观众领悟舞蹈作品的独特艺术魅力。其次，对舞者现场专业表现能力的评判，节目组坚持以专家评审为主导，同时保留了现场观众的选择权和观看视角，现场观众的喜好选择与打分可以直接决定晋级与否，使得节目更具有互动性。最后，节目中的赛制混搭也强化了节目的趣味性。例如,《舞蹈风暴》“限定主题战”设置了经典影视和音乐主题，实现了流行音乐、经典电影与舞蹈艺术的混搭；“歌舞搭配战”又邀请八组歌手现场亮嗓，探寻音乐与舞蹈的融合，实现了视听体验的整体创新。

从叙事方式上来说,《舞蹈风暴》跳出了常规的情感叙事路线，没有刻意营造的悬念情节，也没有张力十足的人物关系。节目对每个参赛者的关注落在舞者的专业身份上，聚焦对舞蹈的全方位展现、对舞蹈技巧的详细解说，甚至是对细节美感的立体呈现。《舞蹈风暴》的很多剧情让观众沉浸其中，甚至感动流泪，节目只是适当地插入现场观众在欣赏舞蹈表演时产生精神世界的共鸣，进而感动和流泪的画面，并没有在舞蹈表演后过度渲染悲情故事情节使观众泪目，而是真实客观地呈现其创作过程。同时，担当“风暴见证官”的几位专业评委，通过切中要害的犀利点评引领观众走进舞蹈的美学体系和技术细节。屏幕上随时穿插出现各种小贴士，科普了“当代芭蕾”“黑池舞蹈节”等舞蹈领域的专业知识，知识普及与艺术美育并进，让观众不仅看见舞蹈之美、感受舞蹈之美，更懂得欣赏舞蹈之美。主持人在节目中说：“这是爱上舞蹈最好的时代。”节目的立意就在于“要让舞者成为偶像，让舞蹈艺术在大众心中留下深远长久的影响”。

（三）呈现多元化的舞蹈作品

《舞蹈风暴》第二季在延续第一季的精彩基础上，进一步拓宽了舞蹈艺术的边界。节目不仅汇聚了更多元的舞种，而且在多舞种融合与创新上实现了重大突破，为观众带来了全新的视觉冲击和别具一格的舞蹈美学享受。

节目的第三赛段，以“融合”为核心主题，将24组舞者进行两两配对，在短短3~4天培养出彼此间的默契。有的组合选择了相同舞种的强强联合，而有的则大胆尝试将不同舞种进行融合与创新，碰撞出前所未有的艺术火花。那些看似风格迥异、难以融合的舞种，在《舞蹈风暴》的舞台上也达到了一种不可思议的和谐与平衡。古典舞与街舞的创新融合，街舞与民间舞、拉丁舞男团与中国舞男独舞等组合，都在舞台上展现了各自独特的融合魅力。这些不同舞种之间的合作不仅没有产生违和感，反而激发出巨大的化学反应，为观众带来了一场场精彩绝伦的舞蹈盛宴。《舞蹈风暴》通过大胆的创新尝试，不仅推动了舞蹈艺术的发展，也为观众打开了一扇领略多元舞蹈文化魅力的窗口，让更多的人看到了舞蹈艺术更加广阔的未来。

舞蹈艺术作为中华民族文化宝库中的瑰宝，其根源深植于中国悠久的历史长河。从《山海经》中对神话传说的描绘，到古代崖画上栩栩如生的舞蹈姿态，再到秦朝文献中的详细记载，以及敦煌壁画上精美绝伦的舞蹈场景，中国舞蹈文化始终在历史的脉络中流淌，不断传承与发扬。这些舞蹈作品不仅记录了中华民族的历史变迁和文化特色，而且在不断的演进中汲取时代精神，进行形式与内容的创新，展现了中华文化的深邃内涵和持续发展的活力。在《舞蹈风暴》的舞台上，尽管舞蹈类型多样，但大多数作品都巧妙地融入了传统文化元素，如街舞表演中巧妙地融入了古典舞的元素和少数民族的服饰特色，而武术的动作和精神则在古典舞中得到了创新性的诠释和运用。这些融合传统与现代、东方与西方的舞蹈作品，不仅是对传统的致敬，也是对舞蹈艺术可能性的大胆探索。

《舞蹈风暴》通过一系列的艺术实践，不仅丰富了舞蹈艺术的表现形式，也促进了中国民族文化的传播与普及，使舞蹈艺术更加贴近大众，更具有时代感和生命力。节目的这种创新尝试，顺应了当代文化发展的趋势，为推动中国舞蹈艺术的繁荣发展做出了积极贡献。在接受专访时，节目制片人这样表达制作《舞蹈风暴》的初衷："用每一位舞者、每一支作品讲好每一个故事，希望节目能让更多年轻人感受到舞蹈文化、中国文化的独特魅力。"

三、《最强大脑》案例分析

2014年，江苏电视台的科学竞技节目《最强大脑》开播，该节目的版权来自德国节目*Super Brain*，截至2024年，《最强大脑》已播出11季。该节目以传播脑科学知识和脑力竞技为核心，旨在激发公众对科学和大脑潜能的兴趣与认识。节目邀请了多位科学家全程参与，他们从科学的角度出发，探秘天才的思维世界，揭示了人类大脑的无限可能。通过一系列精心设计的比赛项目，节目从众多参赛者中筛选出具有超凡脑力的选手，组成"最强大脑中国战队"。这些选手将代表中国，迎战来自海外的顶尖脑力选手，即"最强大脑国际战队"，在一系列紧张刺激的智力较量中，双方将展开精彩绝伦的对决，争夺"世界最强大脑"的荣誉称号。

《最强大脑》不仅为观众呈现了一场场智力的竞技，更是一次科学与娱乐相结合的完美尝试。节目通过直观、有趣的方式，让复杂的脑科学知识变得生动易懂，同时也展现了人类大脑的惊人潜力和多样性。通过这样的国际竞技平台，节目鼓励全球范围内对脑科学研究的关注和对脑力潜能的挖掘，为推动科学普及和文化交流做出了积极的贡献。

德国版*Super Brain*最初由恩德莫尚集团（Endemol Shine Group）与德国电视二台共同开发，2011年12月在德国亮相后收视率和口碑均不俗，之后以*Super Brain*为节目模式的品牌名称，被11个国家及地区引进。德国版*Super Brain*是脑力竞技节目，选手拥有超凡的记忆力或者在某一领域有着独特天赋，通过挑战项目展示自己非凡的脑力以获得观众投票，票数最多者可获得25 000欧元奖金。而由于中德两国之间的文化差异较大，中国版《最强大脑》在引进后必须进行本土化改造，适应中国本土观众的需求和习惯，这样的本土化改造主要集中在以下几个方面。

（一）调整人物定位

《最强大脑》作为一档科学竞技类节目，其选手选拔过程严格参照德国*Super Brain*节目的准则，对参与者的年龄和身份不设限，并在此基础上实施了更为标准化的选拔机制，用以评估选手的记忆力、逻辑思维、数学能力、空间想象力等多方面的能力。在选拔过程中，节目组会邀请心理学、教育学、神经科学等领域的专家对选手的表现进行评估，以增加选拔的科学性和权威性。

而《最强大脑》在主持人选择方面也与原版有所差异。相比于原版节目主持人的娱乐性，蒋昌建在成为《最强大脑》的主持人之前，不仅在《杨澜访谈录》节目中担任总策划，还曾参与多个时政和辩论节目，积累了丰富的现场经验。他的学者背景赋予了节目严谨的科学态度，而他在策划与辩论领域的专业技能，使他能够准确把握节目节奏，灵活应对各种现场情况，形成了独树一帜的主持风格。

在嘉宾设置方面，节目特别设置了常驻嘉宾和特邀X嘉宾。此外，科学家也扮演着举足轻重的角色，他们的存在不仅赋予了节目更高的权威性，还肩负着深入解读和阐释节目中科学问题的重要职责。实际上，自节目立项之初，制作团队便投入巨大的精力，组建了一支由国内顶尖专家组成的科学顾问团队。这支团队囊括了来自脑科学、生物学、运动神经学等多个领域的20位学者，他们主要来自北京大学、北京师范大学和上海交通大学等知名高校，其中更包括了中国科学院院士和“长江学者”等脑科学领域的领军人物。为了进一步增强团队的国际视野和专业实力，节目组还联合发起了“中国超级大脑人才库”计划，并邀请了来自耶鲁大学、麻省理工学院等世界顶尖高校的十余位外国专家加盟，形成了科学顾问团的“外援团”。这些专家深度参与到节目的各个环节中，从选手选拔、挑战项目设计到科学公正的评判标准制定，都亲力亲为，全程参与。他们精心构建了一个公正严谨的评分体系，确保了比赛的科学性和公正性。通过这样的精心安排，《最强大脑》不仅为观众呈现了一场场激动人心的科学竞技盛宴，更有效地普及了科学知识，提升了公众对脑科学重要性的认识和兴趣，展现了科学与娱乐相结合的无限魅力。

（二）创新节目内容

在《最强大脑》的舞台上，赛制不仅是规则的集合，更是节目叙事和选手竞争的驱动力。与德国版*Super Brain*相比，中国版节目在赛制上进行了显著的创新。德国版节目通过个人挑战和观众投票的方式，强调个人智力的展示，具有个人英雄主义色彩，同时利用奖金激励机制来吸引观众的眼球。中国版《最强大脑》则摒弃了奖金设置，将赛制设计为晋级赛、挑战赛和国际赛三个递进阶段，并从第三季起新增了“脑王挑战赛”，以此增强节目的竞技感和观赏性。这种设计不仅考验选手的个人智力，还强调团队合作，使节目成为一场智慧与策略并重的科学竞技盛宴。

在竞技项目的设计上，《最强大脑》最初直接借鉴了*Super Brain*的模式。但随着节目的深入，中国团队开始与科学家团队紧密合作，原创性地融入了具有中国特色的元素，如《百家姓》《清明上河图》等，使中国元素成为节目竞技项目设计的亮点。从模仿到创新，中国版《最强大脑》的制作团队在学习国外经验的基础上，结合本土文化和科学家的专业意见，逐步发展出自己的项目设计思路。这种融合了中国传统文化和科学精神的创新方法，不仅保留了原版节目的精髓，更展现了中国团队的创意和本土化思考。

一档节目的成功，往往源于对每个细节的精心打磨和专业追求。在《最强大脑》这一科学竞技真人秀中，“最强道具”的巧妙运用，为节目增色不少，成为其吸引观众的一大亮点。电视作为一种视觉艺术形式，舞台的视觉效果尤为关键，尤其是在《最强大脑》这样以“脑部竞技”为核心的节目中，道具和挑战项目的设计直接关系到选手智力比拼的呈现。《最强大脑》在道具使用上的大胆创新，被媒体评价为“中国电视史上规模最大、数量最多、质量最高的一次”。例如，节目曾邀请8位专业魔方师，耗时5天，精心搭建了由5000个魔方组成的壮观魔方墙；也曾从全国近10个省份征集101条斑点狗，这些狗在深圳的驯犬学校接受了长达3个月的专业训练；节目中还出现过32对来自不同地区、不同年龄的同卵双胞胎，以及由60位韩国小姐的照片自由组合而成的1770副合成面孔。这些精心设计的道具，不仅为节目增添了视觉冲击力，更将选手的智力挑战以直观、震撼的方式展现在观众面前。

在现场录制过程中，节目组通过20多个摄像机位，从不同角度捕捉选手挑战的每一个细节，让观众能够全方位、多角度地感受到比赛的紧张与激烈，从而形成强烈的期待感和代入感。正是这种对细节的极致追求和专业精神，让《最强大脑》成为一档深受观众喜爱的科学竞技节目，为中国电视综艺领域树立了新的标杆。

（三）适应本土文化

自《最强大脑》引入中国以来，节目团队一直致力于实现与本土文化的深度融合，并以此作为吸引和维系观众的关键策略。节目本土化改造的成功不仅关乎其播出效果，更是确保节目可持续发展的重要因素。为此，节目始终坚持中国节目制作团队的主体地位，在交流互动中学习原版节目成熟的制作经验，并在同科学家的合作中提升团队成员的科学素养，充分发挥团队的主观能动性，既吸收了海外优秀经验，也增强了团队的节目制作能力，更激发了团队的创造力。此外，从节目环节设计的角度来看，*Super Brain*倾向于展示选手的特殊技能，因此，节目也有“怪人秀”的称号。这些令人眼花缭乱的技能尽管吸引了一部分观众，但在科学严谨性上存在不足。严格意义上讲，这种内容设置与科普综艺节目的定位有所偏差，也难以充分调动中国观众的兴趣。针对这一问题，中国版《最强大脑》为了与中国观众建立情感联系，精心设计了一系列挑战项目，这些项目不仅贴近中国观众的文化认知，如辨识川剧脸谱、扇子、皮影戏物件等，还巧妙地将综艺节目的趣味性融入其中。此外，节目组投入重金，打造了具有鲜明本土特色的道具，如长23米、高3米的3D版《清明上河图》。这些充满中国元素的道具不仅为节目增添了文化韵味，而且以直观生动的方式展示了选手的脑力活动，使得科学原理和过程更加易于被观众理解。这种创新的展示手法不仅与中国科普综艺节目的发展方向相契合，也显著提升了节目的艺术性和观赏性，从而有效增强了节目的吸引力。

通过这些精心设计的本土化元素，《最强大脑》成功地将科学知识的普及与观众的娱乐需求相结合，为中国观众呈现了一场场知识性与趣味性并重的视听盛宴。这种结合了科学性与文化性的内容设置，不仅满足了中国观众对科普综艺节目的期待，也为节目的长期发展奠定了坚实的基础。

第三章　表演类节目

表演类节目，顾名思义，是以表演艺术为主要形式的节目，它涵盖了舞蹈、戏剧、音乐、朗诵、魔术等丰富多彩的表演形式。这些节目的核心魅力在于演员或艺术家的现场表演，他们通过精湛的技艺和深厚的情感，将艺术作品的精髓直接呈现给观众，使观众能够近距离感受到艺术表演的震撼力和感染力。表演类节目往往注重表演技巧、艺术表达和舞台效果，旨在为观众提供娱乐、教育和审美体验。本章所涉及的表演类节目，是弱化竞技色彩，注重艺术性、表演性、文化性、审美体验的一类综艺节目。

第一节　表演类节目的发展历程

一、电视初创阶段的文艺节目

1958年5月1日，北京电视台的试播开启了中国电视事业的新篇章，首播之日便以一系列精彩纷呈的文艺节目，为电视荧屏带来了生机与活力。中央广播剧团倾情奉献的《工厂里来了三个姑娘》《大跃进的号角》等剧目，生动反映了那个时代的社会生活和精神面貌。与此同时，北京舞蹈学校带来的《四小天鹅》《牧童与村姑》《春江花月夜》等经典舞蹈，不仅为电视观众呈现了一场视觉盛宴，也凸显了文艺表演在电视内容中的显著地位。这一天的播出内容，从激昂的诗朗诵到风趣的曲艺，从惊险的杂技到欢快的歌舞，再到典雅的戏曲，展现了电视文艺的丰富多样性。这标志着电视内容创新的重要一步，也是电视作为文化传播媒介，将文艺表演的魅力延伸至每一个家庭的起点，为观众带来了前所未有的艺术享受和文化熏陶。

早期的电视文艺节目，以其低成本、易制作的特性，在电视荧屏上占据了重要地位。例如，1960年，新演播室的启用为北京电视台提供了更广阔的创作空间。1961年，北京电视台对话剧《伊索》进行了重新编排，并在电视上播出，标志着戏剧“电视化”的初步尝试。同年4月，北京电视台播放了中央广播乐团演出的小提琴协奏曲《梁山伯与祝英台》，其高雅的艺术风格和巧妙运用的电视语言，如镜头移动、画面切换、画外音和解说，为器乐演奏带来了新的表现形式。

此外，北京电视台还频繁转播剧场内的现场演出，如1958年6月26日的首次转播，展示了革命伤残军人的文艺表演。新中国成立10周年之际，北京电视台举办了5场戏剧晚会，邀请了众多著名艺术家表演，并转播了多部话剧、京剧、歌剧、越剧等，产生了较大的社会影响。1961年12月—1962年初，为庆祝京剧表演艺术家周信芳舞台生活40周年，北京电视台连续播出了多部周信芳的作品。1965年，北京电视台连续播出了100天以“援越抗美”为主题的文艺节目，进一步扩大了电视文艺的社会影响力。这一时期的北京电视台，通过不断的探索和创新，不仅丰富了电视文艺的表现形式，也展现了电视在传播高雅艺术方面的巨大潜力，为中国电视文艺的发展奠定了坚实的基础。

地方电视台，如长春电视台和广州电视台，虽然资源有限，但也通过与当地戏剧界和电影界的合作，制作了一系列小型演播室节目。长春电视台为吉剧的诞生开办了专题节目，并与中国电影工业的重镇长春电影制片厂合作，介绍并播映长春电影制片厂的影片，展现了地方电视台在文艺传播上的独特贡献。

二、文艺晚会的诞生与发展

1958年12月31日，上海电视台首次播出的新年晚会《欢庆新年》是中国最早的电视文艺晚会。这场晚会吸引了15个上海文艺团体参与，节目内容丰富多彩，涵盖了沪剧、评弹、器乐演奏、歌唱、相声、杂技、舞蹈及少儿朗诵等多种表演形式。紧接着，在1960年的春节期间，北京电视台也举办了其历史上的首次电视文艺晚会，并在演播室内进行了排演和播出，这可以被看作后来中央广播电视总台春节联欢晚会（简称春晚）的早期形式。

1983年，中央电视台的第一届春节联欢晚会播出，这是中国电视节目史上的一个重要里程碑，标志着中国电视史上一个重要的文化传统的诞生。第一届春晚采用了现场直播、观众点播、主持人串场、茶座式观众席等形式，这些新的手段无疑强化了电视媒介独有的魅力，激发了观众的参与热情。晚会于1983年2月12日20∶00在中央电视台直播，这是一场结合了多种文艺表演形式的大型综艺晚会，包含了歌曲、小品、相声等多种文艺形式，展现了中国丰富的文化和艺术，营造了欢乐、祥和的节日氛围。尤其值得注意的是，当时中国尚未有专门的晚会主持人，在1983年以前，此类文艺演出一概采用报幕员报幕的形式。而在1983年春晚中，导演黄一鹤大胆地邀请了当时中国家喻户晓的4位“通俗文化”代表人物担任主持人，他们分别是相声演员姜昆、马季，喜剧演员王景愚，以及电影演员刘晓庆。春节联欢晚会的举办，体现了文艺表演在现代社会中的重要作用，尤其是在文化传承和节日庆典中的作用。

春节联欢晚会创造了一种“拼盘表演”的综艺节目形式，这类综艺节目有如下几个特征：一是表演主体是表演艺术家，而非普通观众；二是以直播或录播的形式对表演进行直接呈现；三是表演本身遵循非常严格的流程设计，不允许表演者随意发挥；四是节目的精彩程度主要取决于表演者所表演的节目；五是节目的内容可以是多种艺术类型的拼盘（如春节联欢晚会），也可以是某种特定艺术类型的拼盘（如《同一首歌》《中华情》），构成节目的小节目与小节目之间并没有逻辑上的必然关联。这种通过电视镜头进行直接呈现的方式，大大拓展了不同艺术门类的传播范围，既弘扬了中国传统的表演艺术，又充分满足了人民群众日益增长的精神文化需求。

春节联欢晚会的诞生衍生出3种类型的节目。

第一，以单一的表演艺术形式为核心的比赛节目，如《全国电视相声大赛》《CCTV电视小品大赛》《CCTV青年歌手电视大奖赛》等。这类节目诞生的初衷之一是为春节联欢晚会的舞台发现和输送艺术人才。

第二，常态综艺节目，如《综艺大观》《曲苑杂坛》，这两档节目有着鲜明的春晚印记。《综艺大观》的表现手法、叙事风格和语态与春晚完全一致，因此又被称为“小春晚”，而《曲苑杂坛》更像是曲艺版本的“小春晚”。事实上，后来不少演员甚至主持人就是从这两档节目走向春晚舞台的。

第三，户外版春晚。中央电视台文艺中心先后于1996年和1999年推出了“心连心”艺术团慰问演出和《同一首歌》两档户外版春晚，其中《同一首歌》专注于音乐表演，影响力很大，该节目对于后来省级电视台的“跨年演唱会”的形成产生了直接的影响。

三、电视文艺表演类栏目的发展

自20世纪80年代开始，各个电视台除了延续对各类文艺演出活动进行转播之外，更是围绕文艺表演分门别类地开设了一系列电视栏目，以改变以往无节奏、无章法的转播模式，实现电视内容的常规播出。例如，中央电视台从1984年开始相继创办《艺苑之花》《音乐与舞蹈》《曲艺与杂技》《周末文艺》《戏曲欣赏》《百花园》《电视剧场》等，力求对各个艺术门类均有所涉猎。栏目化思维引领了电视文艺节目进一步走向专业化、精细化、多元化的发展道路，电视文艺节目不仅百花齐放，而且拥有了固定的播出时间、节目名称、节目品牌等，在此基础上还诞生了多种新的节目样态，这可以被看作电视文化类节目的“雏形”，在形式与内容上，与电视艺术片、电视文艺晚会也有了比较清晰的界限。

上海电视台于1984年开办了两个文艺专栏《大世界》和《大舞台》，前者以音乐、舞蹈为主，兼有小品、相声、魔术等，每周六晚播出1小时，后者则主要播出戏曲节目。尤其值得一提的是，广东电视台于1981年1月1日开播的拼盘式文艺栏目《万紫千红》，在这一时期继续保持极受本地观众欢迎的态势，其对各种艺术样式兼容并包，内容根植于本土市民文化，而且比中央电视台和上海电视台的文艺栏目更具娱乐性和通俗性，这与其毗邻香港并受到其电视娱乐文化的熏染有密切相关。

1990年，中央电视台《综艺大观》节目开播。该节目以轻松幽默的风格，融合了歌舞、小品、相声、魔术等多种艺术形式，旨在为观众提供丰富多彩的文化娱乐享受。《综艺大观》的节目形式多样，既有明星嘉宾的表演，也有普通观众的参与。内容上注重传统文化与现代元素的结合，经常邀请国内外知名艺术家和团体进行表演，同时也会展示一些“草根”明星的才艺，体现了节目的包容性和多样性。此外，节目还会穿插一些寓教于乐的环节，如知识问答、文化介绍等，在娱乐的同时传递正能量，提升观众的文化素养。《综艺大观》以其独特的节目魅力和深远的社会影响力，成为中国电视综艺的一张亮丽名片。

1991年11月2日起在中央电视台综艺频道播出的《曲苑杂坛》节目，以“弘扬中华传统文化，尽显民族艺术瑰宝”为宗旨，节目内容以相声、小品、魔术、杂技、评书、笑话、马戏、说唱等为主，同时介绍世界各国的杂技、马戏等。作为一档以曲艺表演为核心的节目，《曲苑杂坛》的价值与意义在于传承和弘扬中国传统曲艺文化，为观众提供丰富的文化享受和精神滋养。

1993年，中央电视台为适应第三套节目播出的需要，文艺部推出并整改了一系列综合文艺栏目。例如，1993年3月25日推出《东西南北中》，其前身是《百花园》栏目。该栏目追求快节奏和大信息量，强调后期制作的精致，采用编录结合、内外结合的方式；内容上突出民族特点、地方特色和时代气息；形式上采取版块结构，设有“地方风采大擂台”“歌迷天地”“请跟我来”“点歌台”“93MTV大赛”等版块。节目每两周播出一次，每次50分钟。

随着文艺节目的不断发展，1993年的第7届中国电视文艺星光奖评选改变了往届按中央电视台栏目设立奖项的方式，开始按照电视文艺本身的内容或形式设立奖项。具体而言，设有综合性文艺节目、专题类文艺节目、音乐节目、歌舞节目、戏曲节目、曲艺杂技节目、电视戏曲小品节目等7个门类的奖项。这些节目大多具有鲜明的表演色彩，表演类节目也由此开始不断细分，越发丰富多样。

而在地方电视台中，这一时期较为具有代表性的是1994年河南电视台推出的《梨园春》节目。该节目是借用电视视听艺术手法表现传统艺术的一次重要尝试，以豫剧为主，汇集全国各地不同戏曲剧种，是中国电视戏曲类栏目的最早引领者。2000年后，以精品传统文化类节目闻名的河南电视台继续对王牌节目《梨园春》进行迭代升级，并在2004年推出了传统武术类文化节目《武林风》。极致刺激的竞技搏斗与深入浅出的传统武术文化阐释，使得《武林风》迅速成为电视节目中的焦点，成为中华武术表演节目中的标志。

四、音乐表演与真人秀的融合发展阶段

21世纪初期，表演类节目开始与真人秀相结合，走向融合发展的阶段。音乐节目是其中最典型的代表，这些节目虽然带有一定的竞技色彩，但最主要的表现形式仍是表演。

2004年，湖南电视台的《超级女声》节目播出，迅速引发全民关注，

成为中国内地音乐选秀节目的一个重要里程碑。节目打造了开放的舞台和公平的竞赛机制，通过海选、复赛、决赛等一系列紧张激烈的比赛流程，选拔出具有出色歌唱能力和舞台魅力的女性歌手。《超级女声》不仅推动了中国流行音乐文化的发展，也为女性音乐人才的成长提供了平台。同时，它还以其高收视率和广泛的影响力，成为中国电视娱乐节目的一个标志性现象。同样在2004年，上海电视台打造的《我型我秀》、中央电视台推出的《梦想中国》《星光大道》等音乐选秀节目相继播出，音乐表演一跃成为我国综艺节目中最重要的内容之一。

2012年，浙江电视台推出了《中国好声音》。该节目自播出以来，以其创新的选拔机制和精湛的音乐表演，迅速赢得了广泛的关注和赞誉。这种互动性强的选拔方式，为综艺市场注入了新的活力，也为观众带来了全新的视听享受。

此后，一系列音乐节目层出不穷，如2013年湖南电视台的《中国最强音》、2014年中央电视台的《中国好歌曲》等。同时，随着音乐表演节目的不断细分，不同类型、不同形式的音乐节目开始涌现，如聚焦说唱的《中国新说唱》《中国有嘻哈》《说唱新世代》，以乐队形式进行表演的《乐队的夏天》《我们的乐队》《闪光的乐队》等。

受到日韩节目模式的影响，2018年开始，爱奇艺推出了《青春有你》，腾讯视频推出了“创造营”系列节目，优酷推出了《以团之名》等。湖南电视台则邀请已经成名的明星加盟，推出了《乘风破浪的姐姐》（后更名为《乘风》）、《披荆斩棘的哥哥》（后更名为《披荆斩棘》）两档节目。这些节目已经不是单纯的音乐表演节目，而是将音乐、舞蹈表演和“偶像文化”相结合，形成了一种综合性的舞台表演模式。

五、文化节目与影视表演相结合

2017年，中共中央办公厅、国务院办公厅印发的《关于实施中华优秀传统文化传承发展工程的意见》中明确提出了“深入阐发文化精髓”“贯穿国民教育始终”“保护传承文化遗产”“推动中外文化交流互鉴”等多项重要任务。该意见强调要综合运用多媒体资源，充分发挥博物馆等公共文化机构的作用，创新表达方式，并实施中华文化新媒体传播工程。

客观来看，这一时期管理部门出台多项政策，限制引入国外节目形式，限制纯娱乐节目的播出，促进了原创传统文化类节目的推出，在为中国电视节目市场带来新活力的同时，也进一步扩大了优秀传统文化的影响力。此后，文化类节目在数量和质量层面都有极大的提升，越来越多的原创文化类电视节目涌现，冲淡了引进模式一枝独秀的现象，拉开了将传统文化熔铸于综艺节目的序幕。这一阶段涌现出了《见字如面》《典籍里的中国》《中国诗词大会》《朗读者》《国家宝藏》等现象级文化节目。这类节目都以传统文化为根本出发点，采用“文化+”的基本节目模式，如“文化+真人秀”“文化+竞技”“文化+戏剧”等方式，以戏剧与影视表演、朗诵、台词独白等为核心形式，突破了传统电视文化类节目内容与形态的桎梏，探索出传统文化类节目发展的新路径。

2016年12月29日，腾讯视频播出了《见字如面》。该节目以明星读信为主要形式，旨在用书信打开历史节点，带领观众走进那些依然鲜活的时代场景、人生故事，触碰那些依然可感的人物情状和社会风物，重新领会中国人的精神情怀与生活智慧。《见字如面》是第一档以书信为主要载体的文化节目，它对中国从古至今具有深厚立意和时代精神的书信进行了一次集中扫描和梳理，以“朗读+真人演绎”的模式重现书信讲述的历史故事。

朗读作为一种表演形式很快被运用在了其他节目中。2017年2月18日，中央电视台的《朗读者》节目播出。《朗读者》是一档以朗读为核心形式的文化情感类节目，旨在通过朗读文学作品、信件、日记等文字材料，传递文字背后的情感和故事，展现语言的魅力和力量。节目邀请了包括知名演员、作家、学者、普通工作者等在内的各界人士作为朗读嘉宾，他们以真挚的情感和动人的声音，将文字转化为有声的语言，触动听众的心灵。

同时，节目通过主持人访谈展现出嘉宾个人的成长经历，并将这些经历与中外经典文学相勾连，用最平实的情感浸润人心，呈现出生命之美、文学之美和情感之美。《朗读者》不仅丰富了公众的文化生活，提升了文学艺术的普及度，而且通过朗读这一行为，弘扬了人文精神，促进了社会的情感交流和文化认同。

文博同样是这一时期的重要内容。文博类文化节目以丰富的博物馆资源作为底蕴支撑，以文物为核心阐释中华文化的独特魅力。以往的文博类电视节目多是“就事论事”，仅就某一文物的真假及前世今生展开鉴定或讲解，如《华豫之门》《华山论鉴》《天下收藏》等鉴宝类节目。而这一阶段的文博类节目则不再拘泥于某一类文物的鉴定或讲解，而是综合了戏剧、朗读、访谈、竞技等多种形式，不仅增强了文物文化的表演性、可视性和娱乐性，还将其放在更加宏大的古今语境中阐释，激发了文物的时代活力。其中，2017年12月3日开播的《国家宝藏》是文博类文化节目的代表之作。作为一档大型文博探索类节目，《国家宝藏》突破了传统主持人讲解、嘉宾介绍的单一节目模式，融入了民乐表演、戏剧表演等多种表现形式，让文物“活”了起来。

除此之外，一些节目则将诗词文化与流行音乐相结合，如2018年2月16日播出的《经典咏流传》节目采取了“诗歌相和”的方式，让观众在流行音乐的旋律中领略传统诗词的魅力。节目在注重时代化表达的同时，并未丢失诗词文化所蕴含的家国忧思、古今之变等思想深度，以观众喜闻乐见的方式讲述诗词文化、阐释人文价值，为现代文明追本溯源，树立文化自信。

2021年2月12日，《典籍里的中国》播出。该节目以中华优秀文化典籍为本，通过“古今人物跨时空对话”的创新形式，融合戏剧与影视的表现方法，讲述历经千年而不衰的文化典籍的前世今生和书中的动人故事。节目设立了“历史空间”“现实空间”“访谈空间”等不同空间场域，多元运用戏剧表演、影视化呈现等形式，对典籍故事进行可视化呈现和深度解读。可以说，《典籍里的中国》开创了文化类节目的全新样态，在节目形态、制作技术、艺术融合等多个方面做出了卓越的尝试。

值得一提的是，近年来，河南电视台制作了一系列深受欢迎的文化表演类节目。这些节目不仅展现了中国传统文化的魅力，还融入了现代创新元素，成功吸引了大量观众尤其是年轻群体的关注。例如，2021年河南省春节晚会中的《唐宫夜宴》节目，以其独特的创意和表演形式，展现了盛唐时期的文化风貌，成为大众热议的焦点。此外，还有《元宵奇妙夜》《清明奇妙游》《端午奇妙游》等文艺演出型节目也深受观众喜爱。

六、演技类节目的兴起

演技类节目是以展现戏剧与影视表演艺术为核心的综艺节目形态，融合了纪录片、电影、戏剧等不同艺术形式，通过舞台竞演、短片竞演、评委点评、演员试镜、表演训练等节目内容，多维度展现演员专业技能。较具有代表性的竞技节目有《演员的诞生》《演员请就位》《演技派》《演员的品格》《无限超越班》等。演技类节目通常融合了“竞演”和“养成”两种模式，它们共同构成了节目的核心框架。在竞演类节目中，重点放在演员的专业技能和表现力上，通过一系列的影视化考核和多轮竞赛，演员在紧张的竞技氛围中展现自己的才华，争夺最佳演员的荣誉。这些节目往往设计有强烈的冲突点和紧凑的赛制，以增加节目的观赏性和戏剧张力。而养成类节目则更侧重于记录和展示年轻演员的成长轨迹，从最初的培训、选角、试镜，一直到实际的片场拍摄，节目通过跟踪拍摄，让观众见证演员的成长和进步。这类节目不仅关注演员的技艺提升，也注重其个人魅力和职业素养的培养。实际上，许多演技类节目并不局限于单一模式，而是将竞演和养成相结合，既展现演员在舞台上的精彩表现，也记录他们在舞台下的努力和成长，为观众提供一个全面了解演员职业发展的窗口。

2017年，浙江电视台播出《演员的诞生》（后更名为《我就是演员》）。

该节目通过演员之间的表演对决，展现演员的专业素养和演技水平。节目自2017年10月播出以来，受到了观众的广泛关注，不仅提高了参演演员的知名度，也引发了大众对演技和演员职业的讨论。随后，各个网络平台也开始制作同类型节目。2019年，优酷独播的《演技派》以“演员养成”为定位，没有选择成熟演员，而是精心从各经纪公司挑选出8位新人演员，完成演员试镜、技能培训、面试选拔、签约拍戏等全套演员诞生的过程。同年，腾讯视频打造了《演员请就位》，节目邀请影视圈内艺术风格截然不同的导演及众多知名年轻演员参与，构建了真实的拍摄空间与影视制作流程，极大提升了此类节目的影视化水平。在节目设置的多轮影视化表演考核中，演员不断面临晋级与淘汰的境况，并最终从4位导演的组内冠军中产生“年度最佳演员”。

2022年，由浙江电视台和优酷联合出品的《无限超越班》延续了影视化模式。节目会集了一批有潜力的年轻演员，他们在节目中接受资深演员和专业导师的指导，通过一系列的表演挑战和角色塑造，展现自己的表演才华和专业素养，同时也为观众提供深入了解演员行业和表演艺术的机会。节目中不仅有激烈的竞演环节，还融入了幕后培训和演员个人成长的故事，展现了演员在追求艺术道路上的努力与坚持。通过这个平台，演员得以超越自我，实现个人演技的突破和飞跃，节目也因此得名“无限超越班”。

七、喜剧表演节目的发展

在早期，喜剧节目通常指的是每年在中央电视台春节联欢晚会中亮相的独立喜剧小品和相声表演。它们凭借独特的魅力和幽默感，成为晚会上观众最为期待和喜爱的节目形式。例如，在1983年春晚上，王景愚的哑剧《吃鸡》以其独特的表演风格，给观众留下了深刻印象。此后，陈佩斯与朱时茂合作的《吃面条》《羊肉串》《主角与配角》等作品，以其深入人心的表演，成为家喻户晓的经典之作。郭达等人的《产房门前》、马季的

《宇宙牌香烟》和《五官争功》、姜昆和唐杰忠的《虎口遐想》等节目，以其犀利的讽刺和深刻的内涵，受到了观众的热烈追捧。赵丽蓉的《英雄母亲的一天》《打工奇遇》、黄宏的《难兄难弟》等小品，同样以其精湛的演技和幽默的情节，令人捧腹大笑。赵本山、宋丹丹的《昨天今天明天》和《说事儿》等作品，更是以《实话实说》栏目为背景，演绎了一个个啼笑皆非的访谈故事，成为春晚的经典之作。这些作品不仅丰富了喜剧节目的形式，也展现了喜剧艺术的魅力和价值。

电视喜剧小品之所以能够迅速赢得观众的喜爱，首先得益于其幽默诙谐的喜剧本质。在追求高尚与深邃艺术的社会背景下，小品为观众带来了一种难得的喜剧艺术体验。然而，电视喜剧小品之所以广受欢迎，更深层次的原因在于它深深植根于本土文化，是为电视媒介量身定制的文艺形式。它虽然在一定程度上吸收了舞台剧的表现技巧，却大幅度地简化了传统舞台剧的复杂性，专注于精练和提升语言艺术。它摒弃了对高深莫测艺术形式的盲目崇拜，转而追求与时代同步、自然真挚、贴近生活、易于大众理解的艺术风格。正是这种风格，让小品能够迅速与观众产生共鸣，成为观众喜闻乐见的文艺节目。通过贴近生活的内容和通俗易懂的表达方式，小品不仅成功填补了当时文艺作品中喜剧元素的空缺，为观众带来了欢笑，而且通过反映社会现实，展现了其独特的社会价值和意义。

进入21世纪后，喜剧节目开始向特色化、专业化发展。2009年，《本山快乐营》和《爱笑会议室》等节目的出现，标志着喜剧节目开始形成自己的特色和定位。《本山快乐营》以其浓厚的东北地域特色，《爱笑会议室》则凭借年轻化风格，分别吸引了不同的观众群体。这些节目不仅为观众带来了欢笑，也为喜剧艺术的传播和发展做出了贡献。

2014年被业界称为“中国喜剧节目元年”。自这一年起，众多喜剧节目竞相涌现，形成了一股丰富多彩的喜剧潮流。例如，《笑傲江湖》《我为喜剧狂》《我们都爱笑》《喜乐街》《喜剧班的春天》《谁能逗乐喜剧明星》《一起来笑吧》《欢乐喜剧人》《喜剧总动员》《今夜百乐门》《跨界喜剧王》等，它们不仅令电视荧屏迎来了前所未有的“喜剧热潮”，也让观众享受到了前所未有的欢笑盛宴。这些节目从原本的非黄金时段逐渐转移到周末的黄金时段播出，每周播出1集，节目时长也从以往的短小精悍扩展至90分钟甚至更长时间。这一变化反映了电视喜剧真人秀节目在观众心中的地位和影响力有了显著提升，节目品质和口碑得到了观众的广泛认可。在这一时期，电视喜剧真人秀节目采用了真人秀的制作手法，融合了多样化的节目元素，增强了竞技性和观赏性。与早期相比，节目的叙事结构和互动性都有了显著增强。

此后，喜剧节目继续向“垂直化”和“厂牌化”方向发展。一方面，单口喜剧、相声等垂直领域的节目，如《脱口秀大会》《吐槽大会》《相声有新人》《喜剧之王单口季》等，凭借其专业性和创新性，吸引了大量年轻观众。另一方面，网络视频平台与知名喜剧厂牌合作，如腾讯视频与德云社合作的《德云斗笑社》、优酷与开心麻花合作的《麻花特开心》、爱奇艺与米未传媒联合制作的《一年一度喜剧大赛》、腾讯视频与米未传媒联合制作的《喜人奇妙夜》等，借助互联网的传播优势，实现了喜剧节目的多元化和个性化。在这一过程中，喜剧节目的制作水平和创新能力不断提高，节目内容更加丰富多样，形式也更加新颖独特。

第二节　表演类节目的创作特征

一、多元化的节目形态

（一）戏剧型节目

罗伯特·麦基在《故事》开篇中写道：“故事在不断地设法整治人生的混乱，挖掘人生的真谛，我们对故事的嗜好反映了人类对捕捉人生模式的深层的需求，这不仅是一种纯粹的知识实践，而且是一种非常人性化的、非常情感化的体验。”故事对于电视节目的重要性不言而喻，而以戏剧表演的形式再现历史故事、表达历史场景、书写历史精神成为近年来文化类节目的突破口。以《国家宝藏》《典籍里的中国》《一本好书》为代表的“文化+戏剧”节目模式将历史故事、文学故事等呈现在观众的眼前。

中央电视台于2017年推出了《国家宝藏》，节目以文物重器为表现对象，借鉴综艺节目形态，采用了多元化的表现形式，将国宝的“前世传奇”和“今生故事”生动地展现给观众。其中“前世传奇”部分主要由国宝守护人进行藏品介绍、藏品戏剧情景再现、馆长嘉宾评述等部分构成。“历史小剧场”的形式让观众耳目一新，明星化身为历史人物，通过小剧场的形式演绎国宝背后的历史故事。这种演绎方式不仅“重现”了历史，还通过戏剧化的处理，增加了节目的观赏性和趣味性。与“前世传奇”相对应，节目还设置了“今生故事”环节，邀请与国宝有特殊联系的当代人物，如文物修复师、研究者或传承人，来到现场分享他们与国宝的故事和情感，展现了国宝在当代的意义和影响。通过这些创新的表现形式，节目成功地拉近了观众与文物之间的距离，使国宝的前世今生得以生动展现，同时也提升了公众对文化遗产的认识和兴趣。

2018年，江苏电视台播出了《一本好书》节目，这是一档通过舞台戏剧、朗读口述、点评解析等手段，还原经典作品的情景再现式读书节目。“释义经典”是《一本好书》突出的标签，即通过电视艺术的独特视听表现手段，对文学经典的时代背景、内容精华、思想情感等进行具象化呈现。与《朗读者》《一千零一夜》《开卷八分钟》等读书类节目不同，《一本好书》主要采用影视化改编、舞台剧演绎的方式完成对经典文本的释义与再创造。节目以场景再现的方式，实现了经典文本的戏剧表达，通过构建戏剧情境，让经典的文字幻化为一场场具有现场感、立体性、故事化的戏剧表演，赋予传统文学作品生动性、灵动性，从而加深与延展文字的深度意义。

2021年2月12日《典籍里的中国》播出，这是一档集知识性、教育性、趣味性于一体的电视节目，旨在深入挖掘和展现中国悠久的历史文化。节目以中国古代的典籍为载体，涵盖了从哲学思想、历史记载到文学艺术、科学发明等多个领域，通过精心策划的节目内容和多样化的表现形式，让观众能够跨越时空，与古代圣贤对话，感受古代智慧的光芒。节目内容通常包括对经典文献（如《论语》《道德经》《诗经》等）的深入解读，以及对历史事件、文化现象的探讨。通过情景再现、动画演示、专家访谈等多种形式，节目生动地展现了典籍中的故事和思想，使观众能够更加直观地理解古代文化和历史。

此外，许多喜剧表演节目尽管以轻松幽默的面貌呈现，其核心形式仍是戏剧表演。如当下备受观众喜爱的《欢乐喜剧人》《一年一度喜剧大赛》《喜人奇妙夜》等节目，均采用了喜剧竞演与真人秀相结合的节目形式，这些节目的主要内容仍是由一个个戏剧作品构成的。

实际上，最早的喜剧竞演节目可以追溯到1987年的第一届《CCTV电视小品大赛》，它以小品这一戏剧形式为载体，展现了戏剧表演在喜剧领域的应用。随后，中央电视台首届《全国电视相声大赛》、天津电视台的《笑傲江湖》、北京电视台的《北京喜剧幽默大赛》等节目，也大多采用了独立的喜剧作品表演形式。而《一年一度喜剧大赛》等节目则继承了这一传统，以戏剧小品为载体，展示不同类型的喜剧形式，如素描喜剧、漫才、音乐剧、默剧等。这些形式虽然各有特点，但它们的共同点在于都需要通过戏剧化的表演来呈现，无论是角色的塑造、情节的推进，还是舞台效果的营造，都离不开戏剧表演的基本技巧和方法。

（二）朗读型节目

1996年，中央电视台创办的《读书时间》节目是国内第一档电视文化类读书节目。节目每期会选定一本图书，由主持人邀请嘉宾围绕要推荐的图书，介绍其中的主要内容，并就图书的创作背景、作者、创作故事等展开对话。随后，上海电视台的《阅读长廊》、河北电视台的《读书》、北京电视台的《华夏书苑》、青岛电视台的《一味书屋》等各类读书节目开始出现。

朗读型节目是由读书节目延伸而来的一种新兴节目样态，朗读顾名思义就是把诉诸视觉的文字语言通过朗读者的二次创作转化为诉诸听觉的有声语言的艺术创造活动。朗读型节目有两种基本形式：第一种是以《见字如面》《信·中国》等为代表，以名人家书、经典文学为载体，以“嘉宾朗读+专家解读”为模式的节目；第二种则是以《朗读者》为代表，融入了访谈等形式的朗读型节目。

《见字如面》的节目定位是“用书信打开历史”，内容涉及家书、情书、战书等。节目旨在通过书信让观众去了解不同时代的人生故事、历史事件，感受信中时代的历史风貌、人生百态。其中既有对祖国故土的热爱，也有对亲人朋友的真挚叮咛、对爱人孩子的柔情蜜意。节目的形式十分简单，第一部分是专家学者解读书信的背景和内容，第二部分则是明星嘉宾在舞台上朗读书信。节目通过“读信”这种方式带领观众重温书信里的时光与故事，在众多优秀演员的深情演绎下，在现场观众的群体聆听中，极具仪式感的空间赋予了朗读超凡的魅力与意义，信中的文字由此产生了极强的共情效果。

而《朗读者》节目则是将嘉宾的成长经历、情感体验等与文学经典相结合，既保留了文化类节目的厚重内涵，又发挥了访谈类节目以情动人的优势，还兼具综艺节目的娱乐感。《朗读者》节目以平民化、情感化为创作原则，每期节目通过讲述嘉宾的成长故事，精心选择与嘉宾成长经历相匹配的经典文学，通过朗读、访谈等去诠释文字背后的故事，展现每个人或平凡或伟大的感人故事。《朗读者》的基本流程是：主持人首先与嘉宾本人进行对谈，通过访谈讲述嘉宾的人生故事，为接下来的朗读进行情感铺垫与渲染，引导观众和嘉宾进入朗读氛围中。朗读结束后，播放专家学者对文学作品深入解析的短片，让观众能够细致地、全方位地了解作品背后的故事。

（三）演技型节目

演技型节目是一种以演员表演技能为主要竞赛内容的电视节目类型。这类节目通常聚焦演员的表演才能，包括但不限于演员的语言表达、情感传递、角色塑造等。参与者通常需要在一系列预设的情境或剧本中展示他们的演技，以赢得评委和观众的认可。节目的评判标准通常基于演员对角色的理解和表现深度、情感的真实性、表演的自然度和说服力，以及对特定情境的适应和反应能力。这类节目通常设置有专业的评委团队，他们根据演员的表现进行评分和点评，有时还包括观众投票环节，以决定最终的优胜者。演技型节目不仅是为了娱乐观众，也是为了挖掘和培养具有潜力的演员，为他们提供一个展示才华的平台。此外，这类节目还有助于推动公众对表演艺术的认识和欣赏，提升社会对演员职业的尊重和理解。通过这样的竞技，演员能够在专业评委和公众的监督下，不断磨炼和提升自己的表演技艺。

具有代表性的演技型节目有浙江电视台的《演员的诞生》、腾讯视频的《演员请就位》、爱奇艺的《无限超越班》等。这些节目尽管在定位上各有侧重，但整体都属于演技竞技类综艺节目的范畴。

1.打造“表演课堂”

在演技型节目中，演员需要通过表演各种角色、情境和类型的剧目来展示他们的演技。这些节目通常包括一个或多个导师，他们是行业内的专家，负责提供反馈和指导。节目还设有观众投票环节，以决定哪些演员可以继续参加比赛。节目通常通过构建“表演课堂”的氛围，强调优秀、经验丰富的演技派演员对新晋、缺乏经验的演员进行言传身教的影响，由此形成“师徒相授”的“养成”环境，展现出表演艺术深邃的魅力。此类节目为观众更好地理解和感受表演艺术的魅力提供了一个良好的渠道。

2017年10月28日，《演员的诞生》在浙江电视台首播，节目采用了“导师制”，让前来表演的演员凭借演技打动导师、评审团及现场大众评审。节目采用“室内+纪实”的方式，让摄影机走进排练现场，揭开了演员这一职业的神秘面纱，为观众呈现精彩表演背后的所有努力。《演员的诞生》的成功引领了演技型节目的新潮流，后续出现的诸多同类型节目也将“表演课堂”作为节目的主要情境。此外，这些节目同样邀请了资深的导师和专业评委，他们以丰富的经验和敏锐的洞察力，为演员提供深入的反馈和宝贵的建议，助力演员在技艺上不断精进。同时，这些专业的点评和建议也为观众提供了一扇了解表演艺术的窗口。观众可以通过观看演员的表演，学习如何欣赏和评价不同的表演风格，从而提升自己的艺术鉴赏力。透过这些精彩的演绎，观众能够辨别出优秀表演的特质，并对表演艺术有更深的理解和欣赏。

2.模拟“职业情境”

腾讯视频于2019年推出的《演员请就位》创新性地构建了一个职业情境，从导演的视角出发，透视整个影视行业的生产链条及其运作流程。节目的创新之处在于，最大限度地将演员的职业生态真实地展现在节目中。例如，节目录制之初就对参与此节目的演员进行 S、A、B 三个级别的市场评级，参与评级工作的均是行业内资深的影视公司负责人、制片人。在节目的第一、第二赛段中，被评为S级和A级的演员拥有优先选择角色的权利，B级演员只能处于被选择的尴尬地位，这种赛制设置真实模拟了当今演员的职业处境。

此外，为了打造职业化、专业化的节目样态，契合职场式的情境设定，《演员请就位》《无限超越班》等演技型节目在空间构建上也打破了以往综艺制作的空间维度，按照电影制作标准为演员的表演搭建影视化空间，甚至1:1还原经典作品中的场景，给观众呈现了极其真实的空间感。影视化形式不仅使表演片段的视听效果大幅度提升，也更逼近影视作品的真实样貌。由此，节目的场景成为一个个影视拍摄的片场，影视作品的生产过程得以完整展现。

3.还原“经典片段”

演技型节目通常会采用“经典影视作品再演绎”这一方式，节目中所呈现的影视文本大都来源于经典影视作品，这些作品通常有着广泛的知名度和深入人心的地位，兼具艺术性、话题性等价值。当演员再次演绎这些熟悉的角色和情节时，观众对于原作的回忆与感受随即被唤起，并对节目中演员的表现产生期待与兴趣。同时，对经典作品的再次演绎也是一种考验演员技巧的方式，演员需要在保持原作精神的同时，给角色带入自己的理解和创新。这样既可以展示演员的理解能力和创新能力，也可以展示他们的演技。尽管面对的是同一个剧本，不同演员、不同表演模式、不同展现方式和不同表演场地都会让观众感受到差异化的审美体验。

此外，演技型节目对经典作品的改编与常规影视剧本改编有着显著的差异性。影视剧本改编通常处于创作流程的起始阶段，编剧在改编时享有较大的自由度，能够根据影视作品的需要进行创作，不受过多外部因素的制约。然而，在综艺节目中，编剧团队则需围绕参与的演员进行剧本的定制化改编，考量演员的个人特质和形象，以更好地展现演员的表演能力。此外，改编的目的也有所区别。影视剧本改编往往追求情节的丰富性和角色的鲜明性，通过主角和配角的互动来推动剧情发展，力求在情节上制造高潮，吸引观众的注意力。相对而言，综艺节目中的剧本改编更注重戏份的均衡分配，以确保竞演的公平性，并增加节目的观赏性和互动性。再者，改编的对象也存在差异。影视剧本可以选择广泛的题材和风格进行二次创作，而综艺节目中的剧本改编则倾向于选择情感强烈、能够在短时间内迅速展开并达到高潮的作品，以适应节目节奏和观众的期待。因此，经典影视文本在综艺节目的创作规律下，展现出不同的改编风格和艺术表现，被赋予了新的样貌和意义，同时也为观众提供了一种全新的欣赏角度和体验。

（四）文艺演出型节目

除了上述三种节目形式之外，以春节联欢晚会与各大电视台跨年晚会为代表的文艺演出型节目经过多年的发展，已然成为一种重要的节目形态。经过几十年的发展，春晚早已成为中国人庆祝春节的重要文化形式之一，也成为海内外中国人过春节时的“新民俗”。春晚的舞台表演主要包括歌舞表演、相声小品、魔术杂技、戏曲等形式，而许多电视台每年举办的跨年晚会则延续了春晚的拼盘表演模式。跨年晚会是许多地方卫视在每年的最后一天举办的一场大型晚会，不同于春晚的庆典仪式性和文化政治性，它更加具有娱乐狂欢色彩。

2005年，湖南电视台首开先河，在元旦之际独家创办了跨年晚会。这一超长演出时间、超强演员阵容、超大演出规模的晚会样式一经推出，便在之后的几年间被各地方电视台频频效仿，成为各大电视台争夺收视率和展示实力的舞台。

直到2019年，bilibili晚会“二零一九最美的夜”横空出世，打破了各大电视台纷乱征战的局面。该晚会由哔哩哔哩（bilibili）和新华网联合主办，晚会主创团队将年轻人喜欢的内容搬上舞台，以“日落”“月升”“星繁”三个篇章串联起了哔哩哔哩网站用户的年度共同回忆，呈现了一台年轻化、泛娱乐化的综艺晚会。此后，“最美的夜”也成为哔哩哔哩每年都会推出的标志性跨年晚会。

2021年2月，河南电视台在河南省春节晚会中推出了《唐宫夜宴》节目，随即引发大众的关注。节目改编于第十二届中国舞蹈“荷花奖”中的参赛作品《唐俑》，整个节目对《唐俑》进行了创新性改编。在节目中，14名女舞蹈演员用秀逸韵致的舞姿，生动再现了盛唐气象。节目摒弃了之前作品的宏大叙述模式，在细节上进行了改编，使其整体风格变得诙谐幽默。在表演和镜头使用上，节目组利用5G、AR等技术，将虚拟场景和现实舞台相结合，为观众营造了生动、逼真、震撼的视觉体验。此后，依托传统节日，河南电视台在2021年又推出了6档“中国节目”系列节目，分别是《元宵奇妙夜》《清明奇妙游》《端午奇妙游》《七夕奇妙游》《中秋奇妙游》《重阳奇妙游》。

除此以外，音乐、舞蹈、戏曲等不同艺术门类的表演节目也层出不穷，它们大多带有竞技色彩，如音乐节目《歌手》《蒙面唱将猜猜猜》《天赐的声音》《中国梦之声·我们的歌》《中国好声音》《声生不息》等。这些节目以音乐表演为核心，以竞演为主要形式，受到了观众的普遍欢迎。而湖南电视台也于2021年推出了一档非竞技的音乐节目《时光音乐会》，节目开启了户外音乐会模式，由歌手互相翻唱演绎各自的代表歌曲，以音乐为桥梁，分享各自的时光记忆。同样，2023年优酷也推出了《剧好听的歌》，节目以“影视剧原声音乐”为切入点，用大家耳熟能详的经典影视原声唤醒大众共同的时代记忆。这些节目弱化了竞技性，让观众能够全身心投入歌者的表演中。

二、仪式化的节目风格

仪式是一种综合性的文化形式，包括语言、音乐、舞蹈、表演等，旨在满足人们包含认同感、归属感在内的情感诉求。表演类节目具有鲜明的仪式性，节目不仅通过仪式化的语言、表演和观众进行信息交流，更为重要的是通过仪式情境为观众提供了一个参与仪式活动、理解仪式内涵的语境。

（一）节目流程的仪式化

表演类节目的流程设计是构建节目仪式的基础，如《见字如面》节目中的“拆信”与“读信”，并不是随意的一个动作，而是节目特定的形式。在《演员请就位》节目中，每一段表演开始前，大幕缓缓拉开，摄影机红灯亮起，现场打板，镜头缓缓推进，导演说出固定的台词——“演员请就位，action”。这些内容被不断重复、强化，当被固化为节目的基本程式时，就形成了节目独特的模式。

例如，《国家宝藏》节目以讲解员的隆重登场作为序幕，讲解员的亮相为观众营造了一种进入博物馆文物展览的庄重氛围。紧接着，节目以纪录片的形式呈现九大博物馆，为这场文化盛宴奠定了庄严而崇高的基调。随后，国宝守护者以现场解说的方式，将国宝逐一呈现给观众，每位守护者都以庄重而神圣的姿态展示国宝，这一仪式化的动作充满了对历史的尊重和对文化的敬畏。在颁发国宝守护印信和国宝守护者共同宣誓的环节，明星手持象征守护责任的印信，穿越观众席走向舞台，这一行动不仅表达了他们对国宝的敬畏之情，也彰显了文化传承的重要性。最后，国宝守护者共同宣读守护誓词，以肃穆而庄严的声音完成了对文物探索的旅程，同时也标志着他们对文化传承的承诺和决心。通过一系列具有仪式性的内容设计，节目被打造成了一场文化仪式，观众在仪式中不仅感受到了国宝的魅力，也形成了对文化身份的认同。

而在《典籍里的中国》中，节目也构建了三个典型仪式：第一个仪式是由主持人撒贝宁扮演的当代读书人穿越到古代先贤的生活中，代表着当今广大读书人对历史文化典籍的溯本求源；第二个仪式是古代先贤穿越到现代社会，看到所著典籍传承并被发扬，代表着古代先贤希望文化源远流长的美好心愿得以实现；第三个仪式是当代读书人和古代先贤在时空通道中的遥相呼应，象征着中国传统文化经典和时代民族精神的一脉相承。

仪式通过和观众约定动作、语言、画面，进而表达固定的含义，这可以简化观众的理解过程，便于节目核心内容的表达。

（二）节目主体的仪式化

在表演类节目中，节目主体一般由节目主持人、表演嘉宾及现场观众等组成。其中，节目的表演嘉宾最为重要，他们肩负着传递节目核心内容的职责，表演嘉宾需要通过自身高超的表演满足观众的期待，彰显节目的意义。因此，主持人的介绍、专家的解读、观众的注视、嘉宾的表演共同构成了一种仪式空间。在这特定的空间中，表演者开始了具有仪式性的表演活动。

例如，在《见字如面》中，信件朗读本身就是一种仪式化的过程。节目邀请的朗读者的社会形象与媒介形象与信件作者有一定的共同之处，加之其过硬的表演专业能力，使得朗读这一艺术创作活动具有全新的情境和画面感。

表演离不开语言，节目所呈现的语言表达方式也并非日常语言，而是一种契合节目需要的仪式化语言。在朗读型、戏剧型等节目中，表演者的语言大多呈现出庄重和庄严的气质，实际上也是为了强化受众内心对于文化节目的神圣感受，减少戏谑色彩。例如，《朗读者》《见字如面》《典籍里的中国》等节目十分注重语言仪式感的营造，其邀请的嘉宾来自演艺界，本身具有较强的专业素养，在信件或者文章朗读、戏剧表演的过程中，嘉宾的声音中饱含感情，并运用丰富的语言表达技巧，通过具有表演性的语言建立起一种审美情境，带动并激发了受众的审美情绪与体验。

（三）节目场景的仪式化

场景建构是节目仪式化策略中非常关键的一个部分，表演类节目往往运用丰富的视听语言和各种物理道具营造场景，以期让观众通过沉浸式体验获得更深入的文化认知和认同。

例如，在音乐表演类节目中，专业乐队的现场伴奏、歌手出场时恢宏的音乐铺垫、灯光光束的运动、观众对于舞台与表现者的注目等，都烘托了表演的仪式感。又如，《见字如面》的场景设计十分简洁，白色的“见字如面”与素黑色的背景相得益彰，字体颜色由中间向边缘过渡呈现出砖红色。一个简易的朗读台置于舞台中央，舞台对面则是阶梯式观众座席。正是这种简洁的场景设计，反而塑造出一种神圣的“典礼”氛围，这样的物理场域很容易将受众的注意力集中到信件当中，带领受众回到书信写作的年代，感受书信写作者的人生故事与人物情感。

当下，新兴技术不仅影响着视听节目的内容生产与传播形式，也在节目场景塑造中发挥了重要作用。例如，《国家宝藏》节目就利用前沿技术建构了一个宏大的仪式化场域。在第一季第一期节目中，一个环形LED

柱将整张《千里江山图》缓缓展开在观众面前，让人仿佛与宋徽宗一起站在画作面前，置身其中；现场的 9 个冰屏柱则承担着场景搭建的功能，不断呈现时空变化。在演出结束后，主持人登台，冰屏柱快速排列前进，缩小舞台空间，营造出集中的空间感；现场灯光与音效配合，呈现全方位的时空穿梭感。表演终止时，演员静止，纱盒立方体与全息投影技术将文物形象投射到舞台中央，令整个舞台呈现出史诗般的气氛。这种奇观化的场景仪式建构，为观众带来了极其震撼的审美体验，加深了对文物本身的理解，也为节目后半部分讲述文物“今生故事”提供了重要支持。

三、多维度的文化表现

（一）与传统文化的结合

传统文化是一个国家和民族的精神瑰宝，承载着深厚的历史、价值观和智慧。传统文化节目作为一种媒体形式，展示和传播传统文化的内涵和魅力，具有重要的价值。从《国家宝藏》到《典籍里的中国》，从《唐宫夜宴》到“中国节日”系列节目，当下的文化表演类节目不断探索传统文化中具有创造性转化与创新性发展潜力的文化因子，并将其与视听艺术相结合，取得了显著的成效。

例如，《典籍里的中国》以中华典籍为表现对象，将《尚书》《史记》《永乐大典》《本草纲目》《论语》等历史典籍的背后故事以戏剧化演绎的方式再现，通过戏剧化的叙事和演员的深情演绎，促进了观众对历史人物和故事的共情，加深了人们对中华优秀传统文化的感情。又如，在河南电视台的“中国节日”系列节目中，《端午奇妙游》依据唐朝历史塑造了一位在日本奈良飞鸟宫的中国乐师形象，带领人们走进了国力强盛、文化繁荣的盛唐时期，让人们回忆起当时朝廷派遣技艺高超的乐师、琴师到日本进行文化交流，一些使者长驻异国，没能再回归故土的历史。这段基于史实展开的合理想象，向人们传递出刻在国人骨子里的思亲之情、念乡之情。《七夕奇妙游》围绕古代民间关于牛郎织女的神话传说展开，再现了牛郎织女在农历七月七日这一天鹊桥相见的情景。此外，节目还将巾帼英雄花木兰、民族英雄戚继光等人物作为内容创作的重要元素。《中秋奇妙游》中出现的月神、嫦娥形象也都来自中国古代神话。其中节目《大唐行者》以唐玄奘给胡人讲经为序幕，用舞蹈演绎唐玄奘回忆自己一路取经时的艰难险阻。《重阳奇妙游》中的节目《定军山》则根据“谭门七代”真实故事改编而来，让人们透过屏幕感受非遗传承的不易。河南电视台“中国节日”系列节目采择蕴含中国传统文化又彰显当代精神的历史人物、故事及神话传说，并基于此展开合理的想象，将人们熟知的传统文化记忆重新演绎。

文化表演类节目对我国传统文化的表现越发广泛和深入，涉及传统文化的方方面面，形式丰富、内容多样。同时，这些节目也在努力弥合传统文化与现代生活之间的鸿沟，发掘传统经典的时代价值。如《经典咏流传》节目中将古代词人的精神思想与演唱歌手的人生经历、个人性格相结合，让观众更为直观的感受诗词文化的深刻内涵。在现场演绎歌曲时还运用小提琴等西洋乐器，或是将诗词改编为英文版本进行诵读，让中华诗词焕发新生魅力。

通过展示传统文化的内涵意蕴、价值观念和人文历史，文化表演类节目不但形成了独具特色的节目样态，也促进了文化传统的延续和发展，成为人们了解、学习和感受传统文化的重要途径，推动传统文化在当代社会的传播和传承。

（二）人文关怀的注入

人文精神是一种普遍的人类自我关怀，表现为对人的尊严、价值、命运的维护、追求和关切，是价值观的体现，人文的重点在“人”，即关注人、尊重人、理解人、关心人、爱护人。当下的许多表演类节目十分关注作为个体的“人”，从节目选题到价值表达，都展现出了鲜明的人文关怀。

第一，对人的关注，体现在对现实生活中人的生存状态的观照上。《朗读者》的“者”就鲜明地体现了节目人文关怀的色彩。在依托文学经典之外，对于朗读嘉宾成长、情感故事的发掘，同样是其文化价值的重要体现。《朗读者》的人文关怀体现在对生命的观照上，如嘉宾周小林用十年打造一个鲜花山谷，结婚二十六载，依然保持着每天为彼此读情书的习惯，年过半百依旧用诗将浪漫进行到底。夫妻两人现场朗读了朱生豪的情书，“我只愿凭着灵感的相通，时时带给彼此以慰藉像流星的光辉照耀我疲惫时的梦寐，永远存一个安慰，纵然在别离时”。周小林、殷洁夫妇用他们的事迹鼓励人们重拾生命的激情。

第二，对人性的关注，强调对理想人格的塑造。文化类节目通过典型人物人生经历的呈现，为观众建构出一个富有审美理想的人文远景。例如，《朗读者》节目讲述了无国界妇产科医生蒋励进入战乱地区进行人道主义援助的故事。她不仅每天要超负荷工作，甚至连起码的生命安全也得不到保障，但在进行援助的三个月里，她做到了接生三千例无一人死亡的奇迹，彰显了蒋励大公无私的精神和人道主义情怀。此外，还有82岁的南极科考事业的奠基人郭琨在节目舞台分享中国科学家建立南极科考站从无到有的艰辛历史。诸如《朗读者》等节目的成功之处在于为观众建立起一座浸润心灵的“人文殿堂”，通过访谈、朗读等形式展现了生命的温润切面和社会的价值界面，在节目高举人文主义旗帜的同时，不断传达温暖人心的力量。

第三，对人的情感的关注。例如，《见字如面》节目中一封封饱含家国情怀的书信，背后蕴藏着一个个感人至深的故事。其中，萧红写给弟弟的信《有你们，中国是不会亡的》，通过嘉宾动人的朗读生动展现萧红对弟弟的关切，最后一句“中国有你们，中国是不会亡的”，这真挚的爱国心和对民族前途的迫切期待，引发了屏幕前观众的强烈共鸣。在北京电视台播出的《传承者》节目中，王景贤带领木偶剧团到欧洲巡演，却遭遇歧视，王景贤以精妙绝伦的表演技艺回应，赢得全场掌声，演出结束后在舞台上讲出“这就是你们和五千年文明之间的距离”，将中国人的民族自豪感展现得淋漓尽致。

（三）与大众文化相贴合

表演类节目在承载教育功能的同时还要接受市场和大众的检验，并受到商业规律的左右。特别是文化表演类节目，更需要采用具有趣味性、娱乐性的节目模式，在轻松愉悦的节目氛围中传递文化价值。因此，《朗读者》《国家宝藏》等节目都是借鉴了综艺的娱乐模式，始终将大众文化需求作为节目制作的标准。节目巧妙利用大众文化中的热点，以通俗化手段软化了文化的晦涩严肃，使得文化审美在普通大众间流通传播。

此外，大部分的表演类节目与大众文化、流行文化都是紧密相关的。例如，在《我就是演员》《演员请就位》等演技型节目中，节目所选择的影视片段均来源于过往的经典作品，观众对这些作品十分熟悉，当节目再次呈现出经典作品中的场景时，观众过往的观影体验随即被唤醒，回忆起彼时的流行文化。同样，在音乐节目中，《剧好听的歌》《时光音乐会》等节目也都聚焦经典或当下流行的歌曲。这些节目邀请广受欢迎的演艺明星参与录制，利用他们的影响力和号召力吸引观众，同时也通过明星的表演展示流行文化。

表演类节目也常常会从亚文化中吸取流行元素，进行挖掘，形成流行时尚，来吸引青少年观众。而亚文化的反抗、风格化又会使得主流文化进行反思，促进主流文化的创新发展。青年亚文化与网络综艺的结合成为当下表演类节目发展的一个重要趋向。例如，哔哩哔哩“最美的夜”系列晚会就体现出了多元文化的融合，晚会将动漫、游戏、影视等不同领域的经典作品与传统文化相结合，通过创新的节目形式唤起观众的共鸣。节目不仅展现了青年亚文化的独特魅力，还促进了亚文化与主流文化之间的交流与融合，成为连接不同世代、不同圈层观众的文化桥梁。

第三节　表演类节目案例分析

一、《见字如面》案例分析

《见字如面》是一档以书信为载体，通过明星嘉宾朗读历史名人或普通人的书信，展现书信背后的故事和情感，传递书信中蕴含的人文精神和时代价值的节目。节目通过朗读者的深情演绎，让观众在文字与声音的交织中，感受到书信所承载的深厚情感和时代印记。

为了生动地呈现中国历史的多彩人物与传奇故事，制作团队精心筛选了数百封书信。这些书信不仅精准地捕捉了历史人物的风采，更深刻地反映了那些人物的故事。这些书信，如同岁月的印记，每一封都是历史的鲜活见证。它们宛如一扇扇时间之窗，透过这些窗户，观众仿佛能够穿越时空的界限，与历史上的人物进行一场真实的心灵对话。节目中，明星化身为历史人物，以真挚的情感和生动的演绎，重现那些在历史长河中沉淀的动人篇章。每一封信件都是历史的见证者，它们承载着寄信人的深情厚意与无限期盼，同时也映照出那个时代的风貌与人情世故。

（一）书信：文化的承载

《见字如面》节目中所呈现的书信，是经过节目制作团队严格筛选和精心策划的，这些珍贵的信件来源广泛，包括档案馆、博物馆、文史研究机构，以及民间和私人的信件收藏家等，数量庞大，内容丰富多样。节目组从中挑选了一百多封具有代表性和深远意义的信件进行展示，这些被选中的信件，不仅跨越了古今，更涵盖了不同的历史时期。它们的产生时间跨度极大，从先秦到南北朝，从清朝到民国，直至现代，每一封信件都与我国悠久而丰富的历史背景紧密相连，相互呼应。这些信件涵盖了多个历史阶段，无论是古代的先秦时期，还是近现代的民国时期，甚至是当代，都被精心挑选并呈现给观众。它们不仅记录了历史的变迁，更折射出时代的精神和人物的情感。通过这些跨越时空的信件，观众可以更深入地了解不同历史时期的社会风貌、人物性格和思想情感，感受到历史的厚重和人物的鲜活。

《见字如面》所展现的信件具有三个突出的特征。首先，信件具有情感性。信件的内容与当事人的日常生活、亲情、友情等方面紧密相连，可能是对家人的思念、对朋友的关心、对爱情的追求等。这种情感的表达令信件更加动人，也满足了大众的情感需求，能够产生强烈的情感共鸣和激励。其次，信件具有窥探性。由于信件具有高度的私密性，不可避免地包含了大量的隐私信息。在历史的长河中，正史通常只对名人故事进行概括性和模糊性的处理。而节目组精心挑选的信件则是对名人故事的趣味性展示和多角度的补充，满足了普通观众对名人故事的好奇和窥探欲望。最后，信件具有时代性。信件出现在不同的历史阶段与时间节点，反映了当时的时代和社会背景。信件作为一种历史文献，记录了特定时期的社会事件、人物关系和文化背景，具有一定的历史价值。

在节目中，书信展现出的语言和文字特质是其区别于其他文化节目的核心因素，通过阅读这些信件，观众可以了解到不同历史时期人们的生活、情感和思想，感受文字中所蕴含的力量和情感。《见字如面》节目的核心理念正是通过书信来探索情感与历史，每一期的节目内容都大致涵盖七篇信件，这些信件揭示了各个历史阶段的人物和他们的情感交往，是对历史关键时刻的解读。通过对信件内容的精心挑选和解读，信件所蕴含的历史和情感得到了充分的展现，同时也唤起了观众对文化的深度记忆，节目在情感层面上使观众得到满足，具有鲜明的人文色彩。

（二）拆信：背景的阐释

拆信嘉宾在《见字如面》中起到了十分重要的作用，他们不仅要介绍信件的背景，还需要在明星阅读信件后对信件中的文化和历史知识进行深入解读。除此之外，他们还会制作一些关于历史人物的“花边新闻”，为观众展示一些有趣的人物故事。可以说，拆信嘉宾这一角色在节目中举足轻重，他们承担着解读信件文化内涵和历史背景的重任，同时又要轻松调侃历史人物的趣闻逸事，为观众带来愉悦的观赏体验。

节目中，演播室的三位嘉宾承担着不同的角色功能。具体来说，主持人在节目中肩负着介绍嘉宾、访谈提问、引导话题等职责。在读信嘉宾正式登场之前，两名拆信嘉宾将负责详细解释写信人和收信人的身份背景，以及写信的动机和整个过程。在读信嘉宾完成表演后，嘉宾会进一步放大信件中的有趣细节，对其中的微妙内容进行深入的拆解和阐释，并引导观众进行想象与思考。

在《见字如面》的阐释过程中，嘉宾展现了鲜明的故事化倾向。这种叙述方式本质上是对书信文本的深度再创造，赋予了文本更加生动的形象性和情感深度。故事化的叙述不仅让书信的内容更加引人入胜，更通过嘉宾的个性化解读，为观众呈现了一个立体、饱满的历史场景。

在故事的编织中，主持人扮演着关键的引导者角色，主持人通过细腻的情感描绘和生动的语言表达，巧妙地将嘉宾的思想与情感紧密相连，激发了观众的共鸣和深入思考。故事化的叙述方式，不仅限于对故事内容的呈现，更注重故事的叙述方式和技巧。例如，每一期节目的信件解析环节，嘉宾都以信件的主人公为中心，以其他相关人物为辐射点，构建出一个错综复杂的故事网络。他们的解读并非僵化和教条，而是在尊重信件主体的基础上，展现出自己独特的思考和感悟。此外，拆信嘉宾也常常巧妙地设置悬念，使得人物在嘉宾的解读中呈现出更加立体、饱满的形象。这种叙述方式，赋予了故事以新的生命力，让观众在聆听中感受到历史的厚重、人物的鲜活以及情感的真挚。

（三）读信：情感的演绎

“见字如面”原本是与他人通信的开头语，实际上是一种拉近写信人和收信人距离的语境用语，意思是看到这封信就像看到我本人一样。一个人，一张桌，一封信，一颗热忱的心，这就是《见字如面》节目的基本构成。《见字如面》的导演关正文最初的构想是制作一档阅读类节目，但从英国的一本名为《见字如晤》的书籍中获得了灵感。这本书收录了作者从欧洲各国和美国收集的私人信件，因此，导演决定制作一档读信节目。《见字如面》一经推出就获得了巨大反响，是中国第一档读信类电视节目，这个节目的宗旨是“用书信打开历史”。

书信是节目核心内容的载体，而想要将这些核心信息传递给观众，就必须有一个能够呈现书信内容的人，那就是读信人。读信嘉宾以自己的生活经验和人生阅历作为基础，并结合对书信的深入理解，采用艺术化的表达方式来传递信件的核心内容，深入刻画信中的人物形象与情感。因此，读信嘉宾是节目极其重要的组成部分。

由于读信是节目的核心环节，故节目对嘉宾的选择具有很高的专业性要求。无论是从声音、形象、表达方式还是个人魅力来看，嘉宾都应该与信件相匹配，这样信件中描绘的角色的社会形象、内心情感及生活中的智慧，才能通过他们的朗读生动地呈现出来。例如，在《见字如面》第三季第三期节目中，演员黄志忠以其精湛的演技，深情地演绎了白血病患者李真写给母亲的遗书《若是终究人力斗不过天，请您一定要坚强地笑着继续生活》。黄志忠对信中的不舍之情进行了全情投入的诠释，运用专业的表演技巧，淋漓尽致地展现了信中真挚而深沉的情感，感人肺腑，极具感染力，充分展现了一位优秀演员的专业素养和艺术魅力。

对于读信嘉宾而言，将信件中作者的情感和思想，通过自己的感悟和深刻理解，以声音传递给广大观众，这本身就是一种艺术的二次创作。经过嘉宾的深入理解、精心整理、巧妙加工和创造性演绎，信件中的人物形象变得更加立体、生动和真实。嘉宾运用细腻而富有感染力的语调，巧妙地将作者的情感与自己的解读融为一体，每一个字句都仿佛承载着情感的重量，传递给每一位观众。观众在倾听的过程中，仿佛亲身经历了作者的心路历程，共鸣之情油然而生，触动心弦。

在这档节目中，嘉宾不仅真实地再现了信件中人物的独特形象，更融入了他们个人的情感和深刻理解，全情投入角色之中。他们的表现极大地触动了观众的心灵，引发了强烈的情感共鸣，使《见字如面》这档节目成为连接过去与现在、沟通心灵与情感的桥梁，让观众在感受历史的同时，更深刻地体会到人性的光辉与温暖。

二、《典籍里的中国》案例分析

中央广播电视总台于2021年制作的《典籍里的中国》节目，一经播出便广受好评。节目聚焦优秀中华文化典籍，以“文化+戏剧+影视”的表现方式，讲述典籍在五千年历史长河中的缘起、流转及书中的闪亮故事。《典籍里的中国》通过精心构建沉浸式历史体验，将古今记忆紧密相连。节目不仅重现典籍中的经典故事，更在不同时代的记忆对话中，触动观众的情感，引发深刻的共鸣。它以典籍为纽带，让观众在对话中感悟历史的深度与文化的韵味，激发观众对传统文化的热爱与传承的责任感。

（一）戏剧化演绎重现历史

《典籍里的中国》以戏剧演绎为核心手法，对经典文本进行生动诠释。节目巧妙构建戏剧情境，精心营造情感氛围，将典籍成书的历程娓娓道来，以此推介和传播经典文本的深厚内涵。节目突破了传统文化节目的传统框架，选择了更具表现力和吸引力的戏剧演绎作为主要表现形式。通过“文化+戏剧+影视”的创新表达，将历史景观以更加生动、直观的方式呈现给观众，淋漓尽致地展示了中华典籍的精髓和魅力。随着节目的深入，观众仿佛穿越了时空隧道，跟随戏剧舞台上的演员，一同置身于典籍的世界中。节目运用戏剧化的叙事技巧，巧妙地通过插叙的方式，将不同时空的叙事链条紧密交织在一起，构建了一个跨越时间和空间的对话情境。

该节目每一期都会挑选与古籍紧密相关的核心角色作为故事的主角，通过描述其人生的各种遭遇和历史波折，呈现经史传承中的戏剧性故事。该节目通过现代读书人撒贝宁和古代读书人的集体形象，连接起跨越时空的经典典籍，从文化起源到经典流传的展演、情境演绎和大屏幕转换，为观众呈现出一幅幅历史画卷。《典籍里的中国》用通俗易懂的方式展现了典籍文本的核心内容，其多重舞台的形式不仅成功地再现了历史时空交错的复杂性，也通过线性叙事简洁而有序地描绘了英雄形象和时代繁荣。节目将《史记》中的《五帝本纪》《秦始皇本纪》《陈涉世家》《廉颇蔺相如列传》《大宛列传》等故事生动地呈现出来，通过情境演绎的戏剧手法将历史紧密联系起来，展现了历史背景下个人与民族的深厚关系。

《典籍里的中国》对历史景观的再现体现了我国厚重的历史文化底蕴。节目营造了一个特殊的文化空间，让历史人物与当代人物在同一个空间中，以史书为主轴，通过古今对话的方式，将中华典籍（具象）与中华文化（抽象）融为一体，打通古（想象）今（真实）交汇的文化空间。

（二）全方位营造沉浸感

《典籍里的中国》在沉浸式体验中为观众呈现了一场文化的视觉盛宴。节目融合了环幕投影系统、AR和实时跟踪等先进的舞台技术，让观众仿佛置身其中，感知文化空间的魅力。在这个奇妙的舞台上，观众仿佛踏上了一段穿越之旅。舞台是戏剧化表演空间带给观众沉浸式体验的关键所在，节目打造了270°可旋转舞台，以穿越时空的甬道连接“现实空间”和“历史空间”，使观众能够跟随主持人一同探索历史的长河。舞台上的4个演出区域都经过了精心的设计，1号舞台的数控条屏模拟竹简的效果，给人以厚重感。2号舞台是主要角色的舞台，并多次作为书房场景出现，由于采用了环幕投影系统，显得极其真实。甬道作为一个表演区域，其背景设计会随着剧情的发展而发生变化。每当“当代读书人”和先贤一同回到现代，甬道都会闪烁着星光，不断涌动，给人一种时空流转的真实感。为满足观众的观看需求，座位会随着演出区域的改变而旋转。

除了舞台设计的巧妙性，灯光作为一种艺术元素也得到了充分应用。在舞台上，灯光如同一双隐形的手，轻轻地塑造着情感曲线，为了满足故事演绎和情感表达的诉求，灯光技术对舞台进行了精细的“切割”，使得多个表演区域能够交替展现，营造出时空交融的舞台效果。在节目第一季第二期《天工开物》中，当宋应星与三百年后的袁隆平院士握手时，明亮的圆形灯光投射在他们身上，象征着“禾下乘凉梦”的美好愿景和科学精神得到了传承，为观众带来了更加震撼的体验。

戏剧情境的设计也是影响节目沉浸感的重要因素，它是促使戏剧冲突爆发、发展的契机，是使人物产生特有动作的条件。合理的情境设计不仅服务于演员的表演，也能够激发观众的情感共振。例如，节目第一季第一期《尚书》，伏生与家人在护书途中惨遭战火，爱子为护书而死，爱妻一路颠沛流离，最终病葬荒野，他最后千辛万苦得以返乡，将《尚书》藏于宅中却遭朽毁，残缺大半。百岁老人伏生伏案恸哭，这一情景不禁让人潸然泪下，观众深刻地体会到流传至今的每部上古典籍都弥足珍贵。节目通过设置特定的历史情境，让角色对历史典籍背后的故事进行深入的体验和展现，使得观众深刻感受这些历史先贤所处的环境和他们的复杂命运，从而引发观众的情感共鸣，并对剧中的人物形象进行价值判断和审美判断。

上述方式共同作用所呈现的一个个历史景观，极大地提升了观众的沉浸感。这些历史景观以史实为基础，以沉浸式剧场的方式呈现，将不同历史空间的人物集结在舞台上，使历史“跃然眼前”。

（三）双重空间并置

空间对于任何形态的视听节目都具有举足轻重的作用。视听节目的空间指的是能被视听等感官所感知的可见空间（作品中画面和声音营造出来的空间），也包括反映在观众脑海中的非可见空间等。节目所营造的艺术空间与一般的自然空间有着鲜明的差异，因为艺术空间并非天然形成的，它必须依赖于人有目的的生产，是人思想、情感的反映与外化，按照人的意愿被生产出来。艺术空间是一种主观与客观相结合、知觉与思想相结合、普遍与特殊相结合的“空间”。

《典籍里的中国》节目呈现出“双重空间并置”的鲜明特点，具体表现为剧场式空间、体验式空间并置，二者互为表里、相互交织，使节目呈现出独特的空间美学范式。

首先，剧场式空间是通过仪式化策略构建的。在我国电视发展的初期，如《穆桂英挂帅》《双阳公主》等节目深受戏曲艺术观演方式和空间结构的影响，受制于当时的技术水平，空间形态偏向于舞台演出式的剧场空间。直到近些年来的《典籍里的中国》《国家宝藏》等节目，才革新了传统的剧场式空间。在《典籍里的中国》中，中国丰富的历史文化资源已经不再是简单的复制、展示抑或晚会式的呈现，而是经过了一系列的筛选、凝缩、重组、再造，空间也被构建为具有仪式感的“历史剧场”。这种全新的剧场式空间构型正是将“历史”与“仪式”相结合，使得节日脱离了一般的叙事样态，并且突破了节目叙事的时空限制，将存在于历史文本中的事件和人物形象等汇聚于同一时空内，为观众营造了穿越历史的“在场”体验。

不仅如此，《典籍里的中国》突破了由单一主舞台叙事所带来的空间局限，大胆采用多重舞台空间布局，建构了层次丰富、衔接紧密的叙事空间，剧场式空间已经不再是一般单向度的镜框式舞台布局，而是利用多层次的舞台空间与数字布景、立体动画等视觉技术来达成叙事场景的变换。此类节目将故事空间与现实空间打通，将遥远的历史符码与时代意义、民族精神相结合，打破时间界限，使“彼时彼刻”的历史空间与“此时此刻”的现实空间缝合并统一起来，搭建起文化认同的通道与桥梁。

其次，体验式空间是通过奇观化策略建构的。剧场式空间会给观众带来极强的体验感，而体验式空间与之不同的便是“现场感”。体验式空间所指的“现场”是指历史中真实的空间、历史的发生地。此类节目带领观众进入现实空间，探寻历史遗迹，追溯文化本源。例如，《典籍里的中国》便是利用数字技术来“建构”或“再造”空间，走向具有奇观色彩的空间构型美学。节目为了打造更具体验感的沉浸式、奇观式空间，借助前沿技术，在舞台上实现对历史空间的“复原”，将观众的视觉、知觉体验推向了新的维度。例如，第一季第四期《本草纲目》中，为了表现出李时珍耗时数载编写书籍，摄像机环绕拍摄李时珍在书桌前笔耕不息的画面，舞台后面的270° 环屏展现四季之变换。从春秋到冬夏，从狂风雷鸣到白雪皑皑，节目从时间维度诠释与升华了李时珍“踏万水千山，穿风霜雨雪，历寒来暑往，守一盏孤灯”的艰辛。第二季第一期在介绍《永乐大典》里记载的明代花纹样式时，因其勾画方式为线描且花纹细致不易观察，节目运用AR技术将图案做出来便于观众更直观地欣赏；在用“湖”字领会编撰法门的情节中，舞台后部的大屏幕相应地展现出湖光山色的梦幻之景，让观众深刻感受到中华民族特有的东方美学。

仪式化的剧场式空间和奇观化的体验式空间并置带给观众全新的文化想象和感官享受，使其在被视听奇观深度卷入的同时体悟到中华文化的厚重与底蕴。同时，双重空间并置也为节目戏剧性叙事和沉浸感打造提供了有机容器，使其影视化表达和戏剧性叙事更显厚度和张力，使节目深入人心。

三、《国家宝藏》案例分析

2017年，中央电视台与故宫博物院、上海博物馆、南京博物院、湖南博物院、河南博物院、陕西历史博物馆、湖北省博物馆、浙江省博物馆、辽宁省博物馆等九家国家级重点博物馆合作，在文博领域进行深入挖掘，推出了文博探索类节目《国家宝藏》。节目寓知识于娱乐、寓真实于艺术、寓历史于演绎、寓美学于技术，从历史遗产、传统文化、国之瑰宝出发，深入剖析中华文明标识，节目试图回答“何谓华夏，何以中国”“如何解读中华文明的基因密码”“在人类历史长河里，中华文明为世界贡献了什么”等问题。

《国家宝藏》并不是一档典型的表演类节目，其节目定位为文化节目，但节目充分利用戏剧表演形式来再现国宝的“前世今生”，使其具有鲜明的表演色彩。后续许多同类型节目大都采用了这一创新形式，使得戏剧与影视表演成为文化节目再现历史、弘扬民族文化的重要手段。

（一）内容的传奇化开掘

对历史文化的发掘与重塑是传统文化类节目奇观得以生成的前提与基础。然而正是由于其表现对象与话语方式的特异性，此类节目往往需要阐释与表现宏大主题。为突破宏大叙事的藩篱，“传奇化”逐步成为节目开掘历史文化内容的主要视角与方法。

首先，节目发掘与聚焦传奇化的历史文化内容，以微观叙事视角将宏大主题凝结在具象化的传奇文本之中。实际上，这一创作特点在众多文化节目中都存在。无论是《国家宝藏》中各个博物馆珍藏的镇馆之宝，还是《上新了·故宫》中紫禁城里的奇闻逸事，又或是《典籍里的中国》中历史典籍的传奇故事，具有传奇色彩的物件、人物、场景、故事等都成为节目最核心的构成要素。节目将历史的宏大主题转化并隐含在一个个真实可感的文本之中。

其次，节目在尊重历史事实的前提下，将厚重的历史文化内容以富有时代感与通俗化的方式演绎出来。例如，《国家宝藏》将文物的“前世”与“今生”两条线索相勾连，构建了古今交错式的文本结构。在国宝自身历史脉络的基础上，通过戏剧演绎的方式构造文物的故事时空，其中就包括虚构的梦境、文物的“人格化”演绎、根据已有的史料进行合理的推测和想象等构造方法。这种传奇化演绎或改造，本质上是对文化传统的传奇化想象与现代化转述，让国宝真正“活”了起来。

（二）历史的戏剧化演绎

中国悠久深厚的历史文化是民族文化中独特的景观，其凝缩的内涵与意义对于当下的观众而言必定是抽象且有距离感的。而历史越久远、史料越抽象、主题越宏大，电视节目所展示的内容就要更形象。在此前提下，传统文化节目往往将戏剧纳入叙事之中，通过人物、事件、布景、道具、灯光等建构戏剧场景，使得节目具有多重空间的叙事可能，满足了节目观众的情境代入和沉浸体验等需求。

《国家宝藏》通过其创新的“戏剧+”模式，为文博类节目的内容模式带来了革命性的变化。节目精心融合戏剧元素，深入挖掘每件文物背后的历史故事和精神价值。戏剧的融入打破了单一舞台的时空局限，使得历史文本中的事件与人物得以在同一舞台上鲜活呈现，为观众带来了一种身临其境的穿越体验。节目巧妙运用戏剧性的叙事技巧，将文物的“前世今生”紧密交织，不仅重现了历史的辉煌，更赋予了其生命力。这种古今交融的叙事方式，极大地提升了观众的代入感和情感共鸣，使观众在欣赏文物的同时，也能感受到历史的厚重与时代的脉动。戏剧演员在故事空间与现实空间中自如穿梭，巧妙勾连起“虚实”与“古今”的双重关系。他们不仅是节目的表演者，更是连接观众与历史文本的桥梁，弥补了受众与历史之间的鸿沟。通过戏剧演员的精湛表演，观众得以在古今之间自由穿梭，体验一场跨越时空的文化对话。

（三）形式的仪式化建构

在文化节目中，仪式具有十分重要的意义，它通过一系列观众易于识别的视觉和听觉符号以及固定的流程，来传达节目想要表达的深层主题和情感。这种仪式化的设计不仅简化了观众的理解过程，而且通过与观众的互动，增强了节目的吸引力和影响力。

《国家宝藏》节目正是通过仪式化的手法，成功地将传统文化的精髓与现代观众的审美需求相结合。首先，节目精心设计了一个仪式化的空间，这个空间不仅是节目内容的展示平台，更是文化意义的象征性载体。通过对舞台装置、布景和灯光等视觉元素的巧妙运用，节目将演播空间转化为一个充满仪式感的神圣场所，为观众提供了一种沉浸式的观看体验。其次，《国家宝藏》设计了一套仪式化的节目流程。节目的5个固定环节——国宝守护人的探寻、戏剧演绎、嘉宾讲述、颁发守护印信和宣读守护誓言——构成了节目的核心结构。这些环节不仅为节目提供了清晰的叙事线索，而且通过仪式化的表现形式，强化了节目的教育和传播功能。

文化节目所建构的文化仪式，本质上是一种唤起情感、强化文化认同的创作策略。这种策略不仅丰富了节目的表现形式，也加深了观众对文化价值的理解和体验。通过仪式化的叙事，节目将历史文化符号与现代价值观巧妙地结合起来，实现了文化传承与创新的双重目标。

（四）视听的极致化表达

近年来，由于视听技术的快速发展，文博类节目开始利用新兴技术打造极致化的视听效果，力图为观众营造沉浸式体验。例如，《国家宝藏》利用全息投影技术、冰屏柱等前沿技术手段，在给观众带来视觉享受与沉浸感的同时，也将不同国宝的前世今生紧密联系在一起，文物本身所特有的历史厚重感与视听技术所展现的故事感、形象感交相辉映，以此构成了结构紧密的节目文本。

如在对文物的展示中，《国家宝藏》摒弃了以往文博类电视节目惯用的特写镜头和抠像技术，借助全息投影技术还原文物的立体面貌。在博物馆馆长点评环节和“前世传奇”守护人介绍文物时，节目把立体的文物影像投射在既定空间中，使文物逼真地再现于电视荧屏之中，给观众带来强烈的视觉冲击。在博物馆馆长点评环节，节目把文物的三维立体画面投射在各博物馆馆长围坐的空间中心，在透明柜体中将文物图像悬浮展示，观众在近景镜头中可以360°无死角的观看文物细节。

文物的全息影像呈现还应用于文物“前世传奇”守护人讲述的过程中，利用纱盒巨大的立方体空间及投影模式呈现了独立神秘的舞台空间。当明星守护人对文物进行介绍时，原本位于舞台后方的纱盒缓缓向前推进，让文物在透明柜体的环抱中亮相，制造出强烈的视觉冲击。

除了文物呈现，《国家宝藏》还将全息投影技术融入文物故事的演绎中。在文物《鹿王本生图》的“前世传奇”演绎中，由全息投影技术制作的“九色鹿”形象与演员辛柏青共同作为“国宝守护人”，这是该节目首次将动画形象作为“国宝守护人”，也是首次利用全息投影技术制作3D形象与真人进行表演互动。1981年，由上海美术电影制片厂根据敦煌壁画《鹿王本生图》改编的动画作品《九色鹿》风靡一时。因为那段舍己救人的荧屏故事，“九色鹿”作为美丽、善良和正义的化身，定格在了无数“70后”“80后”的记忆里，也成为无数国人关于敦煌之美的启蒙。40年后，“九色鹿”重返荧幕。它以“国宝守护人”的身份现身《国家宝藏》，不仅再度勾起了一代人美好的童年回忆，也开启了观众深度了解敦煌、亲近敦煌的热忱之心。

由此，节目构建了独特的表意系统，全方位、立体式地展现和渲染了传统文化的精神内核与审美意蕴。节目利用直观、可感的视听形象，为节目与观众的情感互通、文化认同搭建起了桥梁。

第四章　体验类节目

体验类节目是近年来兴起的一种综艺节目形式，这类节目强调放慢节奏，减少剧情密度，以及提高节目的放松和治愈效果，也常被称为“慢综艺”。与典型的快节奏、高强度、戏剧化的“快综艺”相比，体验类节目更注重展现日常生活的平静和真实，创造一种宁静的观看体验。这些节目画面充满诗意，节奏平和，不仅在视觉上给予观众愉悦的审美体验，帮助观众缓解日常生活中的焦虑，消除情感隔阂，也满足了都市人群对理想生活的追求，令观众能在嘉宾的真实行为和互动中找到情感共鸣。

具体而言，体验类节目的特点在于节奏舒缓，真实性高，制作与剪辑均注重细节，以及强调文化传播的价值。与强调快节奏、戏剧性、喜剧效果的一般综艺节目相比，体验类节目不追求紧张的节奏和任务设置，其核心目标是营造一个真实自然的环境，使参与者能够呈现真实自我，向观众展示生活原貌和情感体验。因此，节目运用多角度纪实拍摄及慢节奏剪辑，以保证节目能够最大化呈现真实图景。体验类节目既满足了观众的娱乐需求，又可以引发情感共鸣，还可以传递一定的文化价值，以此更好实现寓教于乐的效果。体验类节目的主题涉及旅游、美食、民宿和文化等与大众生活紧密相关的领域，这些内容能够提供丰富的情感体验。对于习惯了快节奏生活的观众而言，“慢文化”的流行恰好填补了他们对宁静自然生活的向往和想象空间。因此，体验类节目的兴起与现代人的精神需求和整体社会趋势相契合，这也是这类节目能够实现长期良性发展的关键因素。

在“快综艺”市场趋于饱和的背景下，体验类节目凭借其独特的制作模式和理念，成功地从众多同质化严重的节目中脱颖而出。节目提供了一种与众不同的观看体验，满足了现代人对精神层面的追求和情感共鸣的需求，这也正是体验类节目能够持续吸引观众并实现持续发展的原因。

体验类节目具体可以划分为以下三类：第一，旅行体验类节目，如《奇遇人生》《侣行》《爸爸去哪儿》《花儿与少年》等；第二，生活体验类节目，如《向往的生活》《种地吧》《现在就出发》《五十公里桃花坞》等；第三，经营体验类节目，如《中餐厅》《亲爱的·客栈》《忘不了餐厅》等。

第一节　体验类节目的发展历程

一、体验类节目的兴起

近年来，《向往的生活》《中餐厅》《花儿与少年》等体验类节目兴起，这类节目在很大程度上反映了观众对慢节奏、自然和真实生活的渴望。节目带领观众远离繁忙的都市生活，寻找内心的平静和满足。

体验类节目的兴起与“慢文化”密切相关。2009年，为庆祝铁路通车，挪威国家广播电视公司进行了一次长达7小时的火车直播，首度将“慢文化”引入荧屏。该片采用火车头前部固定摄像头记录，展现了从奥斯陆至卑尔根的沿途风景。影片通过长时间的火车直播，让人们能够欣赏到沿途美丽的自然景观，感受到时间的流逝，这与快节奏、重剧情的传统娱乐形式形成了鲜明的对比。观众对于不加修饰、真实展现的内容产生了很大的兴趣，使得这些看似平凡的活动转型为独特的节目内容。此后，该电视台相继推出了12小时的炉火直播和114小时的轮船航行直播，均获得良好收视。由此，以慢节奏为主的媒介产品逐步走入公众视野。与此同时，体验类节目也开始尝试多样的主题，大体涵盖自然风光、手工艺制作、音乐集会乃至羊群放牧过程等。随着“慢文化”在电视领域的深入拓展，所谓体验类节目应运而生，并在广大观众的良好反馈中迅速发展开来。

2013年后，韩国的体验类节目兴起，《爸爸！我们去哪儿？》《三时三餐》《孝利家民宿》等节目快速吸引了观众的目光。这些节目以日常生活为内容，从平凡的琐事中寻找节目看点，不追求剧情的高潮迭起，而是更多地展现演员和嘉宾的自然状态和深刻的内心活动。以2014年10月17日播出的韩国tvN电视台制作的综艺节目《三时三餐》为例，节目中韩国明星刘海镇、车胜元及李瑞镇等体验者远离城市喧嚣，置身农村或渔村，通过劳作实现自给自足。节目体验者通过贴近自然的方式，全方位体验农村生活，过程中无刻意设置难题，避免尖锐矛盾与竞争，让明星嘉宾尽享乡村宁静，为一顿饭而努力，让参与者深刻体会“一顿饭”背后所蕴含的更加深刻、广泛的价值，并通过电视传递给观众。这些体验类节目的成功，表明观众对于轻松、真实、与自然接触的需求，也反映了一种对于慢节奏、平和生活方式的追求。该节目在韩国取得了巨大成功，之后也在其他国家流行起来，同时，这一趋势对于娱乐产业来说是一种新的尝试，为观众提供了一种不同寻常的娱乐体验。

2013年，湖南电视台从韩国MBC电视台引进的亲子户外真人秀节目《爸爸去哪儿》开播，这档节目很快就吸引了大众的目光。该节目尽管设计了一些具体的任务，但通过对参与明星及其子女间关系的深入探讨，以及对明星在户外环境下生活体验的真实呈现，展现了体验类节目的基本特点。实际上，原版节目《爸爸！我们去哪儿？》本身就带有鲜明的体验类节目特色，但当时中国的综艺节目市场还未普遍接受叙事节奏较慢的节目形式，观众对综艺节目的印象仍然是竞争激烈、充满冲突。因此，制作团队根据市场的特性对节目进行了本土化的改造，为了适应国内观众的口味，添加了一些比赛和游戏环节。尽管如此，从整体价值观和拍摄手法来看，《爸爸去哪儿》已经向纪实性质的体验类节目演变，这标志着中国体验类节目探索的开端。《爸爸去哪儿》播出以后，产生了巨大的轰动效果，收视率和话题讨论热度居高不下，成为标志性的现象级节目。

此后，湖南电视台推出了《花儿与少年》《偶像来了》等综艺节目，延续了体验类节目的制作形式。在《偶像来了》节目中，10位明星嘉宾聚在一起，不再如观众想象的那样讨论演技或电影，而是共同体验简单的生活。各位明星在节目中摘下“光环”，真实展现了在现实生活中的本真一面。在这股纪实性浪潮之下，东方卫视相继推出了《花样爷爷》《花样姐姐》。

二、旅行体验类节目的发展

在现代社会，旅行不仅是一种流行的户外活动，更成为人们在忙碌的生活中寻求放松、减轻压力、开阔视野的重要方式。许多人都会在工作和学习间隙选择旅行，以此远离城市的喧嚣，去探索不同的文化和风情，体验异国他乡的独特魅力，享受生活的多姿多彩。正是基于这样的社会背景，旅行体验类节目应运而生。此类节目通常以旅行为核心形式，邀请嘉宾进入陌生的环境中，体验当地人的生活方式、文化传统并品尝地道美食。节目通过悠扬的节奏和舒缓的氛围，让观众能够在屏幕前领略到世界的广阔与美丽，观众不仅能增长见识，学习到旅行知识，同时也能在精神层面上得到放松和治愈，满足内心对于理想生活的向往。

早在1999年，湖南电视台《新青年》节目就邀请了5位年轻人，让他们在深圳这个完全陌生的城市生活10天，这样的体验式拍摄在当时引发了一些反响。2013年初，湖南电视台在《新青年》的基础上创新突破，召集了年龄层次、性格特征相差甚远的7位嘉宾，开始进行《花儿与少年》的策划和讨论。2014年初，《花儿与少年》正式筹备，3月底，节目团队从北京出发，开始了近20天的全程拍摄录制。节目的定位是明星旅行，节目组会邀请不同年龄层、不同性格特点的明星组成一个旅行团，他们将一同前往世界各地进行旅行探险。在旅行的过程中，明星会面临各种挑战和困难，如语言沟通、文化差异、生活习惯等，他们需要相互协作，共同克服。这些挑战不仅考验了明星的适应能力和团队精神，也展现了他们的个性特点和真实情感，给观众带来了很多感动和启发。同时，节目还会通过明星的旅行经历，向观众展示不同国家和地区的风土人情、文化特色，让观众在欣赏美景的同时，也能增长见识，开阔视野。这种寓教于乐的方式，既满足了观众的娱乐需求，又传递了积极向上的价值观。

同一时间，东方卫视依次推出了明星旅游节目《花样爷爷》与《花样姐姐》。2014年，东方卫视参照韩国tvN电视台2013年出品的节目《花样爷爷》，推出了同名节目，节目由韩国原班导演团队和东方卫视导演团队共同打造。中国版《花样爷爷》是由有着超过50年演艺生涯的老艺人们所组成的旅行类综艺节目，4位明星爷爷将在陌生的国家（法国、瑞士）开启一段段别有意味的旅行。而后，东方卫视再次与韩国tvN电视台合作，引入明星真人秀旅行节目《花样姐姐》版权，2015年，《花样姐姐》第一季播出，明星组成了“穷游”团队，由花样姐姐和“挑夫”弟弟展开一场前往国外的旅行。不管从收视率还是关注度来看，两档节目都获得了极大成功。

随后，各类“旅游+”模式的节目涌现出来，将旅游与游戏、访谈、观察、冒险等元素巧妙结合。2016年，东南卫视推出的《世界上的另一个我·欧洲季》以独自骑摩托车旅行的普通人杨帆为视角，记录了他寻找与自己同一天出生的人的故事。2017年，户外旅行真人秀节目《我们的侣行》同样从普通人张昕宇和梁红的视角出发，见证了他们在野外生存的经历。同年，《我们十七岁》作为一档在浙江电视台播出的综艺节目，带领观众和嘉宾一同穿越到那段无拘无束的青春时光，开启了一段充满活力的旅行。节目中，6位嘉宾共同踏上旅途，他们之间的互动充满了真挚的情感和青春的活力，不仅让观众感受到他们经历的欢乐、挑战和感动，也展现了沿途各地的自然风光、风土人情和深厚的传统文化。

2018年，一档创新的夫妻情感观察类旅游节目《妻子的浪漫旅行》引起社会广泛关注。该节目以夫妻隔空对话的模式为基础，让妻子团踏上浪漫之旅，而丈夫团则留守室内，通过远程观察妻子在旅途中的生活，了解她们日常中的另一面。在这场跨时空的对话中，夫妻重新审视彼此的关系。同时，通过展示不同的夫妻关系，节目与观众一同探寻幸福婚姻的密码。

“旅游+”模式在2018年逐渐走向更多元化的阶段。腾讯视频播出的《奇遇人生》深度结合“旅游”和“访谈”，为嘉宾打造独特的人生探索之旅，以纪录片的形式真实呈现，使访谈融入旅途中。该节目全程“无台本”，通过旅途中的意外事件激发明星真情实感，尽可能更接近真实。明星嘉宾在节目中回归质朴，从内心出发，一切“意料之外”的真实与未知，使得《奇遇人生》成为一档拥有“公路电影”风格的纪实旅游节目。同样在2018年，《锵锵行天下》节目将“谈话”与“旅游”相结合，打造了一档富有文化体验感的旅游节目。该节目以独特的视角、个人化的感受及多维度信息的智者对谈为特色，将访谈节目由室内延伸到户外，走向世界，实现了知行合一的目标。

2019年，多档旅游类节目相继涌现，如爱奇艺播出的《慢游全世界》和《青春的花路》，以及浙江电视台推出的《青春环游记》和《漫游记》等。而在2021年，芒果TV借鉴韩国在2020年推出的情感观察类节目《我们离婚了》及当年奥斯卡最佳影片《无依之地》，推出了名为《再见爱人》的婚姻纪实类旅游节目。在该节目中，三对面临感情危机的夫妻乘坐两辆房车，开启了一段为期18天的旅行。在旅途中，他们直面婚姻生活中出现的各种问题，包括是否能够解决这些问题，或者是否选择放弃。究竟是“再，见爱人”，还是“再见，爱人”，成为节目最大的伏笔，观众和嘉宾必须共同走过18天后才能得知答案。同时，节目邀请了7位嘉宾组成观察团，代表不同年龄段、不同身份的观众，对“离婚”这一社会现象进行近距离观察。

三、生活体验类节目的发展

生活体验类节目以“生活体验”为核心主题，采用平民化的视角深入记录参与者的日常生活，旨在激发观众的共鸣和情感投入。与一般节目相比，此类节目更侧重于真实、自然地捕捉参与者的言行举止，以此传递节目的核心价值观，展现生活的本质面貌。通过这种真诚而细腻的呈现方式，节目能够更有效地触动观众的情感，引导他们深入思考和体验，从而在心灵深处产生强烈的共鸣。整体来看，这类节目经历了以下三个发展阶段。

（一）身份置换时期

2005年，中央电视台财经频道推出《交换空间》栏目，这是生活体验类节目的早期尝试。节目每期都会从两个敢于尝试的家庭展开，他们会贡献出自己家中的某一空间（通常为客厅），在专业装修团队的协助下，进行空间互换并装修。换句话说，一家负责装修另一家的空间，以此实现互惠互利的目标。尽管节目主张的理念为自主装修、节约成本，但节目中呈现出真人秀的鲜明特点，业主与装修团队间的沟通、装修期间两家人的互动都富有生活体验的色彩。这一创新的“空间置换”模式给当时的观众带来了全新的观看体验。

2006年，湖南电视台也运用了“置换”这一节目模式，并将其实践于生活体验类真人秀《变形计》当中。该节目紧扣社会热点，选取具有代表性的热点人物（多为青少年群体），安排他们进行人生互换的体验。在7天的时间里，参与者角色互换，体验截然不同的人生。节目播出后，迅速引发社会广泛关注。节目通过记录城市青年与乡村儿童的互换经历，极大地引发了观众的好奇心。同时，该节目所引起的讨论也十分广泛，众多话题成为各大娱乐媒体竞相报道的焦点。自此，我国生活体验类真人秀步入了身份置换的新阶段。

（二）明星亲子时期

生活体验类节目发展的第二阶段主要是围绕明星亲子展开的亲子类生活体验节目。2013年，湖南电视台成功推出亲子互动真人秀节目《爸爸去哪儿》，一时间风靡全国。该节目核心在于展现5位明星父亲与他们的孩子在没有母亲陪伴的环境下，共同度过72小时的乡村生活。这一独特的设置旨在深化父子（女）间的情感联系，同时挑战父亲们的育儿技巧。在节目的镜头下，观众得以一窥明星父亲在普通家庭环境中的真实面貌，他们必须亲自照顾孩子的饮食起居，应对各种突发状况。节目精心设计了一系列亲子任务，旨在促进父子（女）间的沟通与协作，同时记录下他们之间的温馨互动和成长瞬间。该节目在引进韩国MBC电视台的亲子户外真人秀《爸爸！我们去哪儿？》的基础上，巧妙地吸收并融合了纪录片的拍摄手法、电视剧的叙事结构及综艺节目的艺术加工，形成了一种多元而立体的叙事手段。这种创新性的叙事策略，不仅为中国真人秀节目的转型提供了良好的示范，也为体验类节目的发展开辟了新的篇章。此外，《爸爸去哪儿》以其真实的情感表达和深刻的社会洞察，迅速赢得广泛的社会关注和好评。节目不仅为观众提供了轻松愉快的观看体验，也引发了公众对亲子关系和家庭教育重要性的讨论，成为中国电视真人秀领域的一个标志性作品。

然而，随着以父亲为主角的亲子生活体验类节目层出不穷，观众逐渐产生审美疲劳。因此，业内人士开始将关注点从“父亲”转向“母亲”，认识到将“母亲”作为主角同样可以产生吸引力，并可以贴合当下女性观众的收视需求。2016年，芒果TV推出的《妈妈是超人》标志着关注视角从“父亲”向“母亲”的转变。自此以后，将后者作为主要视角的明星亲子生活体验类真人秀节目逐渐增多。这类节目旨在通过记录明星妈妈在育儿过程中所经历的挑战、发掘的惊喜与表达的情绪等，增加社会对母亲这一角色的关注度与认同感，同时让观众在节目中获得情感上的共鸣。

（三）生活体验时期

在当下社会高速发展的背景下，人们每日穿梭于高楼大厦林立的城市，习惯了紧张而快节奏的日常生活。随着城市化进程的加速和都市生活对于青年一代吸引力的逐渐加大，许多年轻人背井离乡，来到大城市拼搏，寻找人生新的方向。然而，对曾经生活过的乡村、田园的回忆，也逐渐成了青年群体割舍不下的共同情感。2017年左右，“慢文化”的制作理念孕育出了以“生活体验”为主题的体验类节目，此类节目凭借生动的生活细节、返璞归真的观念和日常琐事打动了观众，呈现出爆发性增长的趋势。

2017年，江苏电视台的《三个院子》播出，节目通过展现嘉宾在不同生活场景中的真切体验，倡导一种简单、纯粹的生活方式。在节目中，明星嘉宾与素人共同居住在一个远离城市喧嚣的院子里，通过“体验生活”的方式，进一步拉近了观众与明星间的距离。观众可以通过明星和素人的互动与交流，更强烈地感受到双方的真实情感及内心的波动。同年，湖南电视台推出的生活体验类节目《向往的生活》也备受关注。节目中，明星嘉宾来到乡村田园，通过自给自足、自力更生的方式经营自己的小院子。飞行嘉宾的到来，也展现出他们生活中与朋友交往的真实一面，自然描绘出主人温情待客、蓝天白云的乡村生活画面，为广大观众带来了一股清新之风。该节目没有激烈的竞争环节和戏剧性的冲突设置，仅通过展现清新的田园风光，促使观众体味农村生活的魅力。观众即使只在荧幕前欣赏，也能收获到乡村田野中久违的新鲜空气。

2023年，爱奇艺推出劳作纪实节目《种地吧》，节目真实记录了10位年轻人，踏踏实实地用190天时间，在广袤的土地上，播种、灌溉、施肥、收获，真实运营农场，通过直播带货等方式自负盈亏，创立农夫集市。节目通过展示新时代农耕生活的真实场景，让10位年轻人走到田地里，认识粮食安全的重要性，切身体会“盘中餐”的来之不易，同时也强调了发展乡村过程中青年力量的重要性。

2024年，同样将劳动作为节目核心，优酷推出了《岛屿少年》节目，13位来自各领域、各怀技能的少年聚集到一座需要激活的岛屿——福建嵛山岛。在120天的时间里，他们身体力行地去触摸、去尝试、去实践。他们的目标不仅是打造一个全新的岛屿地标，更是在实践中完成自我成长，同时助力当地文旅业的发展。节目打破了以往长视频综艺单一季播模式，完成“综艺+直播”双线并行，并采用“正片+加更+直播”方式，形成周日连更两集、周一加更、周二至周六花絮不间断再加周五固定直播、周六不定期加更直播的播出模式。此外，节目还通过“直播”“Vlog”“开放日”等活动，全过程、全方位记录他们与岛屿的成长故事。

四、经营体验类节目的发展

近年来，中国综艺节目在模式创新上不断突破，逐渐由单一的娱乐性向更深层次的人文关怀转变，为观众提供了全新的审美体验。在此趋势下，《中餐厅》《忘不了餐厅》《亲爱的·客栈》等经营体验类节目，通过真实的经营实践，巧妙地融合了公益、文化艺术与慢生活的理念，构建了全新的节目模式。这些节目以一种创造性的手法，构建了一个既虚拟又充满魅力的生活场景，为观众带来了前所未有的观看体验。在快节奏、高压力的生活环境中，这类节目以其独特的慢生活美学，为大众提供了一种精神和心灵上的慰藉。它们不仅是娱乐产品，更是一种生活态度的传播载体，引领观众在忙碌之余，寻找内心的宁静和生活的本真。

2017年7月，湖南电视台开创性地推出了一档全新的经营体验类节目——《中餐厅》。节目会聚了多位知名艺人，他们要在泰国象岛的20天时间里，独立经营一家中餐厅。节目以其独特的经营挑战和异国风情，迅速赢得了观众的喜爱。紧随其后，同年10月，湖南电视台又推出了另一档体验类节目——《亲爱的·客栈》。刘涛夫妇携手其他明星嘉宾，在泸沽湖畔的宁静之地，用20天的时间共同经营一家客栈。两档节目在形式上均追求远离都市喧嚣、慢节奏的生活方式，引导观众回归生活的本真和初心。事实上，无论是《中餐厅》还是《亲爱的·客栈》，它们的创意灵感都受到了韩国体验类节目的启发。《中餐厅》的节目内容与韩国的《尹食堂》有着异曲同工之妙，都是以邀请明星在海外开设餐厅为核心，展现异国他乡的经营挑战。而在民宿经营方面，《亲爱的·客栈》在叙事模式和嘉宾设计上，也与韩国的《孝利家民宿》有着相似之处，都是通过温馨、真实的生活场景，令观众产生深刻的情感共鸣。

2018年开始，一系列经营体验类节目在各大视频网站相继亮相。例如，爱奇艺推出了《小姐姐的花店》，6位花店主理人将在17天的时间内共同经营一家位于意大利佛罗伦萨的浪漫花店，通过多维度展现花店经营的过程，向观众传递出“花时间，去生活”的现代生活理念。另一档名为《奇妙的食光》的节目，由6位餐厅合伙人组团前往澳大利亚，经营一家音乐餐厅，通过完成3个阶段的经营任务，赚取“心愿经费”，实现由粉丝亲自为他们定制的“心愿清单”。

进入2019年，腾讯视频推出的《忘不了餐厅》进一步凸显了经营体验类节目的公益属性。节目通过记录观察的方式，将关注焦点对准了患有认知障碍的老年人。在嘉宾黄渤的带领下，“忘不了家族”共同经营餐厅，一场温馨的“守护遗忘之旅”就此展开。《忘不了餐厅》通过真实记录患认知障碍的老人与明星、餐厅中的食客的互动，让观众关注到老年人群、关注到认知障碍问题，也让患有轻度认知障碍的老人能够走进人群、积极参加社会活动，在收获积极乐观的心态的同时也能延缓病情的发展。《忘不了餐厅》区别于市场上大多数以全明星阵容为看点的真人秀，只为将爱与真实展现给观众，节目打破常规综艺节目的题材和制作方式，用“记录+综艺”的方式聚焦被大众忽视的老年群体。《忘不了餐厅》采取综艺与科普并重的模式，将认知障碍融入故事的讲述中，将容易被大众忽视的老年群体带到台前，通过节目的影响力引发大众对认知障碍和老年群体的关注，以公益和科普的方式传递爱的温度。通过记录老人、明星嘉宾、食客相处的真实状态，节目让观众看到人与人之间真实有爱的趣味碰撞，感受明星嘉宾、食客与老人之间的爱与理解，体会餐桌上的百态人生、平静生活下暗涌的澎湃力量。2019年，爱奇艺的潮流经营体验类节目《潮流合伙人》播出，节目中5位潮流合伙人从选货、陈列到售卖全部亲力亲为，包括店外揽客、亲自运营店铺自媒体账号等，用实际行动践行“真经营”的节目理念，向大众传递潮流文化。

此外，与房车露营相关的体验类节目也陆续出现。韩国tvN电视台于2020年6月推出了《带轮子的家》，而TVING平台则在2021年4月上线了《春季露营》。在这两档节目中，嘉宾以房车露营的方式在韩国各地进行两天一夜的旅行。例如，在《带轮子的家》中，嘉宾会先对房车进行改装，并驾驶着改装后的房车畅游韩国各地；每集都有熟悉的嘉宾朋友加入。旅行中遇到的一些突发问题时常给嘉宾带来麻烦，但在问题中找到生活的乐趣也成了治愈他们的一种方式。通过一次次的出发，观众慢慢发现，“带轮子的家”只是一种外在表达形式，而真正的核心是营造“家”的氛围，这也是该节目希望传达出的主题。

国内方面，2019年，爱奇艺推出了《青春的花路》，这是一档原创的国内房车生活巡游真人秀节目。该节目以年轻人渴望的“房车之旅”为主题，讲述了一群青少年在有限的预算下，在新西兰开启了一场为期20天的房车旅行，其间，节目组带领这些年轻人开着房车游历山河。与其说是旅行，不如说这是一场属于年轻人的“穷游”，但少年们却一路上收获惊喜和感动。他们结识了许多来自世界各地的朋友，播撒了青春的种子。

湖南电视台于2021年推出的《时光音乐会》节目，以“慢综艺+音乐会”的形式，将节目录制场景置于风光旖旎的自然环境中，回归歌唱最基本的交流属性。歌手通过互相翻唱和演绎彼此的代表歌曲，以音乐为桥梁，分享不同年代的时光记忆。节目中，歌手还会以自己的时光记忆为线索，串联经典歌曲，并用自己的方式再次诠释，讲述蕴藏在经典音乐背后的故事。此外，节目还邀请了不同年代的音乐人和“时光好友”共同参与，讲述时光与音乐的故事。节目亮点之一便是将“往昔记忆、人生故事、生命体味”的元素融入其中，歌手借助音乐这座桥梁，共同回味、分享、演绎各自的时光记忆，展现出治愈、温暖的氛围。

第二节　体验类节目的创作特征

一、营造慢生活图景

体验类节目以“慢文化”的理念为核心，倡导一种放慢生活节奏、享受当下的生活方式。节目的每个细节——从主题设定、环节设计、拍摄地点选择到整体节奏掌控——都精心策划，以凸显慢生活的独特魅力。在现代社会，人们对慢生活的向往是一种对理想生活状态的追求，它超越了日常的匆忙与压力，代表了一种心灵的宁静与内在的平和。然而，这种理想并非脱离现实，而是在现实世界中寻求平衡与和谐。因此，那些能够反映现实生活、呈现人生经历的真人秀节目，成为观众理解慢生活的窗口，透过嘉宾的真实体验，展现了对慢生活的深刻感悟。

在体验类节目中，明星嘉宾在特定主题下转换角色，深入体验不同的生活状态。他们可能是民宿的主人或员工、海外中餐厅的店长或厨师，也可能是照顾孩子的家长，或是参与乡村改造的建筑师和设计师，甚至是农舍的主人。这些角色的转换不仅丰富了节目的内涵，也让观众得以从多角度领略慢生活的各种面貌。体验类节目强调体验的过程，通过精心设计的内容和情境，引导参与者代入人生某一阶段的角色，开启一段新的旅程。这种创意构想不仅满足了观众对慢生活的向往，更通过嘉宾的亲身实践，将慢生活的理念生动地展现了出来，使之成为观众可感知、可体验的生活艺术。

（一）生活场景的选择

《向往的生活》《中餐厅》《亲爱的·客栈》等体验类节目精心挑选远离都市喧嚣的宁静之地作为故事发生地，倾向于选择那些文艺青年梦寐以求的旅游胜地，以此生动展现如诗如画的田园慢生活。这些节目邀请嘉宾深入风光旖旎、民风淳朴的小镇或乡村，描绘出一幅幅理想的隐居生活画面。在《向往的生活》里，嘉宾体验了“一院、一人、一狗”的自给自足式田园生活；《中餐厅》让5位嘉宾在异国情调的海岛上展示他们的烹饪技艺，与大自然进行亲密的交流；《亲爱的·客栈》则将镜头对准泸沽湖畔，5位嘉宾在这里经营客栈，远离尘嚣，营造出一种诗意盎然的生活氛围。

尽管这些节目的拍摄地点多选在偏远而空旷的地区，但在生活场景的呈现上，节目往往聚焦于一些相对固定的空间。无论是《向往的生活》中的农家小院、《中餐厅》中的海岛餐馆，还是《亲爱的·客栈》中的湖畔木屋，这些节目都通过限定生活区域，强调了一种生活的稳定性和深度，让嘉宾能够更真切地融入当地生活，更深刻地体验乡村的宁静与自然之美。这种对地理位置的精心选择和生活场景的固定性，不仅让观众感受到慢生活的宁静与平和，而且通过嘉宾的日常生活片段，传递出一种简单、纯粹、与世无争的生活态度，引发观众对于理想生活的向往和思考。

（二）生活方式的设定

体验类节目是对现实生活的一次艺术化提炼，它们以简化的叙事线索，如日常的三餐、店铺经营或一段旅程，勾勒出更为清晰和纯粹的生活图景。与快节奏的都市生活形成鲜明对比，这类节目更倾向于展现一种宁静、内省的生活方式。例如，在《向往的生活》中，“慢”是节目的核心特色，嘉宾在轻松自在的环境中进行农耕、遛狗、喂鸡、接待客人等活动，这些看似平凡的日常，却能真实地展现嘉宾的本真面貌。

劳动是体验类节目的重要组成部分，它不仅是中华民族优良传统的体现——通过劳动创造理想生活，也是嘉宾重点参与的环节。在《中餐厅》中，明星嘉宾参与烹饪、打扫等劳动，展现了他们的勤劳与担当；在《亲爱的·客栈》中，嘉宾负责旅客的食宿和卫生清洁，体现了服务精神；《漂亮的房子》则通过嘉宾搬砖、砍柴等劳动场景，传递了勤劳致富的价值观。

旅行体验类节目则带领嘉宾“在路上”，体验不同的生活，探索人生的多样性。《奇遇人生》就是这样一档以旅行访谈为主的节目，它将“世界那么大，我想去看看”的愿望变为现实。节目中，嘉宾通过骑行等方式，结识处于不同境遇中的人，了解他们的生活故事。这种深入的交流和体验，不仅让嘉宾得以反思自己的人生，也让观众通过镜头，领略自然风光，感受不同的人生境遇。

二、影像的纪实性展现

体验类节目作为一种新兴的节目形态，巧妙地融合互动性、真实性、连贯性，形成了别具一格的叙事结构与表现手法。从节目的呈现方式来看，除了少数以演播室为主要场景的节目外，大多数体验类节目都倾向于采用纪实风格的拍摄手法，以此捕捉生活的真实面貌并加以展现。

与传统的综艺节目相比，体验类节目不刻意强调制作团队的存在，同时在一定程度上减少了对规则设定和任务布置的依赖。这种设计弱化了节目的综艺性质和快感输出，转而追求最大化的纪实效果，专注于展现人物在特定环境下的真实、自然和生活化状态。在这一创新理念的引领下，纪录片的纪实元素与综艺的娱乐元素实现了深度融合，催生了越来越多的“泛纪实”风格综艺节目，拓宽了观众的视野。

纪实性的核心在于强调影像的记录功能，追求生活的真实再现，保持其完整性。作为戏剧性的对立面，随着影像创作与研究的深入，纪实性的内涵也在不断地丰富和发展。体验类节目的特色在于通过真实的场景和生活化的故事，强化观众对现实生活的感知与体验，与传统的综艺娱乐模式形成了鲜明的对比。

值得注意的是，纪实并不等同于绝对的真实。真实是与客观事物相一致的客观存在，而纪实性则是一种艺术风格、一种创作追求、一种表现效果，它体现了创作者对现实生活的独特关注和艺术表现。在体验类节目中，所追求的“真实”并非传统意义上的客观真实，而是通过纪实手法营造出的一种看似真实的假象。这种“真实”不要求每一个场景、每一份素材、每一次拍摄都严格符合自然发生的客观真实，而是更注重实现具体情境下的真实感和细节的真实性，使观众能够信服并沉浸在镜头展现的场景之中。因此，在拍摄风格上，为了增强节目的真实感，体验类节目一般使用固定镜头，记录客观事实，同时也常使用长镜头、空镜头、跟镜头等方式来强化纪实效果。

首先，体验类节目常使用长镜头增强节目的纪实感。传统综艺节目常依赖固定机位和多角度剪辑来控制节目节奏，而体验类节目则偏爱运用长镜头捕捉连续的纪实画面。例如，在《奇遇人生》中，嘉宾探访老人院的温馨场景通过长镜头的运用，生动记录了老人们的日常生活，这种手法不仅增强了观众对画面真实性的认同，也更真实地呈现了生活的本质。

其次，空镜头的巧妙运用为节目增添了情感深度和审美氛围。空镜头，即不直接参与叙事的镜头，它们在影像中扮演着过渡和衔接的角色。恰当的空镜头不仅让观众感受到大自然的壮丽，仿佛身临其境，还能扩展叙事空间，提升观众的观看体验。例如，《向往的生活》中，空镜头捕捉了小屋的宁静、周围环境的和谐以及小动物的活泼姿态，为节目注入了“呼吸感”，并通过拟人化的特效，创造了生动的动物互动场景，使节目层次更加丰富，情感价值和美学价值得到了增强。

最后，跟镜头的运用全方位捕捉了行动的细节，为节目带来了流动的生活感。与传统综艺节目相比，体验类节目倾向于采用更小型的设备和团队，进行更为灵活的跟踪拍摄。跟镜头随着嘉宾的移动而变化，捕捉他们自然的行为和反应。这种拍摄方式不仅记录了更多未经编排的真实瞬间，还展现了人物的第一反应和微妙的情感变化，为观众提供了强烈的现场感和代入感，进一步强化了节目的纪实特质。

三、叙事的非戏剧性

体验类节目在叙事构建上，与追求戏剧化效果的传统综艺节目有着本质上的不同，它们倾向于通过非戏剧化的方式，以平实的视角呈现故事，更注重情感的细腻表达和环境氛围的真实捕捉。在这种节目模式下，创作者巧妙地运用情感的自然流露和环境的原生状态，替代了传统剧情的刻意推进，通过记录嘉宾在面对意外事件或新环境时的真实反应，揭示其内心的冲突与挣扎，以此贴近并还原真实的情感体验。

这种叙事方式的关键在于，它不依赖于剧本的预设和导演的干预，而是通过真实记录嘉宾的即兴表现，捕捉那些未经编排的瞬间，展现出更为真实的人物性格和情感变化。与此相对，传统综艺节目往往遵循“开端—发展—高潮—结局”的戏剧式叙事结构，通过设置竞技、游戏等环节，以及刻意营造的矛盾冲突和戏剧悬念，来推动剧情的发展，吸引观众的注意力。体验类节目的叙事方法，可以理解为弱戏剧冲突或非戏剧性冲突，节目的叙事线索往往是开放的，允许多条线索并行推进，力求最大限度地还原生活中的自由空间和事件的自然逻辑。这种叙事方式避免了刻意制造矛盾冲突以引发话题，也不用快节奏的游戏来制造视觉刺激，而是追求一种更为真实、朴素的娱乐体验。此外，体验类节目的叙事并不追求明确的目的与意义，而是更多地唤起观众的参与意识，鼓励观众与节目共同完成叙事过程。这种叙事方式呈现出现实主义风格与纪实美学的和谐统一，使节目内容更加丰富多元，更能引发观众的思考和共鸣。

以《向往的生活》为例，节目的命名就体现了其主题内涵，强调了一种令人憧憬的、贴近真实生活的方式。节目选择在宁静的乡村进行拍摄，明星嘉宾展现出舞台之外的真实生活，展现平凡生活中的美好瞬间和深刻感悟。节目坚持真实记录事件进程，主题鲜明，线索清晰自然，让观众沉浸在明星的真实生活场景中，共同参与主题的发掘与故事的发展。这种主题设计不仅增加了节目的深度和真实感，也有效引发了观众的情感共鸣。又如《种地吧》节目采用了无间断记录的方式，捕捉了10位少年在劳动过程中的每一个细节。这种长时间跨度的记录不仅捕捉了农作物生长的自然周期，也记录了参与者情感和技能上的变化，让观众能够跟随他们的脚步，体验从播种到收获的完整过程。此外，节目的叙事结构注重时间的流逝和季节的更迭，通过真实的劳作场景和参与者之间的互动，构建了一个生动、连贯的叙事世界，让观众感受到时间的力量和劳作的价值。

四、诗意化的审美意蕴

在非戏剧性叙事策略的指导下，体验类节目秉持“回归生活，浸润心灵”的理念，采用纪实拍摄手法，真实地展现了乡村生活的宁静美好。例如，《向往的生活》片尾曲《农夫渔夫》中所描绘的场景：“每一个早晨我耕耘在绿野田园，每一个黄昏我守望在乡间的麦田，我会把忧虑都融化在夕阳里，让孤独的心等待秋收的欢喜。”为了传达这种诗意图景，体验类节目仅设定节目的时空情境和基本方向，随后让故事情节自然发生，最大限度地展示真实的人物行为与故事线索。通过捕捉人与环境、人与人之间自然而然产生的互动进一步弱化矛盾冲突，展现出一幅诗意的生活图景。

“诗意”的定义是：具有诗歌般的美感意境或强烈抒情意味的表达。诗人何其芳在《工人歌谣选》序中这样描述，诗意仿佛是从社会生活和自然界中提炼出来的一种新鲜优美的文学艺术内容要素，它能够感动创作者并激励他人。诗意境界的构建美化了对日常生活的记录，可以唤起人们真实的情感、理想、哲思及价值观等精神层面的思考。体验类节目正是以诗意化的方式，为观众营造了一个超越现实的诗意世界。通过精心筛选和编排，体验类节目有意识地凸显现实生活中的真善美，将平凡变得非凡，使世俗生活呈现出异于常态的形态和趣味。节目以此构建起美化后的现实生活图景，力求展现与理想相契合的唯美一面，这种处理方式旨在展现一种美化和理想化的社会画面，为观众带来美好而充实的心灵体验。

为此，生活体验类节目往往选址于郊区、乡村、海岛、沙滩等风景名胜之地，那里的环境宁静、景色优美，便于营造出一片宛如世外桃源的乡村生活景象。这些节目既呼应了人们对诗意乡土的憧憬，又展现了理想化的生活空间。例如，《向往的生活》每一季都在风景如画、环境宜居的地方取景，让明星在那里体验朴实而温馨的农舍生活。这种“一家人”自给自足、从日出而作到日落而息、好友们相聚共度时光、共享劳动果实的场景，实现了人们将日常生活过成诗的愿景，满足了观众对理想生活方式的向往。

同样，经营体验类节目也具备上述特点。以《亲爱的·客栈》为例，节目取景于如仙境般美丽的泸沽湖畔。泸沽湖中心的客栈仿佛一座世外桃源，与湖泊交相辉映。透过客栈明亮的落地窗，湖水清澈、绿树繁花尽收眼底，猪槽船在湖面上荡漾，清风送来格桑花的芬芳。住店的游客或在客栈的藤椅上小憩，或在湖边阳台上晒太阳，或在户外草坪上自助烧烤。这些精心选择的场景，在蓝天白云和碧波的映衬下，营造出一种超越现实的美好梦境，实现了体验类节目制造超脱现实的梦幻效果的目标。

体验类节目在传达美感和意境方面与诗歌有异曲同工之妙，后期的编辑加工更是强化了这种诗意的效果。在节目的文字表述上，与“快综艺”中繁多且夸张的字幕色彩及样式相较，体验类节目倾向于选用富有诗歌韵律或生活化、俏皮有趣的言语形式来传达灵感，与清新自然的画面相得益彰。例如，在《中餐厅》中，嘉宾在海边嬉戏时，花字会打出“犹如旋转之中，重回童年时光”；当夜幕降临，餐厅工作结束时，画面展示海边沙滩的空镜头，并辅以“夜风沉醉，游人络绎不绝”的文字描述。这样的表述方式将画面与文字巧妙结合，塑造了一种诗意氛围，为观众呈现出更加抒情、柔美的感受。又如，在《花儿与少年》等节目中，一系列诗意化的文案不仅引发了观众的共鸣，也成为节目叙事的重要组成部分。

此外，经过后期处理的画面效果也进一步强化了此类节目的诗意效果。例如，体验类节目中的自然景色经过处理呈现出柔和的暖色调，转场空镜头通过添加虚拟的卡通动物或为小动物赋予拟人化特效，使之充满生动、调皮的气息。此类技术手法将日常生活场景与虚拟的动画场景交织、融合，创造出更为丰富、富有创意的画面。这些经过后期处理的画面效果也使现实画面弥漫着艺术质感和诗意色彩，为观众营造出沉浸在慢节奏生活方式中的浪漫文艺氛围和轻松愉悦的感官体验。观众在这样的节目氛围中不仅能够收获内心的安宁与自由的精神世界，还能感受到一种愉悦的艺术享受。

总体而言，体验类节目是人们内心深处对美好生活的向往和追求的体现，它们以富有诗意的语言和画面，将生活的理想化形象娓娓道来。节目巧妙地运用了诗化的视觉叙事，通过细腻的镜头运用和后期剪辑技巧，营造出一种宁静而深远的美感以及一种悠然自得的生活节奏。这种叙事方式不仅放慢了视觉呈现的速度，更在精神层面上引导观众进入一种更为从容和内省的状态。诗意的画面往往伴随着一种从容不迫的叙事节奏，它通过细腻的景别变化和精心设计的后期效果，传递出一种平和与宁静的氛围。这种慢节奏的叙事，实际上是诗意生活理念的一种体现，它鼓励观众放慢脚步，回归生活的本质，体验那些简单而纯粹的快乐。

体验类节目通过展示自然清新的景象，运用贴近生活的语言，以及在后期制作中巧妙地融入诗意效果，构建了一种对宁静、自由、美好生活的向往。它们不仅是视觉上的享受，更是一种精神上的引导，激励观众去追寻和体验一种更慢节奏、更贴近自然的生活方式。在这个快节奏的时代，体验类节目以其独特的叙事手法和视觉语言，成功地为观众提供了一种心灵的慰藉。它们不是逃避现实的手段，而是引导人们在忙碌的生活中寻找一片宁静之地，体验一种轻松愉悦、充满诗意的生活方式。

第三节　体验类节目案例分析

一、《中餐厅》案例分析

《中餐厅》是一档以饮食文化为主题的体验类综艺节目，于2017年7月22日在湖南电视台首播。每一季的节目都会选择在不同的国外城市开设餐厅，这不仅是美食的传递，更是文化的交流。餐厅合伙人需要共同承担餐厅的各项工作，包括采购食材、准备菜品、接待顾客、处理账务等。他们在经营过程中面临着各种挑战和困难，如语言障碍、食材采购、顾客的特殊要求等，但也在不断磨合与努力中逐渐成长。通过中餐厅这个平台，节目以独特的视角深入探讨和展现了中国丰富的饮食文化及其背后的人文精神，促进了中外文化的交流与融合。截至2024年，《中餐厅》共播出了八季。

（一）以“记录观察”回归现实

《中餐厅》作为一档经营体验类节目，其拍摄手法秉承纪实性原则，致力于捕捉那些未经人为雕琢的真实故事。节目团队通过不干预的观察方式，利用众多机位的细致捕捉，记录下嘉宾在经营中餐厅过程中的每一个细微动作和情感波动。这种全方位的拍摄策略，不仅详尽地记录了嘉宾的日常经营活动，更细致地捕捉了他们之间互动的微妙细节，甚至包括面临突发危机时的紧张场面。例如，在第二季节目中，面对科尔马罕见的暴风雨危机，嘉宾表现出不屈不挠的精神，他们团结一心，共同应对困难。这些客观的记录不仅增加了节目的真实性与观赏性，也展现了嘉宾在特殊境况中的坚忍与温情。

除了镜头语言，节目还通过非戏剧性的剪辑手法，保持了内容的原始真实感。《中餐厅》坚持不干扰、无剧本、无人设的制作理念，以纯粹的“记录”和“观察”为手段，避免了人为制造矛盾或激化冲突，力求还原生活的真实面貌。

为了使观众能更深入地理解节目中的场景和人物心理，节目组在拍摄结束后会进行后期采访，通过嘉宾的口述来追述事件现场。这种现场追述不仅有助于补充叙事，点明节目主旨，还能让观众更全面地感受到当时的情境和人物的心理状态。此外，在每期节目临近结束时，节目小片也都会帮助观众回顾本期未解的悬念，通过影像追述现场，揭示事实的“真相”，在增强节目戏剧性的同时，也满足了观众对节目的期待和观感。这种后期追述的方式，不仅丰富了节目的叙事层次，也更充分地填补了故事链条，加深了观众对节目内容的理解和感受。

（二）以故事化的方式展开叙事

节目的故事化是指以真实的人物、素材和事件为基础，借鉴编剧的多种艺术手段进行适度、巧妙的加工处理，从而使节目的故事性更强、节奏更紧凑、情节更生动、人物形象更鲜明。《中餐厅》节目的故事化叙事主要体现在以下三个方面。

首先，节目情境是触发故事的前提条件。节目要求嘉宾在为期20天的时间达到规定的营业额，除去一个基本经营场地和开业启动资金外，餐厅合伙人需要依靠少量的经费来维持店内基本运营，并根据客流量和客人反馈适当调整经营战略。节目中所需的食材、调料等都由经营者亲自购置，其日常活动还包括试菜、定价、下厨、揽客、打扫等重要任务，所有的经营细节都需要嘉宾亲自去面对。在经营中餐厅的过程中，嘉宾不仅要克服语言和文化差异，还要面对经营餐厅的各种未知挑战。因此，节目设定的这一规定情境为后续故事的发生提供了充分条件。

其次，嘉宾的成长是故事发展的重要推动力。节目初始，节目组会根据每位明星嘉宾的个性和能力赋予其特定的角色，如店长、厨师、服务员等，这些角色不仅明确了他们在中餐厅中的职责，也为他们的个性展现和故事发展奠定了基础。随着节目的进行，他们在节目中的行为、选择和互动，不仅反映了他们的真实性格，也推动了故事情节的发展。观众可以看到嘉宾在面对挑战时的不同反应，以及他们如何逐渐适应并克服困难。在这一过程中，角色之间的冲突是推动故事发展的重要手段，明星嘉宾可能因为经营理念、工作分配或个人习惯的不同而产生矛盾。节目通过展现这些冲突及最终的解决过程，既深化了角色之间的关系，也丰富了故事的层次。其间，节目不断展现个体的成长与转变，从最初的不熟悉到逐渐适应，再到最后的熟练掌握，明星嘉宾的成长轨迹成为推动故事发展的重要动力。而这些个人成长与转变的故事，往往能够引起观众的共鸣，观众通过观看嘉宾的努力和挑战，感受到他们的真诚和坚忍，从而建立起情感上的联系。

最后，多元化的叙事方法是建构故事的重要保障。《中餐厅》通过多线叙事结构，构建了一个丰富而立体的故事世界。这种叙事手法不局限于单一的情节发展，而是同时推进多条故事线，为观众带来多维度的叙事体验。节目中，各故事线以其独特的视角和情感深度，构成了整个节目的叙事框架。例如，节目的主线可能聚焦于中餐厅的日常经营和明星嘉宾的团队合作，而副线则可能深入探讨嘉宾的个人成长、他们之间的情感纠葛，或是与当地文化的交流与融合。这种多线叙事不仅使得节目内容更加丰富和多元，也为观众提供了更为复杂和引人入胜的观看体验。同时，节目通过在不同时间点和空间场景中切换视角，增加了叙事的动态性和不可预测性，使得观众能够在不同的情境中感受到故事的张力和角色的多面性。此外，多线叙事还允许节目在展现明星嘉宾的个人故事时，更加深入地挖掘他们的内心世界和情感变化，从而建立起观众与角色之间的情感联系。由此，通过上述故事化的叙事方法，《中餐厅》成功地构建了一个具有吸引力和感染力的故事文本，不仅让观众享受到视觉和味觉的盛宴，也让他们体验到情感的共鸣和文化的交流。这种故事化叙事方式，有效地提升了节目的艺术性和观赏性，使其从众多综艺节目中脱颖而出。

（三）以美食视角传播中国文化

近年来，陆续出现了许多以“饮食文化”为核心的经营体验类节目，如《中餐厅》《完美的餐厅》《忘不了餐厅》《大叔小馆》《奇妙的食光》等，《中餐厅》是其中的典型代表，节目通过明星嘉宾在海外经营中餐厅，进而以“一餐一饭”展示并传递着中国博大精深的饮食文化。

《中餐厅》作为一档以美食为载体的文化传播节目，不仅展现了中华饮食的多样性，更是在全球化的语境下，架起了一座中外文化交流的桥梁。节目精心挑选的菜品，如麻辣鲜香的四川菜、清新淡雅的江南菜以及浓郁醇厚的广东菜，每一种风味都是中国广阔地域文化的一个缩影，体现了中国饮食文化中“一方水土养一方人”的智慧。在《中餐厅》的传播策略中，美食不单是满足味蕾的佳肴，还承载着传递文化、沟通心灵的使命。节目中的嘉宾通过与当地居民的互动，了解他们的饮食习惯和口味偏好，进而巧妙地将中华美食与当地风味相融合，创造出既具有中国特色又符合当地口味的创新菜品。这种融合与创新，不仅让外国友人能够接受和欣赏中华美食，更在无形中加深了他们对中国传统文化的认知和理解。

节目在传播美食的同时，更注重文化的内涵和精神价值的传递。通过明星嘉宾的亲身参与和体验，节目展现了中国人的待客之道、饮食文化和人文关怀，体现了中华民族的精神特质和价值取向。例如，节目会介绍中国传统节日和习俗，如端午节包粽子的传统，并通过教授外国客人使用筷子等互动环节，提升节目的参与性和体验性，使文化传播更加生动和有效。此外，《中餐厅》在传播策略上也展现了创新性，通过结合当地文化元素，如在意大利教授饺子制作、举办中式婚礼等，展现了中国文化的包容性和融合性。

可以说，每一季《中餐厅》的播出，都是一次深入的文化探索之旅。节目通过展现饮食习俗，打破了地域间的界限，构建了一个促进文化交流的互动平台，通过美食这一共同语言，拉近了不同文化背景人们之间的距离，促进了文化的相互理解和尊重。在异国他乡，中华美食不仅赢得了当地人的认可，更吸引了众多外国观众的目光，激发了他们对中国饮食文化乃至整个中华文化的兴趣，为促进不同国家之间的文化交流开辟了新的路径。

二、《向往的生活》案例分析

《向往的生活》是2017年由湖南电视台打造的生活体验类节目，至今已播出7季。区别于传统综艺节目，它摒弃了紧张的游戏和戏剧性的情节，转而呈现明星嘉宾在乡村田园中的宁静生活，传递出在快节奏时代中寻找慢生活的理念。节目通过让嘉宾远离城市喧嚣，体验乡村的日常，从农活到家常便饭，展现了一种与自然同步的生活节奏。通过记录嘉宾与自然环境的和谐相处，节目捕捉了他们最真实的生活状态，传递出对简单、自然、宁静生活方式的向往。节目用细腻的叙事手法，绘制了一幅充满情感色彩的田园生活画卷，激发了观众的共鸣。

《向往的生活》通过展现不同地域的生活与文化，不仅为观众提供了一种逃离都市喧嚣、回归自然的生活方式，更在精神层面上引发了人们对传统价值观的思考与追求，引领观众在快节奏的现代生活中寻找心灵的宁静与归属。

（一）构建慢生活的文化理念

在快节奏、高效率的现代社会背景下，人们对慢生活的向往越发显得珍贵和迫切。《向往的生活》正是在这样的社会背景下应运而生，它的创作灵感源自对都市人生活状态的深刻洞察。在当下，越来越多的都市人开始追求摆脱城市的喧嚣和快节奏生活，渴望寻找心中的“诗和远方”，这不仅是一种生活方式的转变，更是一种审美观念的升华。《向往的生活》正是基于这一理念，倡导并践行慢生活，它不仅是一种生活态度，更是一种精神追求。节目以其独特的叙事手法和内容构建，成为一档符合体验类节目受众群体特征的作品。它满足了观众在高压现实生活下，渴望寻找心灵慰藉和精神寄托的需求。

《向往的生活》力求营造一个地理意义上的“世外桃源”。在选址方面，节目选取了完全脱离城市化的场景，如北京密云、浙江桐庐、湖南湘西翁草村、云南西双版纳和湖南常德桃花源风景区等地，这些拍摄地均展现了远离喧嚣的自然之美，激发了人们对宁静乡村生活的向往。此外，“蘑菇屋”依山傍水，营造出“归园田居”的氛围，周围的农田、羊圈、鱼塘等元素也共同构建了一个自给自足、贴近自然的原生态环境，展示了一种与自然和谐共生的生活方式。通过特定的选址和环境布置，《向往的生活》以画面语言展现了慢生活的美好愿景，为观众带来了宁静、舒适、与自然和谐共处的幸福感。这种独特的空间景观使节目在体验类节目领域中独具一格，深刻地传达了对慢生活理念的追求。

《向往的生活》通过营造慢生活的图景，成功再现了原始的自然生活，使参与者脱离都市的喧嚣，摒弃现代社会的信息过载与琐事纷争。由此，节目创造出一种“生活在别处”的纯真感受，观众能够自然地沉浸其中，进一步加深对他们所向往的文化生活理念的体验与理解。在节目中，除了房屋，生活所需的其他配套设施也一应俱全，包括种植农作物的田地、各类工具、丰富多彩的菜园及圈养的牲畜，为节目中的烹饪、务农、交谈等活动提供了必要条件。这种功能性田园生活系统不仅为节目打造了真实的环境，同时也使参与其中的嘉宾更容易摆脱明星光环，更深入地参与其中，增强了观众的代入感。

综上所述，《向往的生活》紧扣慢生活的核心主题，通过真实记录展现了纯粹的田园生活画卷，成功捕捉并呈现了都市人群对“乌托邦式”理想生活状态的追求。

（二）真挚情感的呈现与表达

在生活体验类节目中，人物形象的立体化塑造对于体现节目主题及引发观众情感共鸣具有十分关键的作用。《向往的生活》采用了“固定嘉宾+飞行嘉宾”的组合方式，固定嘉宾包括黄磊、何炅、彭昱畅、张艺兴、张子枫等，他们作为“蘑菇屋”的家庭成员，是主导节目氛围的核心人物，通过他们的生活态度和互动关系，观众可以逐渐了解慢生活的核心理念。每期节目的飞行嘉宾则为节目注入了新的叙事元素，他们的参与不仅引发了新的故事情节，赋予了不同的主题和话题，也使节目更具立体感和丰富性。

情感是《向往的生活》的重要主题，节目致力于刻画田园生活的美好图景，展现人与人之间丰富多样的情感纽带。每一期节目都有相应的情感主题，对于情感的挖掘与展现赋予了节目更深层次的意义和内涵，让观众在欣赏的过程中，能够深刻感受到嘉宾间真挚的情感交流，体验到浓厚的人情味。节目巧妙地运用每位到访嘉宾的情感标签，如友情、亲情、师生情等，为节目内容增添了深度和情感色彩，这些情感标签不仅丰富了节目的情感层次，也使得每一期的节目都具有独特的情感故事线，让观众在观看的过程中，能够感受到人际关系的多样性和真挚的情感体验。

在“蘑菇屋”的日常生活中，节目将嘉宾的情感纽带融入生活的点滴之中。无论是共同劳作、烹饪，还是围炉夜话，都展现了人与人之间深厚的情感联系。例如，在第一季第九期节目中，李冰冰和任泉作为大学同窗，通过回忆过去的学习时光和互相帮助的经历，展现了数十年深厚的友情。这样的情感故事，更容易让观众产生共鸣，感受到真实而温暖的人际关系。

《向往的生活》通过情感主题的深化、情感标签的运用、情感故事的叙述、情感纽带的展现、情感交流的互动、情感价值的传递、情感共鸣的创造及情感体验的共鸣，成功地将真实人际关系融入节目中，为观众呈现了各种真挚、温馨、有趣的情感故事。通过嘉宾在“蘑菇屋”的生活体验，观众不仅能够感受到远离都市喧嚣、回归自然的生活方式所带来的情感体验，更能够在情感上与节目产生共鸣，获得情感上的满足和慰藉。

《向往的生活》以其对友情和亲情的深刻描绘，成功地构建了一个充满真实感和温馨氛围的情感舞台。情感元素的巧妙运用，不仅拉近了节目与观众的距离，更赋予了节目更深层次的意义和活力。每一期节目都以友情为核心，通过嘉宾的故事，传递出友谊的纯粹与恒久，为观众带来了温暖人心的情感体验。亲情的呈现同样丰富多彩，嘉宾与家人之间的亲情纽带，让观众深切感受到家庭的温暖和亲密。这种亲情的展示增强了观众的共鸣，使得人们能在节目的细节中找到自己生活的影子。而爱情的巧妙融入，更是为节目增添了一抹生动与趣味，使得整体内容更加立体和引人入胜。综合这些多维度的情感元素，节目不仅触动了观众的心弦，更让人们在欣赏的过程中，深刻地体会到生活的温情与美好，激发了人们对美好生活的向往和追求。

此外，节目还通过精心策划，邀请不同年龄段的明星嘉宾，成功地搭建了一个能够激发多代人情感共鸣的平台，这种设计不仅唤起了观众对共同记忆的深刻感知，也极大地丰富了节目的情感维度。这样的策略有效地满足了不同年龄层观众的情感需求，提升了节目的包容性与吸引力。以“60后”歌手老狼为例，他以嘉宾身份参与，通过分享自己的青春记忆和人生故事，触动了同辈观众的怀旧情怀。这种怀旧的情感共鸣，通过共同的青春记忆，架起了观众间心灵的桥梁，促成了一种强烈的集体情感认同。与此同时，“蘑菇屋”中也会聚了众多年轻且具有一定粉丝基础的明星，他们的加入为节目注入了时尚元素和热点话题，极大地提升了节目的现代感和讨论度。这些年轻明星的参与，不仅吸引了大量年轻观众的目光，也为节目带来了更广泛的社会影响力和市场竞争力。通过这样的多元化嘉宾阵容，节目成功地跨越了年龄的界限，成为一个能够触及各个年龄层观众心灵的情感共鸣场。

通过这种跨年龄层的嘉宾邀请策略，《向往的生活》实现了对观众多元化需求的满足，同时为观众创造了一个共同参与、多层面交流的情感空间。这种集体的情感共鸣和认同感，也进一步提升了观众对节目的黏性和喜爱程度。

（三）视觉风格的营造与展现

在视觉呈现上，考虑到体验类节目往往缺乏跌宕起伏的情节，节目中一些视觉元素的加入与设计就显得十分重要，它们是节目叙事的重要组成部分，是吸引和保持观众兴趣的重要因素。例如，后期制作中的特效、花字等，能够为平凡的生活片段注入诗意与艺术性，让观众在简单日常中也能发现美和情感的丰富层次。为了达到这一效果，节目制作团队精心运用了字幕设计、动画效果等视觉元素，不仅为节目内容增添了创意和表现力，还增强了作品的观赏性与情感传递的力度。这些细腻的视觉呈现手法，使得节目在传递日常生活真实感的同时，也能够触动人心，与观众建立情感上的共鸣。例如，节目为何炅设计了专属的“小翅膀”动画元素，通过这种方式巧妙地呈现了何炅的性格特征。这种情感化的动画效果不仅在视觉上增强了趣味性，更重要的是通过特效的形象化，将人物的情感状态传递给观众，增强了观众的情感共鸣。

同时，动植物的拟人化呈现是《向往的生活》后期制作时独具特色的创意手法，它为观众提供了更具趣味性的观赏体验。这种处理不仅体现在小动物的角色拟人化上，还延伸到食材等日常物品，为体验类节目的轻松氛围增色不少。在节目中出现的小动物，如小H、小O、点点、天霸和彩灯等，是“蘑菇屋”大家庭的固定成员。它们不仅有着自己的字幕字体，更被赋予了独特的性格特征。通过后期处理，这些小动物变得更加生动活泼，有了独立的个性和表情。观众能够通过这些拟人化的小动物更好地理解和关注每一位“蘑菇屋”的家庭成员。节目还会对瓜果蔬菜等食材进行拟人的表情处理，为日常的烹饪场景增色不少。这种俏皮的动画特效使得平凡的生活场景更富有趣味性，为观众呈现出更加生动有趣的画面，更贴近观众生活，传递出慢生活的轻松和愉悦。小动物和拟人化的食材不仅为节目增添了趣味性，还让观众更容易产生对这些元素的喜爱。它们的出现为平淡的生活注入了许多乐趣，使得观众在观看的过程中更容易放松心情，体验到悠闲和轻松的生活氛围。这些创意性的元素不仅为观众提供了更具趣味性的观赏体验，也在视觉和情感上更好地传递了慢生活的理念。通过这样的画面包装和动画特效，观众更容易产生身临其境的感觉，深度参与到节目的情感表达中。

在视觉方面，《向往的生活》营造了一种舒缓的视觉氛围，创造了悠闲的生活场景，逐步形成了独具特色的影像风格。例如，在画面色调和构图方面，节目整体的清新淡雅色调，以及大量使用全景和远景构图，营造了符合田园生活认知的视觉效果。这种还原生活原貌的手法直接满足了观众对慢生活的期待，让观众能够更轻松地沉浸在田园风光之中。

此外，节目还采用了大量的固定镜头，通过定格的方式记录生活场景。这种手法有助于观众更深入地感受到生活的细微变化，强调日常中平凡而温馨的瞬间。同时，节目采用空镜头展示自然环境，如“蘑菇屋”依山傍水的美景可以使观众更好地融入乡村田园的生活氛围。节目也会通过使用长镜头来展现人物的情感变化和生活状态，通过这样的处理，观众能够更深入地感知到嘉宾的真实情感，体验到他们在慢生活中的愉悦、思考和感动。同时，节目主张“弱化剪辑”，按照事件原本的发展顺序来确立剪辑的时间线。这种剪辑手法有助于呈现出日常生活中的亮点和情感主题，使观众更贴近嘉宾的日常生活，感受到人性美好的一面。而在气氛的营造方面，节目会结合悠扬的音乐、清新的画面色调以及上述剪辑手法，烘托出一种舒缓的氛围。观众在观看时能够放松身心，与嘉宾一同享受慢时光，感受到生活的意义和美好。

通过这些制作手法，《向往的生活》成功地打破了传统综艺的制作思路，创造出一种令人放松、愉悦且有深度的体验类节目，引导观众反思生活、倾听内心声音，这也凸显了体验类节目的独特魅力。《向往的生活》作为我国体验类节目领域的典型代表，在节目叙事内容和策略方面展现了独特的构建方式和技巧，为国内同类型节目提供了可贵的借鉴与启示。

三、《奇遇人生》案例分析

2018年9月，腾讯视频推出了明星纪实真人秀《奇遇人生》。该节目由主持人每期邀请一位明星好友，共同展开一场全球范围内的“私人订制”式旅行。节目采用“纪录片+综艺真人秀”的拍摄方式，使每一期内容都如同一幅真实的旅行画卷。节目团队在拍摄过程中遵循客观记录的原则，减少剧本干预与夸张演绎，真实地呈现嘉宾在特殊环境中面对真实自我的情境，倾听内心声音。《奇遇人生》凭借其独特的内容和高水平的制作，赢得了观众的高度评价。

从节目名称中不难看出，节目的核心理念是通过奇遇来洞察人生。对于主持人和嘉宾而言，每一次旅行都是一场奇遇。他们通过与旅行中的人物互动，深入了解每个普通人的故事。尽管节目以旅行为形式，但并非简单的景点参观或浏览，而是通过某一主题或情节，使旅行者与目的地建立深刻联系。主持人和嘉宾会抵达陌生的地方，遇见陌生的人，共同完成各种任务。因此，节目并非无计划地游览，而是在预设的事件背景下，探索未知世界，通过这种方式实现与自己的对话。

（一）突出纪实色彩

《奇遇人生》节目融合了“纪录片+综艺真人秀”的形式，以电影拍摄手法为观众带来了独特的视觉体验。这一模式不仅为综艺节目注入了新活力，同时成功结合了纪录片的真实性及深度，形成了全新的节目模式。在《奇遇人生》中，纪录片之“真”与综艺片之“秀”得以和谐共生，呈现出一场别具一格的视听盛宴。

《奇遇人生》节目采用了纪录片的拍摄手法，强调真实性和故事性，通过嘉宾的真实体验和探索，为观众呈现了一个个生动可信的故事。节目精心挑选了全球各地充满故事性的地点和人物，通过嘉宾与这些场景及相遇对象的互动，揭示了深层次的人文情感和生命体验。在节目的拍摄过程中，制作团队充分利用较长的拍摄周期，深入捕捉嘉宾在各种情境下的真实反应和情感流露，并通过巧妙地剪辑，构建了一个完整的叙事。这种对真实情感的捕捉和对故事完整性的追求，使得《奇遇人生》在保持纪录片真实感的同时，也具有了引人入胜的叙事魅力。

在《奇遇人生》的镜头下，节目团队致力于最大限度地减少对嘉宾的外在干预，让他们自然地融入情境之中，暂时抛开公众人物的“职业身份”。在这种轻松自在的环境中，嘉宾得以展现真实的自我，逐渐展露出他们鲜为人知的一面。随着节目的深入，明星全情投入，忘却了摄像机的存在，仿佛自己并非在参与一档节目的录制，而是真正踏上了一段充满未知和惊喜的探险之旅。在这段旅程中，他们毫无保留地展现出自己的“后台”面貌。无论是欢笑、泪水，还是偶尔的埋怨和愤怒，都毫不掩饰地呈现在观众面前。

节目采用纪录片的拍摄手法，这种真实的记录方式让观众得以更近距离地观察和感受明星嘉宾的情感波动。观众能够透过屏幕，感受到嘉宾在旅途中流露出的真挚情感，从而与他们建立起一种更为深刻的情感联系。这种拍摄手法不仅捕捉到了嘉宾在面对未知挑战时的真实反应，也让观众得以一窥他们内心世界的复杂性和丰富性。

总的来说，《奇遇人生》通过减少外在干预，采用纪录片的拍摄手法，成功地让嘉宾在镜头前展现出更为真实、立体的自我。这种真实性不仅为观众带来了更为沉浸的观看体验，也让人们对于明星嘉宾有了更为全面和深入的了解。

（二）创新谈话模式

在传统的访谈类节目中，访谈环境通常设定在封闭的演播厅，如早期的《杨澜访谈录》《艺术人生》等，访谈现场与谈话主题之间存在一定距离。节目中的对话主体在封闭的演播厅内完成访谈过程，并未亲临话题发生的第一现场，导致访谈过程会受到一定程度的流程约束。同时，主持人与嘉宾之间的互动问答使得明星嘉宾往往处于相对被动的地位，访谈内容也会存在一定的主观倾向性。

然而，《奇遇人生》的访谈方式更多采用随性的闲聊形式，访谈者置身于特定的场景与情境之中，不受主题的限制，也没有固定的框架。该节目通过离开演播室，将访谈场景设置在不断变化的地方，改变了访谈者之间的关系及访谈内容。在节目中，不同情节自然交织，改变了叙事方式，提升了观众的好奇心。综合来看，《奇遇人生》通过改变“场景”这一核心要素，使访谈内容与各个场景产生关联，并通过“情节”建立访谈者与旅行地点之间的联系。这种设计使得节目更具生动性与趣味性，同时突破了传统访谈类节目的局限。

《奇遇人生》以其独特的创新理念，突破了传统明星谈话节目的局限，将拍摄场景从封闭的演播室转移到了广阔的户外。节目的最大创新之处，在于它不再将嘉宾局限在一成不变的室内环境中，而是跟随“旅行者”的脚步，深入谈话发生的现场，让每一次对话都与周围的环境和氛围紧密相连。尽管近年来室内场景的布置越来越逼真、多样化，但在这样的环境中，嘉宾往往只是在回忆过去，而非真正地活在当下。在传统的明星谈话节目中，谈话内容与时间往往是分离的，谈话发生的时间被淡化，仅仅作为一个节目录制的背景时间存在，与谈话内容本身并无直接的联系。与之形成鲜明对比的是，《奇遇人生》通过走进现场，让谈话发生在特定的时间段内，使谈话内容与时间重合，创造出一种强烈的在场感。这种创新的拍摄手法，不仅让嘉宾能够更加自然地表达自己的情感和想法，也让观众能够更加真切地感受到谈话内容的新鲜感和真实感。

从宏观角度看，《奇遇人生》将谈话发生的时间设定在每一次旅途中；从微观角度看，谈话发生在每一个具体的情节或场景中。因此，嘉宾的所言所感，以及嘉宾与主持人之间的交流互动，都是在特定的场景中，依据所见所闻，即时抒发。换句话说，是特定的旅途中的场景激发了谈话内容，谈话内容也更多地围绕场景中的“此地、此刻、此事”展开。谈话内容与谈话发生的时空紧密相连，话语主体身处某种环境背景，并产生与该环境相关的话语。这种创新使得观众更能身临其境，感受到主持人与嘉宾间真实而生动的互动。

当对话内容与时间、场景紧密结合时，节目便为观众营造出了一种在场感，观众在观察旅途过程中的嘉宾时，仿佛置身于现场，与嘉宾共同感受一种真实的在场感，从而获得高层次的替代性满足。《奇遇人生》精准地选择了适宜的嘉宾，在恰当的时间和场景中展开了一场自然且真挚的交流。

动态的场景亦对谈话内容产生了激发作用。传统演播室内的明星谈话节目的内容通常聚焦嘉宾的个人经历，演播室仅作为一个交流平台，未与对话内容形成直接联系。而在《奇遇人生》中，谈话发生在旅行的途中，多样化的场景成为对话内容的“催化剂”，激发嘉宾进行思考和感悟，不断产生新的话题。因此，节目的对话内容与时间和场景紧密相连，话语主体身临其境，自然流露出与环境相关的言辞。当场景与对话内容形成紧密关联时，节目通过声音和画面双通道传递信息。观众在欣赏旅途美景的同时，会融入自身的理解。嘉宾对眼前所见即时抒发感想，实则代表了观众的情感表达。特定场景中的对话，将屏幕内外的嘉宾与观众紧密联结，实现了某种意义上的对谈。

（三）重塑影像风格

《奇遇人生》在人物拍摄上，坚持追求一种真实而未经雕琢的呈现方式，摒弃了过度美化和加工的手法。嘉宾以素颜亮相，展现出他们最自然、最本真的面貌。摄影团队同样遵循这一理念，尽量减少专业灯光的使用，转而利用自然光线来捕捉每一个瞬间。这样的选择不仅保留了场景的原始美感，也赋予了节目一种电影级别的画面质感，彰显了节目独树一帜的艺术风格。

在节目的呈现上，《奇遇人生》巧妙地融入了简洁的字幕，避免了对人物动作的过度解读和强调，这种克制的表达方式，让观众能够更加专注于人物的真实情感和故事本身。同时，节目减少了对慢动作和综艺效果的依赖，避免了过度渲染和戏剧化的手法，转而通过丰富的镜头语言来展现环境的壮美和情感的细腻，让观众能够感受到人与自然、社会之间那份独特的“奇遇”。

通过这种精心设计的拍摄和剪辑手法，《奇遇人生》成功地将人物的真实情感与自然环境的美感融为一体，创造出一种既真实又具有艺术感的观看体验。观众在观看节目的同时，不仅能够了解到嘉宾的真实生活状态，也能够感受到他们与周围世界的深刻联系，体验到那份难得的“奇遇”。

具体而言，首先，《奇遇人生》摒弃了传统的多机位拍摄方式，转而采用轻便的设备和精简的制作团队，以使摄影机对场景的干扰最小化，保持了节目的真实感，这种拍摄手法也让嘉宾能够更自然地融入新环境中。在制作层面，摄制团队凭借丰富的纪录片经验，敏锐捕捉并塑造真实素材，展现出对细节的深刻洞察力。在视觉呈现方面，《奇遇人生》采用了一种简约的“减法”策略，通过朴素而克制的镜头语言，传递出人文主义的细腻情感。节目以一种客观的视角，记录了未经雕琢的真实生活场景，包括那些看似平淡无奇的长镜头和空镜头，以及那些充满沉默或尴尬的瞬间。这些镜头不仅挑战了观众对视觉体验的传统期待，也拓宽了他们的接受范围，使观众能够更深刻地感受到镜头背后的深层含义。总的来说，节目通过创新的拍摄手法，以一种新颖而真实的方式来展现世界的真善美，为观众带来了一种全新的视觉和情感体验。

其次，在视觉风格上，《奇遇人生》的一大特色是对长镜头的大量运用。长镜头在节目中的占比很高，这在真人秀节目中极为罕见。通过大量采用纪实元素和手法，以一种“零干预”的方式进行拍摄，节目成功捕捉了嘉宾的真实情感，给观众带来了强烈的情感共鸣。长镜头的频繁使用打破了传统真人秀的拍摄规则，充分展现了故事的原貌，使观众能够更全面地接收节目所传达的信息，带来独特的审美体验。这种镜头在保持情节连贯性的同时，自然地展现了嘉宾的情感波动，增强了镜头语言的感染力。这种画面语言营造了一种完整而连贯的感觉，显得更加真实可信，让观众获得了更直接、更深刻的情感体验。

需要注意的是，纪实风格的镜头语言并不局限于对客观现实的直接呈现。《奇遇人生》在叙事上采用了更为灵活的拍摄手法，如抓拍、跟拍和抢拍，避免过度设计人物动作和细节，从而更自然地捕捉人物的真实情感和生活状态。这种拍摄方式赋予了节目一种生动、真实的视觉体验，让观众能够更加贴近嘉宾的内心世界和探索旅程。

最后，节目倾向于采用全景和中景的拍摄手法，创造出一种更为宽松和自然的视觉叙事节奏。这种视觉表达方式与传统节目相比有很大的不同，后者通常侧重于通过跟拍镜头捕捉嘉宾的每一个动作和表情，以此构建戏剧性，但这种长焦段的紧密拍摄有时会导致画面抖动、虚焦等技术问题。《奇遇人生》则在镜头运用上追求一种视觉上的流畅与和谐，避免了因过度放大细节而产生的紧张感，同时也减少了技术问题的发生。节目中的人物对话和采访多采用中景，这种选择不仅符合观众的日常视觉习惯，而且通过适中的景别，避免了对人物表情的过度解读，减少了戏剧化冲突的刻意营造，为观众提供了更为舒适和真实的观看体验。此外，这种宽松的景别设置也对观众的感知力和专注度提出了更高要求，鼓励他们主动探索和思考节目中的环境和情境。《奇遇人生》通过这种精心设计的镜头语言和视觉叙事，不仅提升了节目的艺术性和观赏性，也促进了观众与节目内容之间的深层次互动。

值得一提的是，在当下的旅行体验类节目中，空镜头常用于场景转换或与快速剪辑结合，以简洁的方式交代背景或渲染异地风情。在《花儿与少年》等节目中，空镜头的出现也常常伴随着情感丰富的文案，文字与画面和谐共鸣，产生了更丰富的审美意蕴。相较之下，《奇遇人生》对空镜头的使用则多倾向于展示纯粹的自然风光，重拾旅游节目展示自然美景的传统。节目巧妙运用航拍、延时摄影等多样化的拍摄技术，生动捕捉旅游地的壮丽景色，通过广角镜头展现开阔的环境视角，以超长焦镜头捕捉细腻的局部特征。这些视角打破了常规的视觉体验，为观众带来全新的视觉冲击。特别是通过延时摄影，观众能在瞬间感受时间的流转和自然的变化，超越了日常的视觉体验，为节目塑造了一种独特的影像美学。

第五章　观察类节目

1998年，美国派拉蒙影业公司推出电影《楚门的世界》。主人公楚门从小生活在桃源岛这座小城（实际上是一座巨大的摄影棚）。楚门是这座小城一家保险公司的经纪人，表面上，他过着与常人无异的生活，但其实无数隐藏的摄像机每天都在直播他的生活，全世界的观众每时每刻都在注视着他。他身边的妻子、朋友等所有人都是电视节目《楚门的世界》的演员。故事结尾，楚门找到了“世界”的边界，走出了摄影棚。这部电影构建了“看”与“被看”的双重空间：观众通过电视屏幕24小时关注楚门的生活，楚门也因此成为现实世界中的明星。1998年真人秀节目还未普及，该电影开创性地设置了真人秀情境，让观众通过“观察”的方式参与到节目之中。

需要明确的是，“观察”与“看”的含义有所不同：从视线状态来说，“观察”强调有计划、有目的地“看”，时间较长，是配合其他器官进行注视；而“看”只强调一种视线扫描或接触到的状态，一般来说时间较短，看到即可。从意义方面来说,“看”这种视觉行为更注重对观看对象的判断；而“观察”更注重目的性，强调观看过程中的认识、认知或感知，不只有看，还有思考及欲望的投射。因此，观察过程能够实现观察者和被观察者的双重快感与满足。

从接受角度而言，观众观看节目这一行为本身就带有一定程度的观察色彩，观察是观众参与节目的通道与路径，从这个意义上来说，所有的视听节目都是一个“被观察”的空间。而近年来出现的观察类节目，则将“观察”作为节目的主要形式，在节目中设置了第二空间——“讨论与交流空间”，形成了“第一空间真人秀+第二空间观察讨论”的双重空间模式，节目内外形成了一种双重的观察关系，从而构成了一种新的节目样态。

就以往的真人秀节目而言，观众只能片面式、片段式地看到他人表现出来的某个方面。而观察类节目则意图全方位展示被观察者，这类节目最突出的特质在于打破了真人秀节目以往单一的叙事空间，在传统真人秀节目的基础上增加了第二空间（演播室），并进行观察讨论。此外，这类节目在内容上没有设置复杂的游戏或竞争规则，而是更加贴近现实生活，注重对节目参与者日常生活的真实记录，强调节目的纪实性，大幅度增强了人物的完整性和故事情节的连续性。此外，节目营造了具有丰富内涵的生活空间，建立了多角度的观察视角，给予了观众更多的观察维度。

近年来，《令人心动的offer》《心动的信号》《妻子的浪漫旅行》《再见爱人》等观察类节目热播，此类节目兼具艺术性、商业性与社会性，情感交往、职场互动、婚姻生活等维度成为主要的内容方向。观察类节目以一种新的题材、新的表现形式为观众提供了新的交流与娱乐方式，在观察中引发了观众对于社会问题的思考与探讨。

第一节　观察类节目的发展历程

一、观察类节目的前身

从广义上来说，20世纪90年代出现的情感调解类节目可以被看作观察类节目的前身。情感调解类节目是一种电视节目类型，旨在帮助观众处理和解决在生活中遇到的家庭矛盾和社会矛盾，以普通人的视角讲述与生活息息相关的故事，为人们排忧解难。我国最早出现的情感调解类节目是1998年湖南电视台经视频道播出的《真情对对碰》。每期节目都邀请一对在感情上几近破裂的当事人，如男女朋友、夫妻或婆媳等，给他们创造一个相互沟通的机会。该节目以其独特的情感访谈形式，深受观众喜爱，收视率一度居高不下，甚至创造了湖南电视收视第一位的佳绩。此后，许多电视台纷纷开始创办类似的情感节目，比较知名的节目有江西电视台的《金牌调解》、湖南电视台的《8090》等。

近年来，情感调解类节目更多以“婚姻爱情”为主题，如天津电视台于2010年播出的《爱情保卫战》及腾讯视频于2017年推出的《现在就告白》等。这些节目将关注点聚焦在年轻情侣上，节目所邀请的当事人之间往往出现了难以调解的矛盾，寻求在节目中进行调解。在节目中，嘉宾和节目主持人往往会充当调解人，介入当事人的矛盾纠纷，帮助他们调理情绪、解决困难，促使双方达成和解。情感调解类节目的题材来源于生活，涵盖了社会关系、家庭关系及恋爱关系等。

自2017年起，我国的视听节目生态发生了微妙的转变，一种不设置复杂竞技规则、没有过多台本干预、不刻意制造戏剧性冲突的“慢综艺”开始受到广泛关注，赢得了市场的青睐。体验式“慢综艺”在节目领域一枝独秀，如《向往的生活》《中餐厅》《亲爱的·客栈》等。这类节目虽并没有直接引入第二空间的观察视角，但追求“自然”与“真实”的节目风格，已然使节目带有了一定的“观察”意味。这种观察生活、关注情感的慢基调为观察类综艺奠定了基础，也培养了观众对这类节目的观看兴趣与习惯。因此，诸如《向往的生活》《中餐厅》《亲爱的·客栈》《爸爸去哪儿》《幸福三重奏》等“慢综艺”常常被定义为观察类综艺节目的1.0版本。但不同的是，“慢综艺”不存在多空间叙述的情况，因此，与观察类节目还有着一定的差异。

二、国外观察类节目的开端

实际上，作为观察类节目标志性空间的“观察空间”在竞技类节目、文艺晚会等节目中早已出现，如文艺晚会常常设置“第二现场”，对主会场的表演进行评价，作为“第一现场”的附属空间，也有着信息补充、承上启下等功能。而与过往“第二现场”的设置不同的是，观察类节目大都是以“真人秀+演播室”的观察模式出现的，节目通常会邀请一些和当事人相关的嘉宾或者明星在“第二现场”化身“观察者”观看成片，进行同步点评。这种“真人秀+演播室”的模式融合了“真人秀”与“谈话节目”的基本形式，打破了以往节目的空间构成规律，开创了新的节目叙述方式。

日本电视台于2008年2月25日首先推出了观察类节目《改变人生的一分钟深刻佳话》，节目采用了双空间模式，这档节目也被日本媒体评选为最受欢迎的综艺节目之一。该节目的主题主要围绕“幸福”一词展开，演播室空间由各类明星嘉宾组成观察团成员，通过观看来自第一空间记录的普通人的故事，展开关于“忙碌的生活是否真的幸福？”“家庭的幸福是什么？”等不同人生态度的探讨。节目组通过设置第二空间的观察视角，不仅拓展了节目的可看性和趣味性，同时也改变了传统真人秀节目单一的受众观看模式，从而使节目的观看层次更为丰富，进而引发了收视热潮。

随着带有观察视角的真人秀模式在日本迅速走红，这股“观察”之风开始蔓延到韩国。2008年，韩国MBC电视台推出了一档明星观察类真人秀节目《我们结婚了》，该节目在传统真人秀的基础上进行了创新，节目主要分为三个部分：假想新婚生活、演播室观察讨论和嘉宾访谈。其中，“假想新婚生活”部分关注参演明星间的互动，“演播室观察讨论”环节由固定嘉宾和主持人对“假想夫妇”的相处进行观看和点评，“嘉宾访谈”则侧重揭示参演嘉宾在节目中未明确表达的内心想法。这种节目模式为观众提供了一种与演播室内的主持人和嘉宾共同观看的沉浸式体验，使观众在参与“观察”的过程中，感受到节目与自身之间的紧密联系。《我们结婚了》在韩国播出后取得了优异的收视成绩，并通过互联网传播在中国引发了收视热潮。2010年，优酷与韩国MBC电视台建立合作，将该节目正式引入我国市场。

2013年3月22日，韩国MBC电视台播出的《我独自生活》对我国观察类节目也产生了较大影响。该节目在快节奏的都市生活背景下，全面且多角度地呈现了明星的独居生活。节目中的主持群和观众共同挖掘这些视频素材中的“意义”，并加以点评，形成了韩国独具特色的观察类综艺节目风格。此后，带有第二空间“观察”视角的真人秀节目在韩国各大平台相继播出，如JTBC播出的《网线生活》、Channel A电视台播出的《新职员诞生记：好人》及SBS电视台播出的《同床异梦2：你是我的命运》等。

三、我国观察类节目的起步

2013年，我国开始探索带有观察视角的真人秀节目。浙江电视台参考日本电视台于1991年播出的《我家宝贝大冒险》节目模式，打造了亲子成长教育类真人秀《人生第一次》。该节目主要由外景与演播室两个部分组成。外景部分捕捉孩子们首次独立应对复杂人际关系，以及融入社会的真实反应。演播室部分则由主持人和明星嘉宾组成观察团，观察并分析外景视频中孩子们的表现，进而展开关于儿童成长教育等议题的讨论。

2015年初，三档形式和内容较为相似的节目几乎同时登上了国内电视荧屏，它们分别是陕西电视台的《城市大不同》、湖南电视台的《噗通噗通的良心》、广东电视台的《你会怎么做》，这三档节目均属于社会行为观察类节目。其中，广东电视台于2015年推出的《你会怎么做》是国内首档具有较大影响力的社会行为观察类节目，节目每一期都会设定一个具有争议性的场景，这些场景设置在真实的公共场所，并通过隐藏拍摄的方式，观察普通人在特定社会情境下的真实反应，以360°全方位隐藏拍摄，还原社会热议事件。

而具有综艺色彩的观察节目模式源于一次偶然的节目改版，2016年3月20日，江苏电视台与韩国MBC电视台联合推出的“全民恋爱教科书”《我们相爱吧之爱有天意》正式与观众见面。该节目在保持真人秀特质的基础上，创新性地引入“记录+现场”的模式，增设第二空间“情感室”，并通过访谈形式将情感专家的分析融入节目中，为观众呈现了独特的观察视角。独立出来的演播室重新定义了观众与电视空间的互动关系，营造出沉浸式观感。然而，由于节目观察目标不明确，第二空间与户外恋爱故事关联度不高，导致观察空间的叙事功能与作用相对削弱，因此，节目呈现出为了观察而观察的现象，使观看体验度降低。

2016年，湖南电视台播出国内首档代际沟通观察类真人秀《妈妈的牵挂》。这档观察类节目采用纪录片拍摄与室内拍摄相结合的方式，演播室内由心灵导师、明星嘉宾、素人妈妈组成观察团，对儿女们独自在外打拼的工作生活状态进行观察评论。此后，这种“故事空间+观察空间”的形式开始逐步确立。

四、观察类节目的繁荣阶段

2018年,《妻子的浪漫旅行》《我家那小子》《心动的信号》等观察类节目开始涌现，观察空间的设置突破了此前“慢综艺”的固定模式，这种新颖的节目形态很快获得了观众的喜爱。例如，湖南电视台制作发行的《我家那小子》于2018年7月7日首次与观众见面，便引发了观众的热切关注。同年，芒果TV播出的《妻子的浪漫旅行》，也收获了很高的收视率。节目以夫妻隔空对话为模式，让妻子团踏上浪漫之旅，丈夫团则留守室内，远程观察旅途中的妻子，了解其生活中的另一面。

2018年8月腾讯视频推出的《心动的信号》引领了恋爱观察类节目的

潮流。节目以“信号小屋”中素人单身男女日常相处的生活细节和情感走向为主体，邀请“心动侦探”来反观和解读嘉宾之间的情感交流和心动信号。此类节目通过记录参与者的真实生活，以戏剧化形式展现私密空间，使观众在观看过程中产生情感共鸣，进而引发社会的广泛讨论。节目采用第一空间（信号小屋）与第二空间（演播室）相结合的双重叙事架构。在第一空间中，八名单身素人男女入住“信号小屋”，共同生活并接受全方位记录。与此同时，第二空间邀请一批明星嘉宾组成“心动侦探团”，对嘉宾之间的相处细节进行分析，并推测他们之间可能存在的心动关系，观察他们之间的情感发展。《心动的信号》的成功促成了一批情感观察类节目的出现，如《喜欢你我也是》《再见爱人》等。

随着2018年观察类节目的热播，各大平台不约而同加入这一潮流之中。观察类节目不仅成为市场关注的一大焦点，也在2019年酝酿着一次更大规模的爆发。湖南电视台在成功打造《我家那小子》之后，凭借成功经验于2019年相继推出了《我家那闺女》、《我家那小子》第二季及《我家小两口》等三档不同类型的观察类节目。这些节目遵循同一模式，成功构建了“我家”系列品牌，丰富了湖南电视台的内容生态。在“我家”系列节目热播之际，芒果TV同步推出了《女儿们的恋爱》第二季、《女儿们的恋爱》第三季、《妻子的浪漫旅行》第二季等多档观察类节目。尽管这些节目的题材各异，但它们的焦点始终集中在婚姻关系和亲子关系两大主题上。芒果TV推出的代际情感观察类节目《女儿们的恋爱》尽管主题相似度较高，但凭借不断提升的节目质量，取得了良好的流量和口碑。

在2019年上半年，爱奇艺、腾讯视频、优酷视频推出了《喜欢你我也是》《女儿们的男朋友》《我们恋爱吧》等多档节目。然而，多数节目的观察焦点仍局限于家庭情感生活及陌生男女间的交友观察，主题切入点较为狭窄，所探讨的话题主要集中在代际沟通、社交、婚恋等领域，重复性较高，呈现出同质化特征。受制于各平台节目制作水平的差异，观察类节目的不足之处迅速被放大，导致这一在我国尚属年轻的综艺品类进入了短暂的瓶颈期。

为了使观察类节目更好地与社会热点相结合，2019年下半年，北京电视台与上海电视台分别推出了《你好新家》《好房帮帮忙》两档节目。这两档节目采用“职业体验+生活服务”的理念，每期节目都有一位委托人，根据其提出的找房要求，由明星嘉宾为委托人出谋划策、寻找满意的房子。观察室的明星分为两队，分头寻找房源，最终为委托人选择一套最合适的房子。这两档节目的定位均为房产经纪观察类，虽然与情感交友观察类节目结构相近，但实现了内容的升级创新，将现实生活中的服务行为引入观察类节目，使得我国观察类综艺节目的类型更加多元化、更具观赏性。

此外，在生活和恋爱观察节目呈现同质化趋势之际，职场观察类节目逐渐崭露头角。2019年10月，腾讯视频借鉴韩国节目模式，推出了我国首档素人职场观察类节目《令人心动的offer》。该节目以职场观察为核心定位，围绕法学院8位学生及4位带教律师展开，讲述他们在1个月内争夺2个转正名额的故事。此外，上海电视台播出职场观察类节目《老总来了》，探讨公司老板与职员之间的关系。北京电视台于2020年11月6日推出了《职场是个技术活》，旨在揭示各大企业在招聘过程中的真实需求，为求职者提供就业决策。该节目从众多面试者中选拔出9位选手和3家公司，实习生在2个月的实习期中接受3家公司的项目考核，争取终极offer。2021年，芒果TV推出了《初入职场的我们》，旨在帮助职场新人熟悉职场环境，积极面对工作。同年，江苏电视台推出了《闪闪发光的你》，讲述9位金融从业者在资深导师的指导下完成金融项目，角逐有限职位的故事。爱奇艺出品的《上班啦！妈妈》通过还原真实职场环境，引导职场妈妈挑战任务，争取工作机会。节目由明星嘉宾组成观察团，围绕“职场妈妈”这一主题展开讨论，共同见证职场妈妈的成长与转型。

近些年来观察类节目的形式也越发丰富。如2023年，优酷制作的演员搭档类节目《一拍即合的我们》，该节目借鉴了日本Abema TV的节目《想谈一场偶像剧般的恋爱》，青年演员通过共同的生活和训练，研习荧幕搭档的塑造方式，展现演员真实的生活、工作状态。

第二节　观察类节目的创作特征

一、观察类节目的分类

（一）代际观察类

代际观察类节目围绕代际情感关系展开，代际的关系、情感、问题等成为节目的重要议题。

2016年，湖南电视台推出了代际观察类节目《妈妈的牵挂》。该节目采用纪录片与棚拍结合的模式，由明星嘉宾一起陪同素人妈妈探寻儿女在外的生活、工作环境，通过镜头展现孩子最真实的状态，让妈妈了解到孩子不为人知的一面。近年来，单身已成为社会普遍讨论的话题，越来越多的单身生活、单身情感成为社会热点，被广泛讨论。在这样的社会环境下，2018年，展现空巢单身青年的代际情感观察类节目《我家那小子》登陆湖南电视台。节目以四位单身男明星为观察对象，邀请他们的母亲为观察者，四位嘉宾所承载的“大龄单身”、“城市独居”及“工作与家庭难以兼顾”等标签，反映出我国新型家庭结构的现状。在节目设置的第二空间中，除明星的母亲外，节目主持人和嘉宾也一同进行观察。观察团队不仅包括知名人士，还邀请社会行为专家或心理学家，从专业视角对单身青年的生活进行解读，探讨他们为何抗拒恋爱，同时关注代际的情感冲突，以此揭示社会普遍现象。2019年，湖南电视台沿袭了上述节目模式，再次推出了同类型节目《我家那闺女》。节目定位为代际观察类节目，由三位情感观察员陪同明星家长团观看明星独居的生活视频，在互相交流中深入了解明星独居生活。

代际观察类节目具有三个方面的基本特征：第一，节目满足了观众对明星生活的窥视心理。大众对于明星有着天然的好奇，节目为观众提供了窥探明星日常生活的途径，还能接收来自其家人观察他们行为之后所发出的信息，极大地满足了观众的窥探欲。第二，节目中涉及的“单身”“催婚”等婚恋话题贴合社会现实。节目虽然侧重于观察明星的日常生活，但在第二空间——演播室中的父母却无时无刻不在谈及婚恋话题，这也正是父母观察子女的特殊之处，褪去光环的明星也面对着现实的压力与困境。第三，节目展现了当下青年人的价值观念和生活态度，代际的情感碰撞更是社会痛点的缩影。观察类节目全天候记录明星的生活，创造了一个凝缩的场景，在引领大众寻找共鸣、重拾温暖代际情感的同时，也在场景的沉浸与互动中舒缓了社会压力，弱化了现实生活中的痛感。

（二）恋爱观察类

恋爱观察类节目会将参与者安排在一个特定的环境中共同生活，记录他们的日常生活和交往，包括约会、聊天、争吵、恋爱等。节目组可能会设立一些任务、挑战或情境，以促进参与者之间的交流和互动。这些任务可以是浪漫的约会、情感测试、团队合作等，旨在推动恋爱关系的发展和揭示参与者的真实性格。而观察者可以通过观看这些记录来了解参与者之间的恋爱关系的发展。恋爱观察类节目源自人们对社会关系的维系及情感的渴求，此类节目为观众提供了一个情感投射的途径，是一种社交状态的缩影。

2018年，腾讯视频推出的《心动的信号》便是以素人恋爱为主题的社交情感观察类节目。该节目针对单身群体的情感需求，结合长期的人性和心理洞察成果，设定相关干预条件，观察素人单身男女在固定空间的恋爱社交行为，为观众提供了洞悉他人恋爱故事的途径。节目中的第一空间即“信号小屋”，节目挑选素人单身男女，设定一定的规则和情境，让嘉宾在节目组提供的固定场所共同生活一个月；第二空间即演播厅，节目邀请明星和专家组成观察团，对嘉宾在小屋内的言行及社交状态进行观察和剖析，针对当下的婚恋问题展开讨论，使观众能够代入式地反思自身生活状态和社交方式，进行自我定位与审视，同时对恋爱观进行深入剖析，具备一定的社会价值。

同样作为恋爱观察类节目，2019年，《喜欢你我也是》在爱奇艺平台播出，节目关注单身男女在日常生活中的爱情、友情与亲情，真实记录生活点滴，呈现浪漫温馨、曲折跌宕的情感画卷。同时邀请明星在演播室捕捉素人甜蜜瞬间并推测爱情线，和观众共同开启追剧旅程。同年，《我们恋爱吧》在江苏电视台播出，第一季节目在浪漫的邮轮上展开两段恋爱航线，每一段航线都会有几位身份、职业各不相同的素人单身男女嘉宾展开为期一周的交往体验，在相处中积极直面自己的情感意愿，收获成长、友谊和爱情。

可以说，恋爱观察类节目营造了一个不脱离现实却又充满美好愿景的理想生活场景，并且深入探讨了多样化的社会热点问题，在挖掘和放大这些现象的过程中，也为观众提供了一个互动交流及情感宣泄的渠道。

（三）夫妻观察类

明星夫妻共同参演综艺节目在当前并不罕见，《一路上有你》《幸福三重奏》《我最爱的女人们》等均是以展示夫妻间的亲密关系和共同生活为主题的节目尝试。

2018年，芒果TV打造的《妻子的浪漫旅行》是夫妻观察类节目的代表。节目以夫妻隔空对话为模式，让妻子团踏上浪漫之旅，丈夫团则留守室内，远程观察旅途中的妻子，了解其生活中的另一面。节目打破夫妻双方的总体一致性，将焦点分别置于妻子和丈夫两条情感线上。在该节目中，妻子们结伴出游，而丈夫们则留守演播室，观察并探讨妻子们在旅途中的表现。节目以妻子的旅程为切入点，通过她们在途中的交流，了解她们对婚姻的见解。同时，丈夫作为场外观察者，不仅关注妻子的旅途行为和婚姻观念，也表达自己的观点。这种方式有助于呈现婚姻生活中男女双方不同的观念，促使双方重新审视彼此关系，从而达到治愈婚姻的目的。

节目中包含四重观察关系：首先是妻子间的相互观察与讨论，通过审视他人的婚姻态度和相处之道，反思自身；其次是丈夫对妻子的观察，发现妻子在自己面前未曾展示的另一面；再次是丈夫间的互动讨论，从中学习他人感情生活的优点；最后是观众作为全知视角对所有参与者进行观察，看到夫妻间的所有故事，引发情感共鸣，激发思考。节目通过呈现4对夫妻嘉宾的相处模式，实现夫妻双方与观众的共同成长。

此后，芒果TV于2021年继续推出了《再见爱人》，也延续了夫妻情感观察模式。节目以第三人的视角探讨婚姻中的酸甜苦辣，3对面临婚姻危机的夫妻踏上为期18天的旅程，回首相爱的美好，剖析婚姻的问题。节目真实再现了夫妻关系中的观点分歧和情感碰撞，观众通过观察他人婚姻生活中的矛盾，有望从中汲取经验，完善自身在现实婚姻生活中的相处之道。

（四）职场观察类

2003年，中央电视台经济频道播出《绝对挑战》，该节目可被视为职场类节目的开创者。初期职场类节目的表现形式主要集中在“求职”主题上，此类节目以服务意识及竞赛制作为核心特点，如《职来职往》《非你莫属》等互动招聘类节目，《寻找杜拉拉》这类关注女性求职的节目，以及《技行天下》等职业技能竞技类节目。这些节目为年轻人提供了就业途径，积累了求职经验。

腾讯视频于2019年推出了一档职场观察类节目《令人心动的offer》。节目致力于呈现真实职场生活，摒弃了对异性间情感的过度渲染和对暧昧性交流的放大，转而聚焦职场生活、职业能力及职场晋升等方面。节目涵盖了律师、医生、设计师等多个职业领域，为观众展现职业生涯中的种种挑战与机遇。

职场观察类节目真实地还原了职场的工作环境，从实习生的面试、上班、同事之间的相处等多个维度展现了职场新人的处身之道。同时围绕面试应对、职场压力、团队协作等多方面问题，展示实习生在职场中的摸索、奋进与成长，为在校学生及初入职场的新人提供了有益的借鉴。与既往含有职场元素的节目相较，其更加注重场景空间的真实性，聚焦行业本身的生态环境，让观众从多元角度深入了解职场实习生的工作情境。

二、观察类节目的创作特征

（一）建构“镜像”空间

广义上的观察类节目涵盖范围较广，如前文所述，目前绝大多数“慢综艺”节目可以被认为是观察类节目的1.0版本，“慢综艺”节目通常以真人秀方式呈现，记录并展示嘉宾的真实日常生活。在制作过程中，节目组秉持无为而治的原则，不对节目流程、内容及走向进行过度干预，避免介入性设定，尤其强调真实性。通过嘉宾自然表现，引发观众思考及话题讨论。

从狭义而言，当前观察类节目在原有基础上，更加突出“观察”过程，增设演播室嘉宾现场观察环节，采用“真人秀+演播室”形式，丰富节目内涵与外延。演播室内，观察嘉宾对真人秀嘉宾（被观察者）的生活日常进行深入分析、解读、评论，激发多维度、多视角、多方位的话题讨论，既提升了节目观赏性，又直接诠释了“观察”的价值与意义。

需要明确的是，“看”、“观察”与“窥视”三个概念虽有相同之处，但具体的状态、意义却并不完全一致。观察是持续、动态发生的过程，节目发生的变化属于未知数，用发现的眼睛去观察，可能性就会不断释放。这种观察与看、窥视看似都是主观意识下的视觉行为，都是观察事物的方式，但有两个方面的区别。首先，意义不同。看是一种视觉行为，是对人或物进行观察并加以判断。而窥视是暗地里看，带有私密性、侵略性。观察是对某种情境下的某个对象由感知到认知的过程，包含着积极的思维活动。其次，主体投入的状态不同。看只是一种视线的接触，而观察不仅是视线的接触，还调动了主体的感官功能，融合其他感知为一体，更为仔细认真。窥视则是不公开自己看的意图，处在安全的位置偷偷地看。

美国社会学家查尔斯·霍顿·库利在1902年出版的《人类本性与社会秩序》一书中提出，人的行为很大程度上取决于对自我的认识，而这种认识主要是通过与他人的社会互动形成的。他人对自己的评价、态度等，是反映自我的一面“镜子”，个人通过这面“镜子”认识和把握自己。如今，电视、手机、电脑等媒体观看行为已占据人们日常生活的大部分闲暇时光，人们透过银幕、屏幕等一面面“镜子”认知世界、社会，进而认识自我，对于观众而言，这场观看体验便可被视为一种“镜像体验”。

的确，跟以往的真人秀相比，观察类节目的“镜子”属性更加凸显。一方面，由于“观察空间”的出现，室内嘉宾讨论的加入，给受众营造了一种“时空同步”的错觉，仿佛自己也和现场的观察员一样，参与到节目的互动当中，做到了节目的内容呈现与当下观照相统一。另一方面，观察类节目所呈现的人物和故事具有一定的普遍性，观众容易将节目中的情节与自身的经历、处境相对位，而他人的评价、态度会同步出现在“观察空间”中，观众从而有了形成“镜中我”的可能。在节目建构的“观察空间”中，在“看”与“被看”间，观众的镜像体验在不断强化，观众通过节目这面“镜子”，在看到自己的同时也看到他人；在审视镜中自己时，也在对照自我与他者之间的关系，并在对比中确立标准，进行自我调整。节目将现实社会建构为照见大众生活的“镜子”，从这一层面来讲，观察类节目的价值就不仅是一次节目形态上的创新，也是观众审视自我的一种途径的变革。

（二）双层叙事模式

传统的室内或户外综艺节目通常采取单一的形式，即嘉宾在一个固定场景中完成任务，这种模式难以长期吸引观众的注意力。而观察类节目创新性地打破了真人秀与演播厅的界限，采用了双空间的叙事模式，以“观察”为纽带，实现了“真人秀与室内观察团”的有机结合，从而有效传播信息。

“第一空间”的真人秀记录与“第二空间”演播室的观察讨论，构成了一种新的多重观察模式。这一观察空间的设立不仅重新定义了节目中的角色关系，而且拓宽了新的观察视角，形成了“嘉宾—观察员—观众”三者之间的多重观察视角，其中蕴含着主体对客体的观看与审视，即“凝视”。观察类节目将“凝视”理念应用于传播实践，在“嘉宾—观察员—观众”间的相互观察过程中，构成了错综复杂且多元的交互关系。

“第二空间”的出现，使得节目的叙述是在两个空间交替进行的，形成了一种双重叙事结构，两个空间交叉并行，形成了“秀+评”的叙事模式。精心选择的纪实片段被引入观察室内，从而建构起内外两种空间，重新设定节目中的人物关系，实现了叙事表达的转型与创新，同时为观众提供了多元化的观察视角，有助于观众集中关注节目核心内容。由此可见，两个空间的活动围绕同一主题或话题展开，各自呈现新颖且具有独特价值的内容，共同构建了观察类节目的双层叙事模式。例如，在代际观察类节目中，双重叙事视角和结构各自具备独立逻辑：演播室以“父母的逻辑”为主，被观察空间则以“子女的逻辑”为基准。即在一个现场，两种逻辑并存，使叙事双方均在各自话语场中拥有更多话语权，叙事结构更加立体。因此，全知视角的观众能获取最全面的信息，进而产生全新的审美体验。

（三）强调真实生活的呈现

观察类节目是将“真实性”置于核心地位的一种节目类型。

首先，观察类节目以“去剧本化”为特征，节目定位趋向于纪实性的美学风格。

观察类节目采用纪实为主的节目风格，把被观察者放置在一个相对独立、不受节目制作干扰的环境中，被观察者能够尽可能处于一种日常和放松的状态，从而展现出较为真实的人物形象、人物关系、行动等。节目以摄像机全方位、多角度地跟拍被观察者的生活状态，最大限度展现了他们真实的一面；而观察者在第二空间的观察过程不受外界的影响，完全由其内心的感觉而定，具有不可预知性，最大限度弱化了节目的台本作用。另外，观察者与被观察者的身份都是真实存在的，不存在虚构、扮演的情况，这种身份和关系也增加了节目的真实性。

遵循纪录片的基本创作方法，是观察类节目区别于其他节目的主要特征之一。其借鉴纪录片拍摄手法，通过纪实性镜头与多角度跟踪记录，全方位展现被观察嘉宾的日常生活、情感波动及人际关系等。这些源于现实生活的素材，直接构成了观察类节目的核心内容和关键元素。观察类节目将全景纪实拍摄手法贯穿始终，无论是真人秀场景的记录还是演播室拍摄，均采用“不停机”录制模式。节目多采用24小时纪实拍摄，室内部分布置众多摄像头，外景部分隐蔽摄像机，并配备跟拍导演，这种全方位、无死角的全景式记录，能完整呈现被观察嘉宾的日常生活状态。

其次，观察类节目力图营造生活化的情境，形成真实感。

一些明星观察类节目将大众所熟悉的艺人褪去明星光环后的形象充分展现给观众，这种生活化和平民化的形象转变，拉近了明星与观众之间的距离，也使得人物形象更加鲜活生动。除了生活化的情境和日常化的人物形象外，节目中讨论的话题往往也是大众生活中所熟悉和关心的领域，如

《我们长大了》关注有两个孩子的家庭手足之间如何相处；《心动的信号》聚焦都市青年男女的恋爱社交之道；《我家那小子》探讨当代“空巢青年”如何好好生活。这些与大众生活息息相关的节目题材，消除了屏幕内外的隔离感，使观众真正从心理上参与节目。以《我家那闺女》为例，节目以亲情观察为切入点，着力展示4位女明星的日常生活状态。节目中的明星形象不再是“遥不可及”的女演员、主持人、奥运冠军，而是与普通人无异的邻家女孩。

此外，节目通过生动地描绘生活中的典型情境，让观众在观看的同时，自然而然地与屏幕中的角色产生共鸣，反思自身与角色之间的联系和位置，逐渐建立起对“自我”的深刻认识。在观看他人的故事时，观众能够发现自己生活中的相似片段，从而产生共鸣。例如，节目中父母对女儿抗拒婚姻生活的态度感到困惑，这种代际在婚姻观念上的差异，不仅引发了众多有着相似经历的观众的共鸣，也促使他们对自己的生活进行反思。同时，那些处于适婚年龄却仍单身的女性，在与朋友分享寻找伴侣的挑战和职场上的挫折时，不仅向观众展示了现实生活中的困境，也展示了面对困境时的自我成长和坚韧不拔。这些取材于现实生活的节目内容，使节目摆脱了脱离实际的幻想，更加贴近观众的生活。节目中人物与观众的相似经历，构建了传播者与接收者之间的共同意义空间。这种共鸣增强了观众的身份认同，使他们能够更加沉浸地投入节目中，产生强烈的现实情境代入感。观众在观看节目的过程中，不仅能够获得娱乐和放松，也能够从中获得启发和思考，从而对自己的生活有更深刻的认识和理解。

（四）注重话题传播

如上文所言，观察就是对某种情境下的某个对象由感知到认知的过程。当观察与综艺节目结合起来时，无论观察主题为何，其核心内涵均应观照当下社会，这是创作此类节目的本质所在。观察类节目为社会价值观的传播提供了重要渠道，既非单一的道德说教，亦非盲目的宣传推广。在节目中，观众可以见证多元社会性话题所带来的价值观深度碰撞。

观察类节目的选题通常紧密贴合观众的日常生活，涉及的内容大多包括被观察者与父母、配偶或者恋人、同事之间的互动。节目以家庭或情感为话题导入，揭示社会现实问题，紧跟时代热点，满足观众情感需求。例如，《我家那闺女》探讨的话题具有显著的代表性，节目邀请的嘉宾均为未婚女青年，她们时常面临来自父母和周围人的催婚，以及在职业发展上遭遇瓶颈难以抉择的困境，这是社会上众多女性所面临的真实生活困境的写照。

为了增强节目的吸引力与传播度，在创作过程中，节目制作者不懈地寻求作品与观众间的共识与共鸣，嫁接社会议题便是一种有效手段。社会议题能够激发观众的兴趣，使他们在欣赏节目的过程中产生认同，并深入思考自身及社会现状。观察类节目主要针对青年群体，他们面临着职场、社交、家庭等多方面的压力。节目所选择的话题不仅探讨了年轻人在爱情中所面临的问题，也对社会性问题进行了深度剖析，反映出他们的现实生活状态，刻画出现代青年男女的社交风貌。通过对话题的讨论，节目引发了观众的强烈共鸣，提升了观众对节目的好感度。由于话题选择的贴近性，观众与节目之间的距离得以拉近。同时，在话题讨论中融入积极的价值观进行引导，为节目赋予更多的文化内涵。

（五）把握故事的连续性

在过去的情感类节目中，各个篇章之间普遍呈现出相对独立的特征，并无紧密的联系。以情感调解类节目为例，每期节目皆邀请不同的当事人参与，主持人及嘉宾团队在现场为其解决情感纷争。又如《非诚勿扰》等相亲交友类节目，每期节目皆邀请不同的单身男女，为他们提供相识的机会。而观察类节目剧情连贯，各分集之间相互呼应，为观众带来连续剧般的沉浸式体验。

观察类节目的录制通常在一段较长且连续的时间内进行，确保故事的发展呈现出线性和连贯性。节目创作者在制作过程中，遵循时间的自然流转，按照客观的时间线索来叙述故事，这使得每一期节目都成为剧情发展不可或缺的一环。因此，节目的每一期内容都是紧密相连的，它们共同构成了一个完整的叙事结构。当观众对某一期节目产生兴趣时，他们会发现，为了保持剧情的连贯性和完整性，有必要像追看电视连续剧一样，持续关注每一期节目的进展。这种连续性不仅增强了观众的观看体验，也促使他们对节目产生更深层次的情感投入。通过这种方式，观察类节目不再是单次的娱乐体验，而是逐渐演变成一种长期的、引人入胜的故事旅程。观众随着节目的深入，能够更加深刻地理解角色的发展和故事的演变，从而在情感上与节目建立起更紧密的联系。这种叙事手法不仅提升了节目的艺术性和观赏性，也使得节目在观众心中留下了难以磨灭的印象。

例如，《心动的信号》展现素人嘉宾从相识到相知的恋爱过程，对于观众来说，由于对素人嘉宾的陌生感，短暂的观察尚无法在心中构建一个完整的人物形象，唯有通过持续观看节目，才能充分了解其中的嘉宾。而对于素人嘉宾本身而言，他们之间也需经过长时间的交往，才能达到深入了解的目的，进而确定自己的心动对象。这一过程无法在单期节目中完整呈现，因此节目采用分集形式，将各期内容有机串联，共同构建起一个完整的节目体系，从而在结构上形成闭合。

一般而言，观察类节目的故事都开始于“入住新家的第一天”“初入职场那天”“双方第一次遇见那天”等时间节点。在节目不断推进的过程中，人物往往会从一个职场新人慢慢转变为合格的职业工作者；或从一个羞涩腼腆的人转变为能够积极表达自己的人，人物具有动态发展性。其间，节目的连续性促使人物之间的关系有了发展、转变、碰撞、升华的空间，而观众便容易产生对于人物发展、情节走向的黏性，伴随着人物成长与蜕变。

为了保持节目内容的连贯性和吸引力，节目组在构思和创作过程中，有意强化各期节目之间的关联，确保每期节目均满足情节需求，以推动整体剧情发展。观察类节目这种连续性的特点，使观众能长时间观察节目中的嘉宾，进而对嘉宾产生“伴随感”，从而保持了观众的黏性。

（六）突出情感色彩

情感是人类日常生活不可缺少的社会元素，更是人类区别于其他动物的重要属性。诺尔曼·丹森在《情感论》一书中将情感置于社会学的角度中研究，认为情感在具有社会性的同时便具有了互动性。

实际上，观察类节目的情境设置就是围绕“人物”与“情感”而展开的，如夫妻情感、家庭情感、代际情感，抑或社会、职场中的个人情感。观察类节目以情感的互动作为节目形式设置与内涵所在，将能够引起观众共情的情感议程作为节目主题。例如，在《令人心动的offer》第一季节目中，学习经历不如他人的实习生李晨，在经历一系列的打击之后仍然努力，最终收获老师的认可；第二季节目中，实习生丁辉在下班之后独自一人回到寝室，忘记了当天是自己的生日，只有女友通过视频为他庆祝生日，这个场景引发了许多初入职场的年轻人的共鸣，是职场人经历磨难之后重新出发的真实写照；同样，在第五季节目中，考研5年的实习生黄凯在讲述自己较为不幸的成长经历时，也让许多观众深受触动。

观众观看节目时将自我代入被观察的人物中，与人物同频共振，所获得的情感体验也在“自我”与“他者”的认同中转换。观察类节目正是利用了这样的情感投射，深入发掘日常生活中的情感因子，将日常生活加以凝视、解析，呈现与扩大情感色彩。无论是明星还是普通人，节目都没有过于突出和强调身份的差异，而是以真实的人物感情作为支点，撬动具有普遍性的情感议题，以此来引导受众进行自我观照，激发情感共振，从而使观众获得情感满足。

第三节　观察类节目案例分析

一、《心动的信号》案例分析

1990年，由北京电视台打造的《今晚我们相识》是中国最早的电视相亲节目之一，在当时引起了较大的轰动。1998年，湖南电视台的《玫瑰之约》播出，各式各样的俊男靓女在电视屏幕前公开表达他们的情感诉求，从而引发了同类型节目的急剧增长。然而，在随后的几年里，电视婚恋类节目几乎消失无踪，直至2010年江苏电视台的《非诚勿扰》崛起，才使电视婚恋类节目重新焕发活力。节目中诸多经典台词，一度成为人们茶余饭后的谈资。节目中嘉宾所展现的“80后”“90后”对待恋爱和婚姻的态度，如实反映了当时年轻男女的观念。

2014年后，《真爱在囧途》《我们相爱吧》等明星恋爱社交节目热播，婚恋节目再一次成为市场的宠儿。其中，最具代表性的是腾讯视频于2018年推出的都市男女恋爱观察类节目《心动的信号》，该节目以“信号小屋”中素人单身男女日常相处的生活细节和情感走向为主体，邀请心动侦探来反观和解读素人之间的情感交流和心动信号，并进行心动连线。节目将镜头视角对准身边的普通人，打破了传统的节目模式，运用全新的理念更加立体化地表现人与人之间的情感关系。节目聚焦都市男女的情感生活，由明星团的成员在观察室中对他们的情感状态等进行观察解析，交流和分享恋爱观点及探讨深层的社会话题。

（一）双重空间的构建

空间是视听节目开展的基础，空间构成是创作者精心策划与安排的结构，不仅决定了节目的模式，也决定了节目的叙事方式。以《心动的信号》为代表的恋爱观察类节目，创新了节目的空间形式——采用“现实场景+演播室”的“双重空间”模式。在这一空间模式下，故事发展和观察推理在两个现场同时推进，故事空间中的“情感线”和演播室空间中的“观察线”进行双线叙事，构建起了一种全新的演观结构。这种空间的转化，使节目充满了互动感与参与感，从演绎空间到讨论空间，是一种由幕后走向台前的过程。

《心动的信号》节目要求受邀的素人嘉宾在指定的地方共同生活一个月。在这一个月的时间里，他们是室友，也随时可能进一步发展为恋人。“信号小屋”作为他们的主要活动场所，构成了内景行动的主要展示空间。他们在一起煮饭、聊天、玩游戏，所有在这个“信号小屋”里发生的事情都有可能成为他们关系量变甚至质变的关键因素。而节目中的第二个空间，则是由明星组成的“心动侦探团”，如果说“信号小屋”是事件现场，那么演播室则属于观察者的交流区。“心动侦探团”通过观察素人嘉宾的表现与观众共同探测“心动的信号”，解读素人嘉宾之间情感的交流，让观众在观看时有得到一种陪伴和交流的满足感，或者说在以另一种形式与观众交换观念，为观众创造了一个暂时脱离素人生活空间的机会，在话题观点的碰撞中引发情感共鸣。

在双重空间的设置下，观众处于全知视角中，既可以看到素人嘉宾内视角下的人生百态，又能看到演播室嘉宾外视角下的明察秋毫，充分满足了观众的窥视欲与参与感。因此，《心动的信号》创造性地发挥了观察类节目的空间结构优势，通过双重空间的构建，成功打造了一档备受好评的情感观察类节目。

（二）规则助推情节发展

为了增强节目的吸引力与可看性，《心动的信号》利用情境、规则等因素，建构了一个充满可能性的故事空间，为观众打造出颇具魅力的想象空间，进一步融入恋情故事，时间线的跳跃、人物关系的复杂化等都能使观众自发建构出不同的恋爱版本。因此，节目通过设定一定的规则，不断推动故事的发展，也增加了不确定性，令故事更加扑朔迷离、耐人寻味，牵动着每个观众的心。

节目组虽不设置具体的台本，但也严格掌控着恋爱进程，为参与者设定了一系列恋爱“规则”。如嘉宾首日入住“信号小屋”时，不得公开年龄与职业；素人嘉宾之间不得私下联络，仅能在晚间匿名向感兴趣的对方发送信息；通过随机挑选礼物确定约会对象等。节目组主导着素人嘉宾的筛选、出场顺序、约会对象、地点，甚至告白时刻的抉择。参与者的每个环节均在节目组的精心策划之中，如嘉宾不得直接向异性告白，唯有在日常互动中委婉表达，或借助每晚匿名发送的信息传递心意。正是这种匿名规定的设置，使得嘉宾无法确切知晓收到的短信来自哪位异性，需结合日常互动进行推测，从而可能产生误解，增强了不确定性与悬念。然而，也正是在种种误会的滋生中，暧昧情感逐渐弥漫，触动嘉宾心弦，也令“心动侦探团”和观众心情波动。此类规则设定被后续诸多综艺所沿用，如2023年优酷播出的《一拍即合的我们》，节目录制首日明星嘉宾也需隐藏身份，进而引发了节目中诸多的意外情况或矛盾冲突。

（三）“剧式综艺”的探索

随着“泛剧情化”倾向成为综艺节目发展中的一种重要趋势，“剧式综艺”也应运而生。此类节目往往采用影视化的叙事手法，强化节目的情节性与连续性，呈现出影视剧般的情节色彩。相较于综艺节目中利用戏剧元素进行的舞台演绎，“剧式综艺”体现出对于影视剧的进一步借鉴、融合。从《心动的信号》成功打造“浸入式追剧体验”，到腾讯视频2021年推出的《半熟恋人》等恋爱观察类节目都呈现出影视化倾向，构建了新的综艺形态。

在真人秀部分中，节目组利用了诸多影视剧中的剪辑和拍摄技巧：节目在整体上采用剧集形式，分集命名且环环相扣，如《心动的信号》中的

“成年人不做选择”“烟花易冷”等；人为构建话题与情节，将有悖事实的甜蜜瞬间组合拼接，让观众产生错觉；采用非线性叙事、多线并行的叙事结构，记录多组人物在同一时间、不同地点发生的情感纠葛；运用隐喻蒙太奇、回忆蒙太奇等多种蒙太奇组合方式增添叙事的艺术性，并在剧集高潮或留下悬念时切换到演播室场景进行过渡，甚至戛然而止，埋下悬念，明晰地分割或连接剧集之间的逻辑关系；插入优质文案为剧情埋下伏笔或进行深刻总结；使用大量的空镜头、定场镜头、航拍、微距镜头来把控叙事节奏，充当转场、开场和结束画面，赋予其隐喻性和唯美的神秘感。

从剧情角度来看，《心动的信号》等情感观察类节目常常刻意展现情感关系的复杂性，特别是人物之间的情感纠葛或矛盾冲突，这样的叙事手法不仅增强了节目的戏剧性，也使得节目的叙事风格更加丰富和立体。节目制作团队通过精心设计的情节和人物互动，利用偶然事件激发情感冲突，同时巧妙地引入新嘉宾或重新聚焦那些较少被关注的嘉宾，以此增加节目的层次感和吸引力。这种创作手法在保持节目真实感的同时，也巧妙地融入了戏剧性的元素，实现了真实与戏剧的平衡。节目通过细致的观察和深入的描绘，展现了人物的多面性和情感深度，同时运用专业的影视拍摄和剪辑技巧，提升了节目的观赏性和观众的参与感。这样的处理方式让观众不仅在故事上产生共鸣，在情感上形成共振，而且在精神层面上与节目内容产生深刻的联系，实现了故事上的共述、情感上的共鸣、精神上的共振。

二、《令人心动的offer》案例分析

2018年，韩国Channel A制作并播出了以律政为题材的职场观察类真人秀节目《新职员诞生记：好人》，邀请嘉宾组成观察团在演播室对实习生在职场的表现进行观看和观察。2019年，腾讯视频成功引进并

推出了《令人心动的offer》。该节目自上线伊始便迅速引起广泛的关注和热烈的讨论，凭借其独特的观察类节目形式和深刻的社会洞察力，迅速在综艺市场中占据了一席之地，赢得了观众的喜爱。继《令人心动的offer》取得成功后，腾讯视频又陆续推出了聚焦不同专业领域的“实习生”系列节目，如法学、医学和建筑学等，进一步丰富了观察类节目的内涵和外延。这些节目不仅为观众提供了深入了解不同行业的机会，也展现了实习生在职场中的成长和挑战，引发了观众的强烈共鸣。

（一）题材：创新观察视角，着眼现实职场

从早期《你好！菜鸟》《挑战者联盟》《嘿！好样的》等具有职场元素的综艺节目中不难看出，职场题材早已是电视荧屏中的“常客”。而《令人心动的offer》与之前具有职场元素的节目不同，即更加注重场景空间的真实性及聚焦行业的原本生态环境。该节目抓住了当代年轻人“职场焦虑”的痛点，把观察目标转向了现实职场。与传统室内的职场类综艺节目不同，《令人心动的offer》不再设置主持人、求职者、评审的固定模式，而是采用了“现实场景+演播室”的观察类综艺模式，不仅创新了传统职场节目的模式，更改变了当年观察类节目题材同质化严重的状况，弥补了该领域职场题材的缺失，为观察类真人秀树立了一个新的里程碑。

演播室观察团成员坐在方桌的两侧观看节目，同时观察实习生的工作与生活。观察团的成员是节目的观察者，却又不是绝对意义上的观察者，其本身也是被观察对象，构成观察的一部分。演播室观察团成员发挥着自身的连接作用——他们把素人实习生、带教老师与节目观众三者联系在一起（图1）。观察团成员通过观察实习生的工作与生活状况，设置或引申出讨论的话题与关注焦点。对现场的情况，他们不吝阐述自己的观点，同时对实习生的状况进行分析、解释与点评，最后根据对实习生的观察来预测结果排名，推理节目的走向。

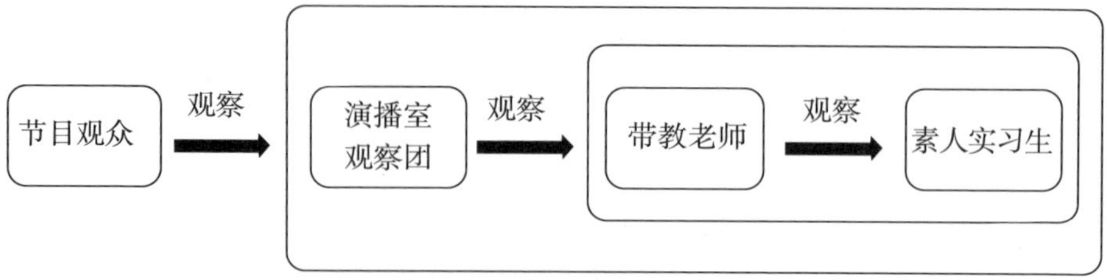

图1　观察主客体的观察层次

节目立足现实中的职场，观众尤其是初出茅庐的实习生，可以从中学习到一些职场适用经验和社会生存法则，更能透过节目了解社会现实，由此及彼，观照反思。

一方面，节目创新的专业视角抓住了观众的心理需求，这是其获取收视率的关键所在。《令人心动的offer》将镜头对准了职业律师、医生，使以往在大众眼中颇为神秘的律政、医疗等行业，以创新的方式走入大众视野，高度还原了职场新人的日常工作与生活场景。同时，上述职业往往充满了未知与挑战，甚至潜藏着强烈矛盾冲突与戏剧性，使得节目具有很强的可看性。

另一方面，节目观照现实生活，紧密贴合社会热点话题。如上文所言，以《令人心动的offer》第一季节目为例，相较于其他行业，法律行业与社会现实及不同行业间的关联性更强。因此，每一期节目都设置了与当下社会热议事件相关或根据真实案件改编的课题，如直播平台打赏与诈骗、明星天价违约金、法律援助、孕妇被辞退等极具话题性的内容，与当下社会热点密切相关。

（二）人物：展现职场群像，刻画行业生态

《令人心动的offer》节目中，八位各具特色的素人实习生成为最大亮点。素人身份所带来的真实感和亲近感，使观众易于产生身份认同与情感共鸣。节目中，实习生所遇到的情况代表了年轻人初入职场时的种种境遇，让许多观众感同身受。

此外，节目组在进行实习生选择时也颇具新意。参与节目的实习生往往各具特色，能够代表不同类型的职场新人形象，既有“海归精英”“名校优等生”等传统意义上的“学霸”和“大神”，也有“职场菜鸟”“行业新手”等贴近普通观众的角色。他们分别代表着各类职场新人群体，真实反映了职场新人的生存状态。例如，在第一季节目中，实习生李晨在节目中的表现十分青涩，尤其是初入职场的笨拙感，让许多年轻网友产生共鸣，众多网友纷纷留言，如“看到了自己”“就是我本人”，引发了强烈的身份认同感。

除此之外，节目也试图建构职场中人与人关系的复杂性与多样性。节目中不同职位的人之间的关系不同，在一个场景中可能会同时存在多种关系，且职场中的人物关系也会根据情境的变化而随时发生改变。其中，较为突出的职场人物关系有三种：上下级关系、竞争关系、合作关系。竞争与合作关系通常会体现在实习生之间。在他们完成各种课题任务的过程中，这两种关系也在不断地发生变化，有时共同存在，有时相互转化。上下级关系表现为实习生与他们的带教老师之间的关系。实习生日常的工作任务由带教老师分配，他们的工作成果也由带教老师验收。节目中的上下级人物关系并不是单纯的领导与被领导的关系，还包含了师生关系，因此，节目也常常展现出动人的师生情。在现实的职场中，初入职场的新人确实需要在经验丰富的前辈的带领和帮助下，尽快熟悉和融入职场环境，这一点被节目很好地展现出来。

（三）导向：关注社会热点，传递正向价值

《令人心动的offer》的第一、第二、第五、第六季聚焦律政行业，第三季聚焦医疗行业。首先，这两种行业本身就与社会和大众生活紧密相关，有许多的社会议题会从这些领域中产生。其次，节目采用了双重空间的形式，第一空间是实习生职场情境的记录，第二空间是观察团成员针对第一空间情境的讨论。因此，这些讨论的话题便围绕与行业密切相关的社

会议题和职场话题而展开，与现实职场和社会生活具有极强的关联性。

节目设定的诸多课题与社会生活息息相关，各类法律案件中就包含着许多社会热点现象与话题，如网络游戏对未成年人的影响、家庭中亲密关系的良性发展、主播解约等等。举例而言，在第一季节目中，实习生深入安徽农村提供法律援助，其中一例关于赡养老人的案件引起了观察团对亲情话题的深入探讨，同时也引发了广大网友对“常回家看看”是否应立法的广泛争议。这一争议背后，反映出年轻人在面对“奋斗”与“回家”这一两难问题时的“痛点”，展现了情与法的冲突，也传递出法律的温度。此外，节目以展现年轻人在职场拼搏的真实场景为主线，传递了积极向上、努力奋斗的正能量。可以说，该节目关注社会普通人及弱势群体，体现出浓厚的人文关怀，展示了职场观察类节目所肩负的社会责任和担当。

在此过程中，观众实现了情感与心理的满足，在不断的自我对照中，融入了对于他人和生活的思考、人生经验和社会感悟等。当观众与某位实习生、律师、医生或明星经历相近或相似时，抑或他们在生活中有相同的契合点时，观众的同情之感或情感共鸣便会自然生发。由此，观众可能将自我情感聚焦或投射至节目中的某一人物身上，此时的“观察”不再仅仅是视觉层面或动作层面上的“观看”，而是饱含情感认知过程的建构，它随着观察过程中认知与情感的变化而变化。

三、《我家那闺女》案例分析

“我家”系列节目是湖南电视台于2018年开始推出的代际观察类节目，以情感互动为核心，关注“父女”“母子”等代际关系。“我家”系列观察类节目每季邀请3~4（对）独居男女明星或小两口作为被观察对象，由其父母担任观察室观察员，全方位探讨当代中国社会中“独居”“婚恋”“亲子”等与家庭关系相关的话题。

2018年，《我家那小子》播出后受到广泛关注，湖南电视台于次年推出了姊妹篇——《我家那闺女》。该节目通过展示“明星闺女”的日常生活细节，还原了真实的社会景象。节目中提出的婚姻观念、代际矛盾、女性幸福观、“空巢青年”等社会现实议题，触及社会痛点，引导观众正向思考，为观众带来了启示。

（一）生活化的节目题材

观察类节目侧重于真实记录被观察嘉宾的日常生活。在《我家那闺女》中，明星在生活中的真实面貌得以充分展现，缩短了明星与观众之间的距离。

该节目以“亲情”为内核，以“代际关系”为切入点，着力展示四位女明星的日常生活状态。第一空间的记录以家庭生活为主，包括朋友聚会、看中医、参与运动、旅游等内容。除了明星本人，其他真人秀参与者也并非特定的，而是围绕其社会关系，亲人、同学、朋友、同事等轮流登场。节目主要采用固定机位记录嘉宾在家庭内的活动，较少采用预设场景，尽量呈现其自然生活场景。

此外，节目对代际相处、女性职业观和婚恋观等现实议题的密切关注，使观众在观看过程中得以反思自身与荧幕人物的关联与定位，透过他人故事，发现自己生活中的相似之处。例如，在节目中，父母对女儿抗拒婚姻的人生选择表示困惑，代际婚姻观念的显著差异引发众多具有相似经历的观众的强烈共鸣。

（二）多元化的嘉宾构成

在节目的构建中，嘉宾所扮演的角色并非由制作团队单方面赋予，而是基于他们自身的家庭背景和既定的社会身份，自然而然地展现出来。《我家那闺女》节目主要呈现了三种角色类型：首先是代表代际差异的父母与子女，他们构成了节目的中心冲突；其次是女儿角色，其形象通过一系列具有象征意义的特征来塑造；最后是第三方参与者，他们的任务是缓和代际的紧张关系，挖掘相关的社会议题，并提供多样化的问题解决策略。

演播室内，主持人的作用主要是进行话题的引导、向明星嘉宾的父母进行提问、代表部分年轻人的意见。针对节目中出现的有争议性的部分，主持人还要负责发掘有趣的话题，提出问题并且以自身的角色回答问题，或者以与其他观察员进行讨论的方式与屏幕前的观众进行沟通。观察团里的父母不仅对明星嘉宾的成长经历、生活习惯等方面进行补充，还会以“第三人”的身份对闺女的生活进行观看并参与话题讨论等，谈话中也能反映出明星嘉宾和父母长辈之间的关系状况。另外，节目在每期设置了不同年龄层次、成长经历与家庭情况的飞行嘉宾，他们从各自的身份与经历出发，提出了各具特色的观点，也增强了节目所涉及视角和主题的丰富性。面对节目中涉及的同一话题，这些飞行嘉宾为第二空间带来了更加多元化的思考与问题解决方式，同时也形成了更加多元化的嘉宾构成。

（三）强化代际矛盾冲突

作为反映代际关系、强调叙事性的节目，情节中围绕两代人所展现的一系列冲突无疑是节目最具看点的部分。黑格尔认为，冲突是对和谐状态的一种破坏，它意味着一个相对稳定的静态被打破，人物与价值均处于一种不断变化的动态过程之中。《我家那闺女》节目中，产生冲突的双方——亲代与子代，几乎在各个层面都呈现出截然相反的特质，年龄的长与幼、男与女、催婚与恐婚、家庭至上与个人至上、子孙满堂与丁克家庭……在两者强烈的对比中，亲代与子代都塑造出鲜明的个性。在设置上，节目乐于为成长背景与观念都截然不同的两代人提供互相了解和辩论的机会，为此，也会刻意强调身份的对立，发掘和凸显代际的矛盾冲突。主持人常常以具有倾向性、目的性的提问方式开启话题，如“女儿们不认为结婚是人生的必然选项，那父母们怎么看女儿的婚姻大事呢？”。此类提问中暗含着代际对立、强化矛盾之意，在冲突的诞生与彼此说服的过程中，具有普遍性、冲突性的社会话题被充分讨论与延展，亲/子的身份也被进一步强调。

节目通过展现不同年代人群之间的互动，巧妙地揭示了代际的冲突、对话与理解，也实现了对名人形象的祛魅。《我家那闺女》以长辈观察年轻一代的独立生活为出发点，深入探讨了不同年代人群在观念上的碰撞与融合。例如，节目中持续讨论的“婚姻是否必要”这一话题，展现了长辈与年轻一代在婚恋观念上的差异，以及现场嘉宾的多元看法。在中国的传统观念中，婚姻被视为成年男女的必经之路，但随着时代的发展和教育的普及，年轻一代的婚恋观念正在发生变化。特别是新时代的女性，她们追求情感上的自主和满足，代表了一种新兴的婚恋观念。长辈与年轻一代在对新观念的接受程度上存在差异，这种代际的观念差异，以及传统与现代婚恋观念的碰撞，通过综艺节目的形式被呈现给广大观众。

节目中，不同立场的嘉宾都得到了平等表达自己观点的机会，这使得节目能够容纳更多元的社会角色和视角，构建了一个包容各种可能性和视角的话语空间。此外，特邀嘉宾的加入为节目中的亲子关系提供了新的视角和解决问题的可能性，他们与主持人一起，构成了代际观念冲突的缓冲区，帮助节目在冲突与和解之间实现动态的平衡。

第六章　脱口秀节目

脱口秀是外来词语，它对应的英文名称为talk show。talk有谈话、讨论、演讲的意思，而show则有演出、展示、表演的意思，其本质就是口才展示。在18世纪的英格兰地区，在咖啡吧集会是一种非常流行的社交方式，人们在集会上热衷于讨论当时存在的社会问题，而这种集会上的话题讨论也成为脱口秀的雏形。进入20世纪后，随着科技的进步以及广播电视行业的蓬勃发展，人们逐渐热衷于通过广播电视等公共媒介参与政治文化问题的讨论，这也促成了广播电视脱口秀的形成。1921年，美国马萨诸塞州斯普林菲尔德WBZ电台播出的一档关于农业的节目被称为最早的脱口秀节目。

在国内，对外来词talk show有着意译和音译两种不同的翻译方式：访谈节目（或谈话节目）是对talk show的意译，脱口秀则是其音译。而对两种翻译结果——“访谈节目”和“脱口秀”的界定，学术界一直众说纷纭。一种将talk show与访谈节目完全对应，并将访谈节目界定为“以谈话的方式阐述对新闻事件或社会问题的看法”。而另一种则关注到脱口秀与访谈节目的区别，并认为脱口秀是访谈节目中的一种类型，甚至是一种完全独立的节目类型。

实际上，在英文中，二者分别对应着不同的概念：talk show即访谈节目，late night talk show即深夜脱口秀，comedy talk show即脱口秀。访谈节目通常更为正式，以访谈或对话为主要结构，内容可以涉及广泛的话题，包括政治、社会、文化等。访谈节目的主持人通常会准备一系列问题，与嘉宾进行深入的对话和探讨。这种节目的重点在于内容和信息的交流，以及嘉宾的观点和经验的分享。而脱口秀节目更侧重于娱乐和幽默，通常由一位主持人带领，可能包括单口喜剧、名人访谈以及娱乐表演等不同环节。脱口秀主持人往往以幽默和轻松的方式与嘉宾互动，有时也会有即兴的元素。这种节目更注重观众的娱乐体验，比起深入讨论，观众对脱口秀的期望更多是放松和娱乐。

长期以来，我国都没有脱口秀这一节目称谓，相关节目都被统称为访谈或谈话类节目，直到《今晚80后脱口秀》《罗辑思维》《奇葩说》《金星秀》《吐槽大会》《脱口秀大会》等节目陆续出现后，脱口秀才作为一个独立的节目形态被大众所熟识。此类节目不仅涵盖谈话、演讲、辩论和单口相声等多种形式，还以其独特的风格和内容，与当下年轻受众的审美和诉求产生强烈的共鸣。其鲜明的思辨色彩和个性化表达迅速赢得了年轻观众的喜爱。这些节目以其轻松幽默的方式，为观众提供了一个思考社会现象和个人生活的新视角。它们利用幽默和讽刺的语言去探讨社会生活中的广泛话题，使得观众在笑声中获得启发和反思。这些节目的成功，也反映了当代年轻观众对于娱乐内容的高标准和多元化需求。他们不再满足于单一的娱乐形式，而是寻求那些既有娱乐属性，又能够提供深度思考、文化洞察和情感共鸣的节目。脱口秀节目恰好满足了这一需求，它们以独特的视角和创新的形式，为观众带来了全新的观看体验。

第一节　脱口秀节目的发展历程

一、脱口秀节目的萌芽

20世纪90年代早期，观众需求不断升级，单一的信息资讯播报早已不能满足其需求。因此，开放的平台、多元的形式、新颖的观点便成为电视节目创新的新锚点。这时，脱口秀作为一种舶来品出现在观众眼前。1993年，上海电视台播出的《东方直播室》被认为是脱口秀节目的尝试，但那时并没有将节目明确地称为talk show。该节目定期邀请一些专家、艺术家，采用主持人提问、专家解答的方式，针对特定问题进行讨论。节目播出后受到广泛好评，被众多地方电视台模仿，如黑龙江电视台的《北方直播室》，广东电视台的《岭南直播》等。尽管这些节目因为技术条件限制，无法服务于全国受众，最终影响力有限，但对于中国脱口秀节目形式的发展具有划时代意义。

1996年，中央电视台新闻中心进行节目改革。同年3月，《实话实说》正式上线。虽然节目的定位为谈话节目，但主持人崔永元用脱口秀形式和嘉宾、现场观众进行交谈，实现了信息交流和意见表达。可以说，《实话实说》作为一个群体谈话式节目，已经具备了一定的脱口秀色彩，在场者可各抒己见，主持人、嘉宾、现场观众之间的隔阂被打破，多方互动的传播方式也使观众耳目一新。节目播出短短一个月，收视率不断攀升，甚至一度达到了国内电视黄金时段收视率的第一位。

继《实话实说》之后，2000年，中央电视台播出了《艺术人生》节目，节目一经播出，就受到了来自全国各地观众的高度赞赏。各地电视台纷纷效仿该节目，推出了具有地方特色的访谈类节目，如《超级访问》《鲁豫有约》等。在这一阶段，访谈类节目成为我国一种重要的节目类型。

与此同时，一些更具脱口秀色彩的节目正在悄然出现，如2001年中央电视台播出的《百家讲坛》。这是一档讲座式的文化节目，主要内容是邀请相关专家以口语化、通俗化的形式为观众讲解文化历史知识。专家在节目中传播文化、发表个人见解，其个人化、个性化的展现方式具有典型的脱口秀特征。当时节目中“评三国”“评唐宋八大家”的内容深受观众喜爱，引领了“历史热”的风潮。以《百家讲坛》为代表的讲授类脱口秀，其深厚的知识传递和学术探讨不仅凸显了电视节目在信息传播中的媒介价值，也体现了其教育和启迪大众的社会责任。这类节目通过深入浅出的讲解，将复杂的学术知识转化为大众易于接受的形式，从而拓宽了观众的视野，丰富了他们的知识储备。同时，这种节目形态的创新也推动了电视行业的发展，为传统讲授方式注入了新的活力，使之更加贴近现代观众的需求和审美。

二、脱口秀节目的发展

随着电视节目的娱乐属性开始不断增强，国内脱口秀节目的形式不再囿于访谈，而是越来越注重“show”的部分。这一时期，为了适应节目的娱乐目的和复杂的形式构成，节目主持人在形象定位与语言风格等方面都更加鲜明，同时也具备了更多技能。除了主持人基本的播报、采访技能外，唱歌、跳舞、乐器、演说等才艺几乎成为脱口秀节目主持人的标配。以主持人个人展示为主，加入嘉宾访谈和舞台秀等环节的脱口秀节目纷纷出现，比较受欢迎的有《金星秀》《今晚80后脱口秀》等。脱口秀节目主持人的从业者也呈现出非专业化趋向，越来越多的演艺从业者，如演员、模特等非科班背景的人员开始担任脱口秀节目主持人。

在节目形式和从业者人员结构变化的共同影响下，主持人在脱口秀节目中的定位发生了显著变化。主持人不再像早期一样，为了突出节目嘉宾而埋没自身特点，而是越来越注重体现主持人个人魅力，打造个人品牌。

2006年，一种辩论式的脱口秀节目席卷了荧幕。从节目内容上看，此类节目可以分为两类：一类是以凤凰电视台《一虎一席谈》为代表，选取社会热点新闻作为节目话题的辩论式节目；另一类是以上海电视台《东方直播室》、江苏电视台《超级调解》、江西电视台《金牌调解》等为代表，选取关乎人情冷暖的软新闻作为节目话题的调解式节目。从节目形式上看，上述脱口秀节目都采用了明显的话语对抗，并安排了现场观众，注重与观众的互动性，使辩论双方的口才表达在一正一反的辩驳中得到充分展示。尤其是凤凰电视台播出的《一虎一席谈》，成为群口谈话节目的开山之作。该节目定位为“国内第一档真正意义上的大型抗辩类电视谈话节目”，节目中频繁的话轮转换和激烈的语言交锋颠覆了以往节目“传—受”的单向传播模式，拒绝单向宣讲，让当事人说话，真正构建了媒体创造的公共话语空间。

脱口秀节目形式的嬗变不仅受到电视节目娱乐化风潮的影响，还受到媒介技术变革的影响。2004年开启的web2.0时代，为脱口秀节目的发展带来了新机遇，脱口秀节目的舞台不再囿于电视，新出现的网络门户网站也开启了探索自制节目之旅。

搜狐在2007年推出的《大鹏嘚吧嘚》是我国第一档网络自制的脱口秀节目，主持人为董成鹏。短短半小时的节目由娱乐新闻播报、嘉宾采访、双人搭档主持、主题表演、主持人弹唱等5个环节组成。丰富的节目形式、幽默的主持风格都让观众耳目一新，充分感受到脱口秀的魅力。该节目于2007年1月开播，2015年10月15日停播，制作播出逾500期。

2011年，国家广电总局颁布《关于进一步加强电视上星综合频道节目管理的意见》，为了视频网站进一步发展，十余家视频网站开始自制节目。这一年也被誉为视频网站自制节目的开局之年。由此，依托网络视频网站进行播放的网络自制脱口秀节目异军突起，在制作模式、节目构成、播出平台等方面形成新局面。

2012年，网络脱口秀节目《晓说》在优酷上线，节目涉及音乐、电影、历史、文化等诸多领域。主持人亲自参与节目资料收集与台本编写，使节目带有强烈的个人风格。同一时期，借助“个人品牌”加“内容经济”模式，罗振宇在2012年推出《罗辑思维》。《罗辑思维》的节目受众定位为“80后”“90后”有“读书求知需求”的群体，以“有趣、有种、有料”为口号，涉及文化现象、历史知识、经济创业等多个领域。该节目一度创造了许多现象级话题，成为备受年轻人瞩目的脱口秀节目。

三、辩论式脱口秀节目出现

2013年，国家新闻出版广电总局出台《关于做好2014年电视上星综合频道节目编排和备案工作的通知》。随着政策变化，广告和资本大量涌入视频网站，推动了视频网站加快自制内容的开拓。2014年，腾讯、爱奇艺、优酷、搜狐、乐视等网络视频平台纷纷投入自制节目的生产中。这一年被业界称为我国网络自制综艺节目的元年，爱奇艺的《奇葩说》、腾讯视频的《你正常吗》、搜狐视频的《隐秘而伟大》等节目纷纷上线。

在网络自制综艺的浪潮中，由于脱口秀节目具有“成本低”“网感强”“年轻态”等特征，成为这一浪潮中的“先锋军”。2014年2月，在“内容自制”理念的倡导下，爱奇艺以“打造品牌、形成特色、抓住用户喜好，力求差异化”为导向，通过大数据精准定位，以寻找一位“最会说话的人”为目标，推出了《奇葩说》。这是一档融入辩论元素的脱口秀节目，由马东担任主持，截至2020年，已经连续播出了七季。作为一档网络节目,《奇葩说》节目每一期的辩题都具有极强的话题性，节目将事先准备好的话题放在网上供网友讨论，再从中抽取讨论度最高的话题，将其作为节目现场辩题。节目嘉宾作为正反方就话题展开一场唇枪舌剑，最终，由现场观众根据双方表现为辩论双方决出胜负。从节目的嘉宾选择来看，很多选手都是有多年经验的专业辩手，在辩论上有自己的特色和风格，个性、敢言、表现力强等特征成为他们的标签。节目中这些能说、敢说、会说的辩手受到许多年轻人的喜爱。节目播出七季以来，数以亿计的单期点击量、伴随形成的粉丝经济和庞大的节目市场估值充分说明了“脱口秀+网络”模式的强大竞争力。

2015年，传统媒体也在辩论式脱口秀节目上发力。江苏电视台经韩国《非首脑会谈》节目正式授予版权，推出了《世界青年说》节目，这是一档辩论式脱口秀。节目邀请了11位来自不同国家的男性青年作为代表团组成TK11（关键11人），每期邀请1名或2名嘉宾代表中国青年出席，11位精通汉语的各国青年和中国代表以会议的形式坐在方桌两边，就某一个共同话题进行表决、辩论和探讨，并代表本国青年发表观点。和以往的节目不同，以《奇葩说》《世界青年说》这两档节目为代表的新生态辩论式脱口秀节目将受众瞄准“90后”的年轻一代，节目话题并没有高深的难度或家长里短的琐事，而是从每个人一生中可能会遇到的基本问题中提炼，话题往往都具有平民性和趣味性，这些话题能够迅速引发观众共鸣，激发他们的参与热情。

四、脱口秀节目的多元化发展

除辩论式脱口秀的兴起外，以往以独立形式出现的单口类脱口秀开始与访谈、表演等形式融合。上海电视台于2015年1月28日推出的《金星秀》取得了广泛的影响力，该节目的主持人金星在《舞林大会》及《中国好舞蹈》等各种舞蹈竞技类节目中，以犀利、直接的语言风格被观众熟识，她在《金星秀》也延续了这种风格。《金星秀》每期约70分钟，共分为3个版块，即“金星脱口秀”、“有话问金姐”和“金星时间”，3个版块均围绕金星展开，混合了多种节目样式。“金星脱口秀”是节目最重要的版块，占据节目近一半的时长。从结构角度来看，在第一个版块中，主持人通过自身观察和亲身经历引入话题，并发表看法、提出观点、表明态度，这一部分与传统脱口秀相同，以“说”“评”为主；而节目的第二个版块则以互动为主，互动对象既有在现场的搭档小南和观众，也有不在现场的广大网友，而互动方式则是以具有强烈个人特色的反问、回怼、说教来回应网友的问题；第三个版块“金星时间”是在节目中融入访谈环节，受访嘉宾往往是时下极具话题热度的明星，而访谈内容则围绕明星的亲情、友情、事业、性格等展开。明星嘉宾本身的社会关注度，有争议的话题设置，以及金星有话可说、有话敢说的犀利风格，使得节目取得了良好的播出效果，也形成了该节目的核心竞争力。同一时期，具有良好口碑和社会影响力的脱口秀节目还有《世界青年说》《拜托了冰箱》《火星情报局》等。

2016年，网络综艺进入“快车道”，迎来“大时代”。爱奇艺、腾讯视频、优酷土豆都拥有了各自具有代表性的网络自制综艺节目，形成视频网站“三足鼎立”的局面，逐渐形成了我国视频网站的第一梯队。网络自制节目在数量和质量上取得了不小的成绩，甚至一些热门综艺的网络上线时间远远早于电视台播出时间。与早些年转播、跟播电视节目相比，此时的网络视频网站有了巨大优势。

此时，脱口秀节目在互联网平台取得了卓越的成绩。2017年，《今晚80后脱口秀》节目团队借鉴美国《喜剧中心吐槽大会》，制作了《吐槽大会》节目，尝试将美式喜剧脱口秀引入中国。吐槽是网络时代年轻人之间新兴的表达方式，来源于日本漫才中的“突っ込み”。引入中国后，它指人们以幽默戏谑、含蓄婉转的方式对他人、话语、事物、现象等予以犀利的批评，借此表达不满情绪和观点。网民以微信、微博、自媒体视频网站等新媒体为主要阵地，针对社会文化现象、公共事件或日常生活，在网络及现实生活中发表批判性观点，宣泄情感，以吐槽的方式抒发心声。《吐槽大会》节目融入了这一流行文化，直接以吐槽命名，采用脱口秀表演形式。节目邀请有槽点的明星嘉宾搭配圈内好友及优秀脱口秀演员，相互展开吐槽，最后由主要明星选出表现最佳的嘉宾。《吐槽大会》注重脱口秀的内容表演，围绕嘉宾槽点展开，制造或高级或无厘头的笑点，在满足年轻群体自我表达欲望的同时，也成为他们宣泄生活压力和无奈的出口。节目仅仅播出一季就获得了巨大反响，并在年轻人群体中普及了“喜剧脱口秀”的概念。

同年，腾讯视频的《脱口秀大会》也收获了良好的口碑。节目选择观众关注的社会话题，并选取独特的角度，经过专业的喜剧创作和加工向观众传输犀利、幽默、能激发强烈共鸣的信息产品。与此同时，节目中还融入了观众喜闻乐见的竞技元素——争夺“脱口秀大王”。《脱口秀大会》是在“喜剧脱口秀”领域的持续深耕，节目既有对热点的幽默调侃，也有对社会的洞察与批判，使观众在笑声中思考生活的意义。节目中的脱口秀演员都有各自独特的标签，他们语言幽默风趣，表达方式时尚新颖，表演富有生活气息，用专业的喜剧创作能力进行独特的内容表达，满足了观众的娱乐需求。截至2022年，该节目一共播出了五季，成为现象级的脱口秀节目。

从《脱口秀大会》可以看出，在这一发展阶段，脱口秀节目开始不断向“草根”倾斜，发掘更多的普通人，为他们提供了展示自己的舞台，逐步形成了自由、开放、包容、多样的节目生态。节目的受众群体越来越趋向于年轻化、个性化。从节目形态角度来看，这一阶段的脱口秀节目也逐步摆脱了以往严肃的、一板一眼的对话、访谈及说教的交际模式。脱口秀节目将不同的社会身份、不同的文化样态糅合在一起，共同对日常性话题进行辩论和言说，通过网络社交媒体形成社会谈话场域。

2024年4月，腾讯视频推出了《轻轻松松喜剧节》，该节目的形式不再拘泥于脱口秀，而是将脱口秀、漫才、素描喜剧等各类喜剧形式均纳入节目中，为观众呈现一场轻松愉快的喜剧派对。2024年4月23日，爱奇艺宣布将围绕喜剧演员周星驰的10余部经典IP，在戏剧、电影、动漫、综艺等多个领域，展开全方位开发，此后，周星驰作为发起人参与了8月份播出的《喜剧之王单口季》节目。该节目旨在通过专业竞演的形式挖掘并推广全国范围内的优秀单口喜剧演员。节目从全国40多个俱乐部和1000多名演员中挑选出备受欢迎的喜剧台柱，他们在舞台上以“一个人、一支麦”的形式，分享自己的故事和生活观察，用幽默风趣的语言和生动形象的表演为观众带来欢笑与思考。节目分为多个阶段进行，每个阶段都会设置不同的主题和挑战，让演员在舞台上互相比拼，展现各自的独特魅力。而腾讯视频也于2024年8月推出了《脱口秀和Ta的朋友们》，节目以“生活的烦恼，用脱口秀说说”为口号，参赛的脱口秀选手首先需要根据自我定位选择进入不同的“笑圈”，具体分为“哈哈哈大笑圈”、“哈哈好笑圈”和“哈微笑圈”，3个“笑圈”分别对应了不同的晋级难度和晋级率。

中国脱口秀节目的发展经历了从模仿到本土化创新，再到网络化发展的多个阶段，是一个不断适应本土文化和社会变迁的过程。它不仅成为一种重要的文化娱乐形式，也成为反映社会现实和公众情绪的重要窗口。脱口秀节目以幽默和讽刺为武器，对社会现象进行深刻的观察和批评，但这种尖锐的表达方式也常常触及敏感话题，引发争议。如何在追求节目效果的同时，避免言论过界，是脱口秀创作者必须面对的挑战。他们需要在社会道德、法律规范和文化差异的框架内，寻找合适的表达方式，以确保节目内容既能够引起观众的共鸣，又不会造成不必要的社会对立。此外，随着脱口秀节目的商业价值逐渐被市场认可，如何在追求经济效益和保持艺术品质之间找到平衡，也成为行业需要面对和解决的问题。

第二节 脱口秀节目的创作特征

一、多样化的节目类型

（一）讲授类

讲授类脱口秀节目以“文化讲授”为主要形式，具有代表性的节目有《百家讲坛》《罗辑思维》《一千零一夜》《观复嘟嘟》等。这类脱口秀节目聚焦文化，以传播知识为主，具有一定的深度。

讲授类脱口秀还可以细分为不同类别。

一是文化普及型。较早进入大众视野的文化普及型脱口秀是中央电视台的《百家讲坛》，该节目于2001年在中央电视台科教频道播出。节目追求学术创新，鼓励思想个性，强调雅俗共赏，重视传播互动。该节目选材广泛，涉及文化、生物、医学、经济、军事等各个方面，现多以文化题材为主，并较多涉及中国历史、中国文化，具有科普历史知识及深入点评讲解的作用，开创了学术大众化的先河。

自2016年起，我国互联网掀起了一场“知识付费”的风潮，主要指以互联网平台为依托的知识接收者为所阅览的知识付出资金的现象。“知识付费”可以视为文化类脱口秀向互联网产品形态转向的标志。2016年前后，不同行业的资深从业者、专家进入知识付费平台，开设与文化、经济等内容相关的视频或音频课程，抑或开始以视听节目的形式进行内容生产。文化类脱口秀的形态得以延展，文化普及型内容逐步转向了专业型、垂直化领域。

二是个人IP型。IP原本是英文“intellectual property”的缩写，直译为“知识产权”，在互联网界已经有所引申。简而言之，IP能够仅凭自身的吸引力，挣脱单一平台的束缚，在多个平台上获得流量，进行内容的分发。个人IP型文化脱口秀以《观复嘟嘟》《晓说》《晓松奇谈》《罗辑思维》《鸿观》《局部》《一千零一夜》等为代表。这类节目大都围绕某位社会名人来制作，如《观复嘟嘟》的马未都、《鸿观》的宋鸿兵、《局部》的陈丹青、《一千零一夜》的梁文道等。他们在各自的领域都有着较高成就或知名度。例如，《一千零一夜》的主持人梁文道，从2007年至2014年，以日播节目的形式主持凤凰卫视中文台的一档读书节目《开卷八分钟》。节目在7年的时间里积攒了大量观众，也塑造了鲜明的个人文化形象，形成了个人的IP。梁文道不论是在蜻蜓FM上的音频节目《八分》，还是在优酷播出的《一千零一夜》，都延续了他个人的文化特征与文化表达形式。

同样有显著个人特色的还有罗振宇的《罗辑思维》。罗振宇的节目内容与他自身的爱好、经历、感受密切相关。他将自己的所见所闻、所思所想、所知所得进行整理输出，将行业前沿的、抽象理论的、乏味枯燥的内容转化为通俗有趣的、适合年轻人接受的形式，让观众在获得知识的同时也收获愉悦。这类脱口秀节目除了将内容进行通俗化、趣味化处理之外，节目呈现形式也体现出多样化、可视化的特点。众所周知，有声语言稍纵即逝，不易在观众头脑中留下深刻印象，因此，主讲者在进行篇幅较长的表达时，需要通过视频、图片、背景音乐等来辅助表达，起到抽象概念具体化、逻辑层次可视化、表达方式多样化的作用。这些辅助工具帮助主讲者表达，使节目形式变得更加丰富。除了这些要素的运用，有些节目还在演播空间的选择上下功夫，结合节目的受众、内容、主讲者风格来选择节目的演播空间，如《罗辑思维》的书房、《一千零一夜》的城市街头等。

（二）单口类

这里的单口类脱口秀节目专指单口喜剧，单口喜剧由英文“stand-up comedy”翻译而来，又被称为单人喜剧、站立喜剧和独角喜剧等。18至19世纪，在英国的音乐厅里，单口喜剧作为一种独特的表演形式存在，表演者独自站在麦克风前就可以完成演出，而表演内容则是一些能让观众捧腹大笑的段子和笑话。这种表演方式后来也传播到了美国，并广受欢迎，当时的表演场地大多集中在酒吧和俱乐部，观众可以在表演中听到政治、种族、家庭和性等诸多领域的内容。20世纪40年代中后期，广播电视行业蓬勃发展，以往众多舞台表演内容借助广播电视打破时空限制而广泛传播，由此线下演艺行业受到一定冲击。20世纪70年代，许多单口喜剧演员开始借助新媒介展示自己的特长，如《今夜秀》《奥普拉脱口秀》等知名单口类脱口秀应运而生。20世纪80年代，美国的电视单口类脱口秀节目早已收获了众多观众的喜爱，并被许多国家的广播电视媒体争相效仿。

在我国，2007年1月，由搜狐制作的《大鹏嘚吧嘚》可以被认为是早期单口喜剧脱口秀节目较为成功的一次尝试。而后，2012年上海电视台的《今晚80后脱口秀》节目是对电视单口喜剧的早期探索。2014年，笑果文化在上海成立，该公司会集了众多喜剧演艺和编剧人才，先后出品了《吐槽大会》《脱口秀大会》等脱口秀节目。

虽然单口类脱口秀在我国电视和网络上出现时间较晚，但一经出现就获得了不错的反响，如《脱口秀大会》《吐槽大会》在播出第一季时就在播放率和讨论度方面取得佳绩。其主要特点就是打破常规、进行冒犯，这种以“冒犯”为内核的节目形式解构了大众对于偶像的个人崇拜，进而吸引了一大批对“冒犯”精神接受度高、具有较强娱乐精神的年轻粉丝。节目中所选题材、话题都来源于年轻人的日常生活，脱口秀则将年轻观众喜闻乐见的内容进行幽默化演绎，满足了观众对于内容和形式方面的双重期待。

（三）辩论类

辩论类节目在我国电视史上具有较长的历史，从1993年开始，《国际大专辩论赛》便通过中央电视台和新加坡新传媒进行电视转播。这一辩论比赛逐渐成为华语辩论的顶级平台，来自全球各大学的辩手在这个舞台上展示出卓越的表现，为辩论艺术和中国文化的推广与传承做出了巨大贡献。

2003年3月，凤凰电视台推出了中国首个电视辩论评论节目《时事辩论会》。该节目采用小组辩论的形式，让嘉宾和主持人就时事热点领域话题展开思想对抗。同年6月，山东电视台也推出了中国内地首个电视辩论评论节目《开讲天下》。

随后的几年里，各地电视台纷纷推出此类节目，其中凤凰电视台2006年1月推出的《一虎一席谈》最具代表性。该节目每期邀请嘉宾和现场观众与主持人一起以辩论的方式探讨社会、文化等各个领域中发生的重大事件、焦点问题或热门话题。多方观点最终以电视辩论的方式呈现。该节目的宗旨是“从社会、文化等各个领域中提取每周发生的重大事件、焦点问题或热门话题，邀请相关新闻人物、知名专家及观众现场讨论、各抒己见”。《一虎一席谈》每期节目的内容都针对国内外热点事件、值得讨论的社会现象、普遍关注的思想道德问题展开。观众既可以通过节目收获资讯类消息，又可以听取多方见解，一时间，这档节目成为国内不可多得的时事辩论类节目。2016年，中央电视台中文国际频道播出了《世界听我说——两岸及港澳大学辩论赛》节目，这档节目是以中华文化为主题，兼具社会、文化和教育意义的大型辩论竞赛节目。节目结合了创新的电视节目形式，在方寸舞台间展现思想的碰撞、观点的交锋、文化的交融。通过不同地区大学的辩论，展现海峡两岸及香港、澳门青年风采，促进地区之间思想文化交流，向世界传递中国的声音。

上述电视辩论类节目有着鲜明的文化与教育意义，具有严肃性质，并非娱乐节目，因此，节目形式和话题受到了节目定位的限制。然而，随着网络节目的创新发展，上述严肃的辩论类节目开始逐步走向大众化、娱乐化，而标志性的转折点便是爱奇艺推出的《奇葩说》。《奇葩说》摒弃了传统电视辩论类节目的严肃色彩，开始转向话题性、娱乐性、社交性，将选秀、真人秀、辩论节目、脱口秀等多种节目形式融合，将专业的辩论赛赛制与综艺节目、脱口秀相结合，形成了一种具有鲜明娱乐属性的辩论类脱口秀节目。

节目中既有激烈火爆的争辩、选手临场发挥的真实，也有脑洞大开的唇枪舌剑、嬉笑怒骂的各种笑点。节目通过呈现辩手的观点思维碰撞，激发矛盾冲突，在提升节目可看性的同时，让观众产生对生活和人生的思考。时尚的视听包装、社会性的焦点话题、各具特色的参赛选手、张扬直接的情绪表达，使得《奇葩说》完全区别于曾经的严肃辩论类节目，这种“辩论+综艺”的娱乐化模式引领了网络综艺的新风潮。

（四）演讲类

演讲类脱口秀节目，顾名思义，是以演讲作为主要形式的节目，如中央电视台的《开讲啦》、北京电视台的《我是演说家》、安徽电视台的《超级演说家》、腾讯视频的《星空演讲》、旅游电视台的《对世界说》等等。这类节目的呈现者以演讲的方式表达观点、体验、知识、故事等，节目内容呈现注重表现真善美、家国情怀、奋斗经历等具有正能量的主题。从节目形态看，演讲类节目与其他语言类节目一样注重“语言交流”，但是从“表达者”“表达内容”“表达方式”三方面来看，演讲类节目有自己的特点。演讲类节目将谈话节目的思想内容融入演讲语态中，有的还加入了竞技元素，构成了一种多元化的媒介对话方式。

2012年，中国青年电视公开课《开讲啦》在中央电视台播出，节目由主持人、一个演讲主题、相关主讲嘉宾、10位青年学生代表、300位现场观众组成。《开讲啦》在节目制作之初就明确“其和一般的明星访谈节目最大的不同就在它没有娱乐八卦内容，也没有煽情故事”，更多的是励志和话题分享。与谈话节目中嘉宾被打断的常态相比，演讲者有更多机会能够完整地表达自己，从而实现高浓度的信息分享。在现场演讲结束后，现场观众通过提问和质询的方式与演讲者进行对话，避免了讲坛和公开课中信息的单向传播，极大地提升了内容传播效果，增强了节目的思辨色彩和民主色彩。在单向演讲输出和双向交流问答的过程中，青年形象得以建构，非现场观众的疑问得以通过现场观众代为表达。在这样的节目中，呈现的不再是独语者，而是话题的发起者，召唤着更多言说群体加入讨论。2013年，安徽电视台的《超级演说家》节目播出，以“人人都是演说家”为口号，将演讲的主角定位为每个普通大众，充分给予参赛选手自我言说的舞台，试图建构一个“草根”的言说平台，让普通人讲述自己的人生故事，表达自己对人生的看法、体验和收获。此后，2014年中央电视台制作的让青年人进行自我表达和分享的《青年中国说》，北京电视台以普通人为主体的《我是演说家》，2016年江苏电视台制作的以成功名人自述为主要形式的《说出我世界》等相继播出。这些节目都是以演讲为主要形式，逐渐从传统的“规劝”与“宣讲”走向“分享”与“认同”。

其中，具有代表性的节目是北京电视台的《我是演说家》，该节目于2014年10月4日开播，是一档带有竞技性质的演讲类节目，比赛分为海选、战队竞赛、擂台战和最终的冠军争夺战等4个阶段，采用“3+X”导师模式。节目导师往往具有不同的身份背景及个人风格，对演讲者的提问、点评的角度和风格也截然不同，演讲者和导师之间的语言交锋也成为节目的一大看点。对话群体的丰富、话语类型的多元、环节的创新使节目表现出大众化、人情味、立体交流等特点。

《开讲了》《我是演说家》《说出我世界》等节目注重将演讲者作为普通人呈现，避免了以往精英演讲的启蒙说教，以更加通俗化、大众化的姿态面对观众。在上述节目中，“说”一直都是节目的核心所在，演讲类脱口秀节目充分给予演讲者自我言说的舞台，试图建构一个开放性的言说平台，让普通人或明星讲述自己的人生故事，表达自己对人生的看法、体验和收获，用真情实感去感染评审者及现场观众。此类节目以个人不同的人生经历，对人生观的不同方面进行解读，集中在“价值”“责任”“意义”等方面，体现出积极向上、进取向善的人生取向，产生追求积极正确人生的情怀与心态，便于从情感上引导青年群体形成个人价值与社会价值相统一的人生观。

二、多元化的节目选题

（一）热点话题

对于脱口秀节目而言，话题的选择与设定是节目最重要的内容之一。节目往往选取受众广泛、易于参与、容易引发共鸣的社会话题加以讨论，这些话题能够吸引观众的关注，引发观众对一些普遍社会现象的讨论和分析。社会群体的广泛关注在某种程度上保证了节目的讨论度与收视率，观众也通过这些选题寻求对公众话语的身份认同和归属。

对热点话题的把握水平，是影响脱口秀节目成败的关键。热点话题不仅影响观众观看的动机，也在一定程度上决定了节目的传播效果。例如，《奇葩说》的话题聚焦两性情感、社会现实、伦理道德、文化观念、人际交往等诸多热门社会话题。

选择具有话题性的嘉宾，是此类节目吸引观众的关键所在。以《吐槽大会》为例，节目精心挑选的嘉宾通常是在社会上有一定知名度的公众人物，尤其是影视圈和音乐界的知名人士。这些嘉宾不仅具有较高的娱乐价值和话题性，而且与泛娱乐时代大众的娱乐需求高度契合。节目中，围绕嘉宾本人的相关话题展开吐槽，既满足了观众对八卦和窥探名人私生活的好奇心，也通过适度的幽默“冒犯”拉近了明星与普通观众之间的距离。这种适度的调侃，使得明星的一些小缺点或趣事，转化为引发观众欢笑的素材，同时也为观众提供了一种新的、更加平等的视角来看待这些公众人物。这样的节目设置，不仅为观众带来了欢笑和放松，也促使社会对名人文化进行反思和讨论。节目成为连接明星与大众、娱乐与思考的桥梁。

（二）生活话题

脱口秀节目话题的热点性并不一定是社会新闻的焦点，也可以是人们日常生活中的共同境况或难题。

例如，《脱口秀大会》节目便擅长借助一些社会议题与生活话题，增强节目的可看性，激发观众的共鸣。如“这个标签我不背”“你真的有朋友吗”“人生没有撤回键”“有本事再刷存在感”“今天你的人设崩了吗”“要做生活的甲方”等等。每期节目都会设置一个统一的大主题，选手根据大主题来设计自己的小剧本和小话题。《脱口秀大会》节目议题可以分为“价值思辨”和“日常感悟”两类，而这两个类别又可以进行详细划分，如价值思辨中包含“两性关系”“个人价值”等，日常感悟可以划分为“职场困境”“家庭生活”等。

（三）开放性话题

脱口秀节目的话题选择常常来源于微博、知乎、哔哩哔哩、豆瓣等年轻人聚集的媒体平台。节目引入具有关注度和现实意义的话题，成为年轻人思想观念的表达场、碰撞场。话题的犀利、现实、接地气也成为节目重要的标签。开放性话题是一种针对某个主题或问题，未限定回答方式或范围，允许各种意见和解决方案的讨论方式。这种讨论通常会聚焦问题的本质和现状，以便尝试不同的解决思路，并提出可行性高的解决方案。

例如，《奇葩说》的话题基本都属于开放性话题，并没有特定的答案或指向。节目话题包括“结婚后遇到今生挚爱是否离婚”“剩男剩女该差不多得了吗”“婚姻中开小差该容忍吗”等等。而在《非正式会谈》等节目中，由于参与嘉宾的身份差异性，节目话题的设置也更加多元化、更具有开放性。例如，“各国都有哪些改变人类生活的发明”“各国代表们童年都玩什么”“对中国春节有什么印象或经历”“各个国家有哪些很奇葩的比赛项目”“各国有哪些有特点的服务”等等。

开放性话题对于脱口秀节目的意义在于扩大了讨论的范围和深度，增加了不同群体之间的沟通渠道，促进对问题的全面、平衡认识。在此过程中，观众不仅会通过弹幕、评论等形式参与到话题讨论中，也会通过自媒体让话题继续发酵，节目由此获得了一定的长尾效应。

（四）新闻话题

在诸多具有新闻性的脱口秀节目中，当下热点的新闻、社会事件无疑是节目最重要的话题来源。例如，凤凰电视台的《一虎一席谈》将“这里不是一言堂，所有的意见都备受尊重”作为节目的宣传语。节目会引入一周之内备受大众关注的话题，并邀请各个领域的嘉宾来代表多方观点。

2011年，凤凰电视台《倾倾百老汇》（2014年改名为《笑逐言开》）开播。这是一档时政类脱口秀节目，节目放眼世界，融入国际视角，内容包罗了世界各地的政经动态、热点民生、文娱八卦等，用幽默而轻松的方式，为观众讲述一周的资讯盛宴。节目聚焦本周的热点新闻话题，主持人尉迟琳嘉的主持风格独特，以谈笑风生、嬉笑怒骂、能唱能演、敢言敢玩的方式进行讲述与评论，开创了用娱乐方式评论时政要闻的新风格。

（五）正能量话题

演讲类节目以其独特的话题设置和内容深度，与一般的娱乐节目形成鲜明对比。这类节目的话题选择通常基于演讲者的专长和演讲内容，以《开讲啦》为例，演讲主题主要分为3个领域。

一是科学技术。演讲者探讨科学与文学的交叉点、人工智能的挑战、核聚变技术的意义、机器人技术的未来影响及火箭发射前的紧张时刻等话题。例如，杨振宁、莫言共同探讨了“科学与文学的对话”，聂卫平讨论了“人类为什么输给了机器”，李建刚则深入探讨了“人类为什么要做‘人造太阳’”，等等。

二是信仰与梦想。演讲者分享关于未来的展望、梦想的坚持、信仰的力量及成为梦想实现家的重要性等。例如，马岩松的“我们为什么要谈未来”，刘岩的“梦想不凋零”，以及朱和平的“信仰的力量”。

三是励志故事。演讲者讲述个人挑战、自我接纳、在成功时刻保持谦逊、苦难的价值及坚持与奋斗的重要性等。

在当今娱乐产品泛滥的时代，演讲类节目不依赖于华丽的舞台效果或刺激的环节来吸引观众，而是通过深入讨论梦想、信仰和价值观等主题与观众进行心灵上的交流，用正能量的演讲打动观众。节目嘉宾的选择标准不是基于流量，而是注重展示来自不同行业的杰出人物，他们以普通人的身份呈现，这种真诚和深度让演讲类节目在众多娱乐节目中独树一帜，赢得了广泛的观众认可和喜爱。

三、独具特色的语言表达

（一）个性化

个性化是指表演者具有鲜明的个人特色和风格。节目中的个性化表达会给观众留下更深的印象，可能是幽默的语言，又或者是清奇的装扮，在不同程度上吸引观众的眼球。当下，个性化有时也会被提炼为个人标签，由不同的标签来区分不同的形象特征，而语言的个性化表达，则是形成这一标签的重要因素。可以说，语言的个性化表达不仅是形成脱口秀演员独特形象与魅力的重要方面，也是脱口秀节目的灵魂，彰显节目风格、形成话题传播的重要因素。在互联网环境下，信源的广泛性和多样性，使得观众对于信息的接受方式和内涵要求达到了空前高度，个性化的语言表达甚至成为脱口秀节目的“必需品”。

节目组在选择选手时，会倾向于选择特点突出、与众不同的选手，他们往往具有极强的性格色彩，能够让观众眼前一亮，获得新鲜感。例如，《奇葩说》自开播以来，便以寻找华语世界中观点独特、口才出众的“最会说话的人”为宗旨。节目的嘉宾有企业高管、歌手、专业辩手等，职业身份千差万别，但他们之间的共同点是，自身都具有独特的个性化标识，既有攻击性强的，也有幽默风趣的，既有插科打诨的，也有逻辑缜密的，各式各样与众不同的选手及话语方式建构起了一个丰富多元的互动场域。在《金星秀》等节目中，主持人本身的语言特色直接决定了节目的风格特点，如金星口才流利、幽默风趣，善于运用“毒舌”和调侃来制造话题和气氛，“犀利”成为大众熟知的金星的“标签”，其个性化的语言也成就了《金星秀》这档节目。

（二）情绪化

近年来，网络语言中涌现出许多生动形象的词汇，用以描述人们在特定情境下所体验到的极端情感。例如，“演技炸裂”形容演员表演得淋漓尽致，“飙泪”描绘情感的强烈爆发，“Emo”代表一种情绪化的朋克摇滚风格，而“蓝瘦香菇”则是对悲伤情绪的幽默表达。这些词汇不仅丰富了我们的语言，也成为互联网交流中表达情感的重要工具。情绪化作为一种心理状态，指的是个体情绪容易受到外界因素的影响，无论是微小的触动还是重大的事件，都可能引发情绪的快速变化。

在脱口秀等节目中，主持人和嘉宾经常通过鲜明的情绪表达来吸引观众。无论是尖锐的批评、感人至深的故事，还是激动人心的演讲，抑或是充满激情的辩论，这些情绪的表达都能增强他们的表现力和感染力。通过这种方式，他们不仅能够传递信息，更能触动观众的内心，引发情感上的共鸣。这种情感的力量，使得脱口秀等节目在娱乐的同时，也成为情感交流的重要平台。

情绪化的表达最直接的一种方式便是吐槽。吐槽本身就是一种“冒犯”和“宣泄”，是网络时代兴起的话语表达形式。吐槽通过反讽、双关、夸张等修辞手法，将娱乐内容戏仿化，或以物喻人，幽默而尖锐地反映当下社会中的一些问题，既反映了大众的娱乐精神，也有利于缓解社会压力。《吐槽大会》《脱口秀大会》等节目均以“吐槽文化”为内核。这些类型的节目用吐槽的形式为人们提供了表达不满、宣泄情绪的机会。这种以吐槽进行表达的方式是网络时代的特有产物。在现实世界中，表达者以真实身份示人，表达时受到更多约束，而在虚拟的网络世界中，虚拟的身份消解了阶层、身份的约束，受众的权利被无限放大，每个人都可以“站上舞台”成为表达者、评判者，形成开放、自由、平等的互动平台。《吐槽大会》等节目依托网络文化，借助网络平台，使受众参与的积极性被空前释放，在热度话题、当红明星、炫目视听效果的多重加持下，脱口秀节目成了一场大众参与的娱乐盛宴，掀起了一场情绪化表达的浪潮。

（三）幽默感

幽默是一种喜剧性的表达方式，是一种在理性基础上借用一些不合常规的语言方式来制造笑意的表达技巧。而幽默感可以说是一种比较特殊的情绪，能够让自我内心放松，同时给别人带去欢乐。在脱口秀节目中，表演者往往通过幽默诙谐的语言，为观众带来轻松、愉快的体验。

幽默的语言表达在脱口秀节目中随处可见，不管是段子的欢声笑语，还是临场的即兴发挥，不论是对现象的调侃讽刺，还是对自己的自嘲自黑，幽默总是有趣、可笑但意味深长，用轻松、戏谑但含有深意的笑揭露生活中的谬误和不合情理之处，在引人发笑的同时又能引导人们进行深入的思考。“用笑点暴击痛点，用幽默与生活和解”是《脱口秀大会》举办的宗旨，它将原汁原味的生活体验变成语言“包袱”，把平民娱乐性发挥到极致，借着调侃与吐槽，用幽默淡化各种烦恼，用带着烟火气的段子将现代人在社会上的尴尬境遇与精神困惑毫无保留地吐露出来。

在脱口秀节目中，表演者会利用不同的语言表达技巧来营造幽默感，如“自嘲”，在这个全民娱乐的时代，一些不愿被别人提及的黑点或绯闻已经不再成为禁忌，恰恰相反，自黑、自嘲成了与人迅速拉近距离的捷径。许多参与脱口秀节目的明星勇敢接受嘉宾和观众的吐槽，并且敢于自嘲，使节目呈现出更具草根性、互动性的表现效果。又如“调侃”，作为“吐槽文化”的一种叙事方式，是一种有效的阐述观点和分享经验的方式，也是一种反思人生的表达。例如，《吐槽大会》等节目便是通过嘉宾间“互黑”的方式，将调侃这一语言特色发挥到极致，让节目处处体现着幽默感。

（四）讽刺性

实际上，上文提到的“自嘲”与“调侃”都属于一种讽刺性的语言策略。脱口秀的讽刺是指演员以幽默的语气来批评一些人或现象，通过幽默的方式来表达不满与疑惑，从而引起观众的共鸣和反思，讽刺策略也包括反思和嘲讽自己。讽刺性的语言表达是脱口秀节目常见的一种话语类型，在语言表达中，恰当地运用讽刺性调侃话语不仅能够帮助人们宣泄情绪、表达意见，还能产生良好的幽默效果，促进人际交往的顺利进行。

脱口秀作为一种喜剧节目，以放松心情、制造幽默为主要目标，而讽刺性的话语策略则是达成这一目标的重要途径，这是因为：首先，脱口秀节目中的话题往往涉及现实社会中的矛盾，如果以不加修饰的方式直抒胸臆，可能会激化矛盾，造成场面失控。而以讽刺的方式表达观点，能够适当地形成缓冲。同时，这样的表达方式也更需要表达者对于分寸的精确把控，更能体现表达者高超的语言技术。其次，面对社会中出现的新热点、新话题，表达者要想让自己的表达独树一帜，除了独特的角度和观点，更需要新颖的表达方式。在当前追求娱乐精神的时代，以往中规中矩的语言风格已经很难引起他人的兴趣，因此，许多表达者会采取打破会话原则的方式来辅助呈现观点。

第三节　脱口秀节目案例分析

一、《奇葩说》案例分析

《奇葩说》是以“辩论”为主要形式的网络节目，节目组从各行各业发掘独具特色的辩手，将“奇葩”选手会聚一堂，针对当下最热门、最具争议性的话题进行辩论，以辩论类脱口秀的方式进行语言和思想的对垒。自开播以来，《奇葩说》在网络自制综艺中一直独占鳌头，深受年轻观众喜爱，每一季节目都取得了高点击率、高话题度、高传播度。

“奇葩”二字出自司马相如《美人赋》中的“奇葩逸丽，淑质艳光”，指（女子）奇花般安娴美丽，性情贤淑，容光艳丽。可见奇葩最早的意思就是珍奇的花，后引申用以表示出众的作品。但伴随语言的发展，“奇葩”的词义发生了一定变化，现在多指某人或某事离奇、罕见、不落世俗，有调侃和讽刺的意味。《奇葩说》将“奇葩”这一当下青年亚文化中的常见流行用语贯穿于节目制作中，从辩手的形象塑造到个性化语言的表达，从舞台的装置到节目形式的设计，再到节目内容和思想的表达，构建了具有后现代意味的节目风格。

（一）节目内容的精准定位

《奇葩说》节目在制作之初就将目标受众定位为视野开阔、思想新潮、拥有自己观点的年轻人。第一季节目的片头预告就出现了“40岁以上请在90后陪同下观看”等标语，因此，节目旨在贴合年轻群体的兴趣爱好，以青春话语传播年轻人的态度与想法。在这一定位之下，《奇葩说》的辩论话题紧密围绕着年轻群体，如“买大城床还是小城房”“催婚是爱还是变态”等话题与“90后”的成长息息相关，精准契合了年轻受众群体的兴趣喜好与现实需求。

《奇葩说》旨在寻找具有鲜明观点、出色表达能力的“意见领袖”，因此，节目在选手的选择及形象塑造等方面与其他节目有着明显差异。节目不仅刻意彰显各类选手的个性与特质，甚至为一些难以被主流价值观所接受的年轻人提供展示自我的平台。《奇葩说》不仅提供娱乐，还注重传递正确的价值观，引导年轻人对生活和世界的认知，同时也极力展示年轻人对生活的思考和态度，着重体现年轻一代敢想、敢说的勇气。

（二）节目场景的创新打造

《奇葩说》作为一档网络自制脱口秀节目，不管在节目形式还是制作团队上都具有鲜明的网络色彩，也在很大程度上融入了青年亚文化。

场景设计与节目风格息息相关。不仅是话语、非语言符号、镜头等参与节目叙事，场景也是一种重要的叙事手段。与传统的电视节目相比，《奇葩说》在节目场景设计方面具有明显的创新性，节目的舞台不同于以往辩论类节目色调单一的舞台布景，而是采用了大胆的撞色与元素拼贴，呈现出卡通化的背景、明亮的色彩、丰富的线条等视觉形象，并且在空间色彩上大量使用高饱和度、明亮鲜艳的颜色，打造了一个“成人式的童话世界”。辩手们则在这样一个奇观化的场景中交流和讨论现实议题，显现出一种杂糅式的美学风格。

《奇葩说》的舞台空间布置呈半开放式，主持人、嘉宾及辩手都在同一个舞台区域，在节目现场，辩手和导师可以随意地走动，与主持人、嘉宾及现场观众进行互动。马东作为主持人（第四季主持人为何炅）把控节目的整体进程，但其角色并非单一的、一成不变的，而是随节目进程而变动。例如，他常常以观赏者的身份将话语权让渡给辩手，允许辩手自由发挥，当需要调节氛围时，他也会以辩手朋友、普通观众等身份出现。由此可见，半开放的舞台和灵活的身份转化都旨在营造一种轻松自由的舞台氛围，而这样的流动感与灵活性也体现在赛制上。在比赛过程中，嘉宾、导师及现场观众的投票并不是一锤定音，而是随着节目的推进，依据正反双方选手的表现与投票者的个人看法随时转变。这样的赛制既增强了节目的悬念感与互动感，也凸显出节目的平等、自由及去中心化等特征，由此，节目的舞台不仅是一个物理空间，更是辩手、导师、观众之间不断互动与交流的话语场。

（三）节目话题的多样化选择

《奇葩说》的辩题来源于社交平台投票和节目组筛选，辩题往往具有很强的现实意义。该节目的辩题大概可以分为六类：婚恋观念、社会现象、亲情、友情、职场生存、科技幻想。这些类别涵盖了情感、社会、就业等日常生活的方方面面。

整体上看，《奇葩说》的话题呈现年轻态，节目紧密贴合年轻群体的兴趣爱好及现实生活与社会热点，播出后引起了网友间的热烈讨论。

同时，由于辩论类节目是以双方针锋相对的形式来聚集观点，展示对某一现象或问题的多重视角，因此，在话题选择的过程中，具有可辩论性、包容度高是重要指标。与传统意义上的辩论类节目不同的是，《奇葩说》里的辩论双方并不是为了分出胜负，有些敏感话题也并非为了弄清孰是孰非，而是为了让大家在辩论中进行更深层次的思考。节目竞技规则的设置让各位辩手绞尽脑汁从不同角度对辩题进行阐释，这就将同一问题的多种可能与思考角度呈现给了观众，观众从中或产生共鸣或收获启迪。这种不将观点强加给观众，而是将选项呈现出来的方式，促使观众在接受信息的过程中进行独立判断。

（四）表达方式的个性化与多元化

《奇葩说》作为一档网络综艺节目，在进行娱乐的同时，也容纳了不同的思想潮流与个性差异的选手。他们将自身独特的思考与表达方式在节目中展示出来，使节目形成一个真实多元的文化语境。节目中，辩手的表达方式普遍具有以下特点。

1. 强逻辑性

辩手在表达观点时，通常会运用严密的逻辑推理和论证，条理清晰地阐述自己的立场。他们会通过提出明确的论点，提供有力的论据及合理的论证过程，使观众理解和接受他们的观点。

2. 幽默风趣

节目中的辩手常常运用幽默的语言和诙谐的表达方式，不仅能够缓解紧张的辩论氛围，还能吸引观众的注意力，使观众更容易接受他们的观点。幽默元素增加了节目的趣味性，让观众在轻松愉快的氛围中思考问题。

3. 情感共鸣

优秀的辩手能够以情动人，通过讲述个人经历、分享故事或者触动人心的例子，引发观众的情感共鸣。这种方式使观点更具亲和力和说服力，让观众能够切身感受到所讨论问题的重要性和现实意义。

4. 语言犀利

为了从激烈的辩论中脱颖而出，辩手的语言往往较为犀利，直接针对对方的观点进行反驳或质疑。这种尖锐的表达方式能够增加辩论的紧张感和对抗性，激发观众的兴趣。

5. 多角度思考

辩手会从不同的角度和层面来探讨问题，展现出丰富的思维方式和宽广的视野。他们能够灵活运用各种论证方法，如正反对比、举例论证等，使自己的观点更加全面和有说服力。

6. 即兴发挥

由于节目中存在自由辩论环节，辩手需要具备较强的即兴发挥能力。他们能够迅速思考并组织语言，应对对手的质询和反驳，展现出敏捷的思维和出色的口才。

7. 个人风格

在《奇葩说》的舞台上，由于辩手的个体差异，每个辩手都有自己独特的个人风格，有的擅长以理服人、有的擅长情绪煽动、有的娓娓道来、有的夸张咆哮，这种个性化的表达方式给观众留下了深刻的印象。

综上所述，《奇葩说》辩手的语言表达特点兼具逻辑性、幽默性、情感共鸣、犀利性、多角度思考等多种要素。这些特点使得节目具有很高的观赏性和思考价值，同时也展现了语言表达的魅力和力量。观众可以从辩手的精彩表现中获得启发，提升自己的语言表达能力和思维能力。需要注意的是，这些特点并不是完全孤立的，而是相互融合、相互映衬，共同构成了辩手独特的表达风格。

二、《开讲啦》案例分析

中国青年电视公开课节目《开讲啦》于2012年8月在中央电视台综合频道开播。节目的主要受众是以大学生为主体的青年群体，节目以“公开课”为主要形式，每期都邀请一位来自不同领域的嘉宾讲述自身的故事，与青年人分享自己的成长经历，回答青年人的提问，给予他们人生经验和心灵滋养。该节目旨在寻找中国青年的思想共鸣，传递正能量，鼓励青年人勇敢追求自己的梦想，积极面对生活中的挑战。

《开讲啦》于2017年6月获评第23届上海电视节白玉兰奖“最佳周播电视节目”，在娱乐化的电视浪潮中，成为既具有教育意义又受青少年喜爱的文化类节目标杆。

（一）作为节目核心的嘉宾

《开讲啦》的节目形式为电视公开课，这就要求嘉宾在“课堂”上能够对青年观众的生活态度及人生理想起到引导作用。该节目的制片人吴晓斌在谈到选择演讲嘉宾的标准时说：“第一，必须是青年榜样；第二，嘉宾在个人领域有一定的成就，对于人生有着自己独到的见解和看法。”正是基于这样的标准，节目侧重于邀请科学家、艺术家、企业家、运动员等各行各业的知名人士。他们以自身经历现身说法，其坚定的信仰、不屈的品格、奉献的精神成为对青少年进行爱国主义教育、理想教育、科学世界观和人生观教育的生动教材。而不同的嘉宾也带来丰富多样的节目主题，如人生、奋斗、理想、青春、教育、责任等。

节目没有演讲台，没有提词器，没有演讲稿。嘉宾独自站在舞台中央，面对青年代表、现场数百名观众及摄像机镜头坦然开讲。没有华丽的辞藻，没有固定的演讲套路，只有真实、真诚、平等的个人叙事。例如，在北京同仁医院院长王宁利一期中，王宁利语言诙谐幽默，使得现场观众笑声不断，给大家留下了难忘的印象；在“潜龙二号”总设计师刘健一期中，刘健讲述了他与“潜龙二号”的故事，饱含深情，深深地打动了观众。个人叙事的符号特征赋予《开讲啦》真实和真诚的标识，嘉宾也因真诚的个人叙事风格与大众架起平等交流的桥梁，营造出一种难得的、自然的对话场。

（二）作为节目推动者的主持人

作为节目的主要组织者、推动者，《开讲啦》的主持人撒贝宁在节目中承担着五个方面的基本功能，即引导和控制节目流程、建立与嘉宾的互动关系、提出问题和引导讨论、把握节目节奏和气氛、总结主题和传递价值观。

在此过程中，撒贝宁展现出双重角色特征。

首先，主持人是青年心声的表达者。《开讲啦》的目标群体就是当下的青年，那么节目中所要表述的话语态势就应该与青年建立平等关系，而不是一味地用宣讲、高高在上的方式进行。作为这个任务的担当者，主持人撒贝宁必须能够设身处地地从青年的角度思考问题，站在青年的立场体验他们的真情实感，并以亲和自然的主持姿态，用青年熟悉的方式与观众对话，在坦诚、平等的氛围中和青年交流，向外界传递出当代中国青年的真实心声和精神面貌。在节目中，撒贝宁经常引用时下流行语或者热门话题、事件，拉近和青年的距离，充当了“青年心声的表达者”的角色。

其次，主持人是节目语境的调节者。语境指的是语言使用的环境、谈话交流的情境。在演讲类电视节目中，主持人既要对嘉宾进行提问和引导，又要在嘉宾和观众之间架起一座沟通的桥梁。节目中，撒贝宁不仅很好地串联了节目的各个环节，还能适当地把控节目的节奏，调整现场的氛围，疏导嘉宾和观众的情绪，化解节目进程中的问题，有极强的现场应变能力。在嘉宾面对青年代表的问题无从回答的时候，撒贝宁总会适时适当地为嘉宾解围，不会让叙事内容偏离节目的轨道。

（三）作为节目参与者的观众

《开讲啦》给青年群体提供了一个展现自己、表达自我的舞台，使这些有质疑、有观点、有困惑、有梦想的青年代表可以和他们心中的榜样进行现场对话，实现了开讲嘉宾和青年受众的全面互动。《开讲啦》每期节目时长为 45 分钟，前15分钟为嘉宾个人开讲时段，后30分钟为嘉宾与青年代表及现场观众的互动交流时段。每期节目有约10位青年代表参与，这些青年代表主要为全国各大高校的在读本科生、研究生和职场新人，他们在嘉宾开讲之后对其演讲进行评价并向嘉宾提问。这些青年代表思维敏捷、观察细致、敢于质疑，他们的提问有辣味、有力度，直指嘉宾，直面现实，既体现了当代青年热爱思考、敢于质疑、不惧权威的一面，又彰显了青年文化的青春与活力。青年代表的加入让节目的叙事角度更加多元、内容更加丰富完整，是演讲类节目在形式上的成功突破。节目中的学生代表敢于用幽默的语言拉近和嘉宾的距离。例如，在叶叔华一期中，青年代表问道："奶奶，我想八卦一下，当年您的丈夫是因为什么追求您呢？是不是因为惊鸿一瞥，就是一生呢？"这时候包括叶女士在内的观众都发出了笑声，笑声过后，场上气氛顿时轻松下来。青年代表的提问与发言成为《开讲啦》电视节目的独特风景。

除了学生代表外，现场观众席上的观众也始终处在叙事情境中，并辅助构成节目叙事。《开讲啦》现场的300位观众通过小纸条发问以及与主持人对话互动完成叙事，有的现场观众尽管没有发言交流，但实际上，他们在现场的眼神、动作都参与了节目叙事。《开讲啦》节目中的小纸条互动方式决定观众可以不起立、不露面，因此，他们的语言更大胆、更热情、更风趣。这样的语言能够缩减嘉宾和观众的心理距离，使节目在轻松愉快的氛围中进行。例如，在北斗卫星导航系统工程总设计师杨长风一期中：

现场观众："如果您的重要的设计图纸和您的爱人同时掉到水里，您会首先抢救哪一个？"

杨长风："这个问题问得很特别，要说的话，他们都是一种生命，设计图纸是我们整个卫星导航的生命，我夫人也是一种生命，我是希望两种都能兼得。"

现场观众这种调侃的提问，既消除了嘉宾的权威感，也拉近了嘉宾与观众的距离，表现了年轻人坦率热情、活泼自由的语言个性。

三、《脱口秀和Ta的朋友们》案例分析

《脱口秀和Ta的朋友们》是一档在腾讯视频播出的脱口秀竞演节目，

于2024年8月20日首播。节目以“生活的烦恼，用脱口秀说说”为口号，致力于通过幽默诙谐的脱口秀形式，探讨个体在多元社会中所面临的多样化生活挑战与心理困扰。这一口号简洁而深刻，精准地揭示了脱口秀作为一种表演艺术，对观众情感共鸣与心理调适的重要作用。

在现代社会，个体的生活经历越发丰富多样，随之而来的烦恼与压力也越发复杂多变。《脱口秀和Ta的朋友们》聚焦个体的日常生活，倡导对具体人物与具体生活情境的深度关注，从而在观众中引发强烈共鸣。节目将日常生活中的烦恼以幽默的方式呈现，为观众提供了一种情绪释放的途径，同时也通过笑声暂时缓解了观众的心理负担。

此外，脱口秀作为一种文化现象，能够促使观众从多角度审视自身的烦恼。在不同的视角下，那些看似不可逾越的难题，或许会转化为新的思考与成长的机会。因此，脱口秀不仅是一种娱乐形式，更是一种心理调适工具。它以幽默的方式帮助观众释放情绪，减轻心理压力，并促进对问题的深入理解。

（一）节目特色剖析

1.精准聚焦生活烦恼的主题定位

现代社会的高速发展使个体生活经历呈现出前所未有的丰富性与复杂性，随之而来的是多样化的烦恼与压力。《脱口秀和 Ta 的朋友们》敏锐捕捉到这一时代特征，将节目核心锚定在日常生活的细微之处。节目中，演员围绕工作、家庭、社交等多个生活维度展开叙述，将职场中的竞争压力、家庭关系的微妙平衡、社交场合的尴尬与困惑等问题一一呈现。这种对生活烦恼的精准聚焦，契合了观众在现实生活中面临的真实境遇，使观众能够在节目中找到情感共鸣点，在他人的故事中看到自己的影子，进而产生强烈的情感连接，实现了节目与观众之间深层次的心理互动。

2.创新的脱口秀竞演模式

作为一档脱口秀竞演节目，其独特的竞赛模式为节目增添了丰富的看点与活力。节目会聚了来自不同背景、表演风格各异的脱口秀演员，他们在竞争氛围的驱动下，不断挖掘自身潜力，在内容创作与表演形式上积极创新。在内容创作方面，演员深入挖掘社会现象与个人经历，以独特视角剖析问题，使段子具有更强的思想性与感染力；在表演形式上，节目融合了肢体语言、声音技巧、舞台调度等多种元素，突破了传统脱口秀单一的语言表达模式。不同风格演员之间的碰撞与交流，为观众带来了多元化的视听体验，极大地满足了观众日益多样化的审美需求。同时，这种竞演模式也为脱口秀艺术的发展注入了新的动力，推动其在竞争与创新中不断进化。

3.多元的演员构成与风格

节目广纳来自五湖四海、各行各业的脱口秀演员，其多元化的演员构成成为节目的一大亮点。这些演员拥有不同的成长背景、职业经历与性格特点，他们将各自独特的生活体验与文化视角带入节目中，形成了丰富多样的表演风格。多元的演员构成与风格，使节目内容更加丰富立体，能够吸引不同地域、年龄、生活背景的观众群体，有效拓展了节目的受众范围，增强了节目的传播力与影响力。

4.强化互动性与参与感的设计

节目在互动性与观众参与感的营造方面进行了积极探索，构建了多维度的互动体系。在现场表演环节，演员通过巧妙的话术引导与即兴发挥，与现场观众进行实时互动，根据观众的反应灵活调整表演节奏与内容，使现场氛围更加热烈，增强了观众的现场体验感。同时，借助线上平台的强大传播力，节目广泛收集观众的生活烦恼、话题建议及对节目的反馈意见，将观众从传统的被动观看者转变为节目创作的积极参与者。观众分享的生活故事与观点，成为演员创作的灵感源泉，部分内容甚至被改编成段子呈现在舞台上，进一步拉近了节目与观众的距离，提升了观众对节目的认同感与忠诚度，使节目成为观众表达自我、分享生活的重要平台。

（二）文化内涵解读

1.西方喜剧文化根源追溯

脱口秀作为一种喜剧表演形式，其根源深深植根于西方喜剧思想的文化传统之中。古希腊时期的酒神节庆典，人们通过扮演酒神随从，以狂欢式的游行、歌唱和舞蹈打破社会常规与伦理束缚，释放内心的情感，这种狂欢精神成为西方喜剧发展的重要基石。随着时间的推移，脱口秀在不断演变的社会文化语境中逐渐发展成形，尽管在形式上舍弃了酒神精神中较为极端的外在表现，但在表演形式、内容表达及观念传递等核心层面，依然保留着对传统权威的挑战、对自由表达的追求及对公共讨论空间的拓展。在《脱口秀和Ta的朋友们》中，演员通过幽默风趣、犀利讽刺的表演，对社会中的传统观念、权威话语进行调侃与反思，为观众提供了一个开放、多元的公共讨论空间，充分彰显了脱口秀艺术独特的文化价值与狂欢特性，使其成为现代社会中人们表达自我、释放压力、思考社会问题的重要文化载体。

2.私人话题公共化的呈现

将私人话题转化为公共讨论的焦点，是脱口秀的重要文化特征之一，《脱口秀和Ta的朋友们》在这方面表现得尤为突出。节目中的演员以自身或他人的生活经历为原始素材，通过精心的文本创作与艺术加工，将私人生活中的琐碎细节、情感体验与公众普遍关注的社会议题相结合，使原本局限于个体层面的私人话题被赋予了更广泛的公共意义。在探讨性别平等问题时，演员通过讲述自己在工作、生活中遭遇的性别歧视经历，如职场晋升中的性别壁垒、家庭责任分配中的不平等现象等，引发观众对性别平等这一社会议题的深入思考与广泛讨论。这种私人话题公共化的呈现方式，不仅满足了观众对他人生活的好奇心与窥私欲，更重要的是，它促使观众从个体经历出发，上升到对社会现象、文化观念的宏观思考，激发了公众的社会意识与责任感，推动了社会话题的传播与讨论。

3. 自嘲批判精神的体现

脱口秀艺术继承了古希腊喜剧对现实生活的讽刺批判传统，具有鲜明的自嘲批判精神。在《脱口秀和Ta的朋友们》中，演员将表演焦点聚集于自身，摒弃华丽的形式修饰，以真实、直接的方式将社会中的各种问题与矛盾公之于众。他们常常通过自嘲的方式，以幽默诙谐的语言揭示自己在面对社会问题时的无奈与困惑，进而引发观众对社会现象的深入思考。在谈及房价、就业等社会问题时，演员会以自身的经历为例进行自嘲，使观众在欢笑中形成对社会现实更清醒的认知。这种自嘲批判精神体现了大众在媒介文化环境中为寻求自我表达、进行自我审视与批判所做出的努力。

（三）社会影响探究

1. 心理调适与情绪释放作用

在快节奏、高压力的现代社会环境下，人们面临着来自学习、工作、家庭等各个方面的压力，焦虑、抑郁等负面情绪日益增长。《脱口秀和Ta的朋友们》为观众提供了一个宝贵的情绪释放出口与心理调适空间。节目通过将生活中的烦恼以幽默风趣的方式呈现出来，使观众在观看节目时能够将自身的负面情绪投射到演员的表演中，借助演员对生活困境的调侃与化解，实现情感的宣泄与释放。这种情绪释放过程有助于缓解观众长期积累的心理压力，减轻焦虑感，使观众在短暂的娱乐时光中获得心灵的慰藉与放松。节目还通过传递积极乐观的生活态度，引导观众以更加轻松、豁达的心态面对生活中的挑战，增强了观众应对生活压力的心理韧性，促进了观众的心理健康与心理调适。

2. 社会话题引发与促进思考

节目通过将私人话题公共化的策略，成功引发众多社会话题的广泛讨论，成为推动社会思考的重要力量。在节目中，演员对职场性别不平等、老年人孤独、网络暴力、消费主义陷阱等一系列社会问题进行深入探讨，将原本隐藏在个体生活背后的社会矛盾暴露在公众视野之下。这些话题的提出，促使观众从不同角度审视社会现象，打破了个体对问题的狭隘认知，引发了公众对社会问题的深入思考与讨论。节目引发的讨论将原本看似个人的烦恼置于社会宏观背景下进行分析，使观众认识到这些问题的普遍性与社会性，进而激发公众的社会责任感与参与意识，促进社会的和谐发展与文化的繁荣。

第七章　访谈类节目

根据《牛津英语词典》,“访谈”（interview）一词是1514年从法语（entre voir）进入英语的，其含义为“面对面地会见，特别是安排在某一指定地点的比较正式的会晤”；1913年的《韦氏词典》将其定义为“为公开发表而获取信息的一次谈话或提问”；1997年的《电视百科全书》对电视谈话（TV talk）的定义是“包括从电视开始之初就存在的所有不用写脚本的对话，以及直接对观众讲述的各类节目形式。这种直播的、脱稿的谈话是电视区别于电影、摄影、唱片和书本的一个基本因素。‘电视谈话节目’（TV talk show）则是一种主要围绕谈话而组织起来的表演。谈话节目有严格时间限制，需要保持话题的敏感性，以激起广大电视观众的兴趣”。

最早的访谈节目并没有和电视直接地联系在一起，人们所熟知的广播是访谈节目的萌芽，最早诞生于美国，是一种以广播的形式来做访谈的节目。而西方电视访谈节目的出现，可以说是直接受广播谈话的启示，在20世纪50年代，围绕着全国大选，许多总统在电视上发表演说和谈话，或是接受访问。1953年美国哥伦比亚广播公司播出的节目《面对面》被普遍认为是电视访谈节目的开端，而1954年美国全国广播公司推出的《今夜秀》则被学界认为是第一档真正意义上的电视访谈节目。美国访谈类节目迅猛发展的时期是20世纪80年代至90年代，无论是日间访谈类节目还是夜间访谈类节目都进入成熟阶段。

随着传媒行业的不断发展，访谈类节目不仅在节目的类别上呈现出多样化，而且在内容上也日益丰富和细分。这种发展促使访谈类节目形成了多种类型，以适应不同观众群体的偏好和需求。按照节目的形态，访谈类节目可分类为叙事型、辩论型、讨论型和聊天型，每种类型都有其独特的风格和互动方式。同时，根据节目内容的侧重点，访谈类节目还可以进一步细分为新闻类、情感类和人物类等，这些分类方式各有侧重，旨在深入挖掘和探讨不同的主题和话题。在这些分类中，以节目内容为基础的划分方式因其直观性和针对性而最为普遍。新闻类访谈节目关注时事热点和社会动态，情感类访谈节目更侧重于个人故事和情感体验，而人物类访谈节目则深入探讨嘉宾的生平、成就和思想。这种多元化的分类不仅丰富了访谈类节目的生态，也使得观众能够根据自己的兴趣选择不同类型的节目，享受更加个性化的观看体验。

第一节　访谈类节目的发展历程

自20世纪90年代以来，我国社会的快速发展使得可供讨论的社会议题逐渐多样化，也为人们提供了较为宽松的谈话氛围。观众开放的心态、交流欲的大幅提升及电视传统传播观念的改变，使得他们渴望有一个聆听别人故事、用眼睛看待世界的对话平台。1993年，上海电视台开播了《东方直播室》，它以现场直播为主要形式，邀请嘉宾和观众走进演播室就某个时下热议的事件阐述自己的看法。这个节目的播出意味着中国诞生了一种新的节目形态——电视访谈节目，但由于当时由地方台制作，传播范围有限，并未在全国引起关注。

在《东方直播室》出现后，其他地方电视台也制作播出过类似的访谈类节目，如黑龙江电视台的《北方直播室》、广东电视台的《岭南直播》、广州电视台的《夜话》等。但因为地方电视台传播的范围有限，这几档节目的影响力较小。直到1996年，由崔永元主持的《实话实说》走红，由此，我国的访谈类节目进入发展的快车道，节目内容也开始打破了对于新闻事件和社会热点的单一聚焦，并逐渐形成了以新闻、人物、文化、娱乐等为访谈主题的不同节目形式。

一、新闻访谈节目的探索

1996年，中央电视台制作并播出了《实话实说》。节目的基本形式是邀请各行各业的嘉宾，包括政治人物、企业家、艺术家、科学家及其他在社会上有影响力的人物来到演播室，就他们的个人经历、行业现状或社会热点问题进行深入对谈。节目以其深入浅出的访谈风格、直击问题核心的能力以及对话题的深度剖析而受到广泛关注和好评。节目播出后，快速在观众中引起了强烈反响。《实话实说》在短时间内红遍五湖四海，成为全国影响力最大的电视谈话节目，同时引发全国范围内的电视访谈节目风潮，其中具有代表性的有《锵锵三人行》《对话》《新闻会客厅》等节目。

凤凰电视台在1998年推出了一档别开生面的节目——《锵锵三人行》。在这一节目中，主持人窦文涛携手各期嘉宾，以开放的心态畅所欲言。他们不拘泥于传统辩论的框架，在轻松愉快的氛围中探索问题、分享见解。节目巧妙地融合了信息传播、娱乐趣味与理性分析三大要素，旨在为观众呈现一个多角度、多层次的讨论平台。在《锵锵三人行》中，嘉宾以个性化的语言风格，关注时事，传递民间的声音，自由交流观点，分享生活体验，展现出他们的真实性情和独到见解。这种轻松而真诚的交流方式，不仅拉近了与观众的距离，也激发了人们对于话题的深入思考。正是这种独特的节目风格和深刻的社会影响力，使得《锵锵三人行》成为一档拥有持续生命力和吸引力的节目。

2000年7月，历经全面改版之后，中央电视台经济频道成功推出了一档演播室谈话节目《对话》。该节目以突发事件、热点人物、时事话题或经济现象为引子，生动捕捉各类经济事件，深入探讨前沿理念，并充分展示故事中的冲突。节目尤为注重体现思想交锋与智慧碰撞的环节。通过主持人、嘉宾及现场观众之间的深入对话与交流，节目紧密接触热点新闻人物的真实思想与经历，揭示他们在成功道路上的矛盾、挣扎与成长，从而折射出经济社会的实时动态与潮流。同时，节目还充分展现了对话者个人魅力的另一面，以更好呈现出他们鲜为人知的特质。

2003年5月，在“东方时空·时空连线·人物访谈版块”的基础上，中央电视台新闻频道开办了《新闻会客厅》，这是一档在黄金时段播出的新闻话题及人物访谈专题节目。节目关注国内重大新闻事件中的人，强调开掘新闻事件中当事人和关联人的“亲历”、“亲为”和“亲感”，突出新闻中人性和新闻性的结合。同时，通过谈话场营造一种轻松气氛，将硬新闻与普通观众的距离拉近，增强可视性和传播的有效性。

此后，作为一种重要的访谈节目类型，新闻访谈节目持续发展，并呈现出了与时事热点紧密相关、内容更加细致聚焦、形式更加多样的特点。例如，2006年在中央电视台新闻频道播出《防务新观察》。该节目针对不同的军事防务新闻选题，邀请专家进行分析解读，深入讨论全球防务事件。节目从最新的新闻事件出发，以新的视角和思路对“新安全观”进行详细阐述和分析，旨在通过国家防务层面的新闻事件来增强全民国防意识和国家安全防务理念。又如广东电视台自2009年6月起推出《财经郎眼》，该节目由王牧笛主持，郎咸平担任固定嘉宾，邀请财经媒体人、专家学者及企业家担任常任嘉宾，以三人谈话的方式实现经济学的“生活化”和“媒介化”。

而在近年媒体融合的背景下，新闻访谈节目出现了一些新的形式。2019年首播于央视新闻客户端的《大国外交最前线》以vlog的形式呈现，并在微博、抖音等社交媒体引起广泛反响。该节目通过将访谈与国家外事活动相结合的方式，由总台主播康辉、刚强等人以第一视角向观众展示国家领导人外交过程中的现场细节及媒体团队的幕后故事，为新闻访谈节目注入了新的创作思路。

二、人物访谈节目的发展

人物访谈节目的访谈对象大多具有鲜明的典型性与特殊性，无论是观众熟识的名人，还是拥有非凡人生故事的普通人，抑或是身处重大新闻事件中心的关键人物，他们的故事和经历都充满了吸引力，能够激起观众的共鸣和好奇心。节目通过深入挖掘这些人物背后的故事，不仅让观众了解到他们那些不为人知的挑战与奋斗，也展现了他们的个性、价值观和人生哲学，往往能够触及人心，引发观众的思考。

2000年，中央电视台综艺频道播出《艺术人生》。节目每期邀请一位文艺界明星与现场观众一起回顾其艺术与生活。该节目以其独特的视角、真挚的情感交流、生动的细节和引人入胜的叙事结构脱颖而出。自2000年底开播以来，该节目一直保持着较高的收视率，深受广大观众的喜爱和赞誉。《艺术人生》之所以能够独树一帜，原因不仅在于它为观众呈现了明星的多面性，更在于它挖掘了艺术与人生的深层次联系。节目通过精心设计的环节，展现嘉宾的童年回忆、艺术生涯的转折点以及他们对社会现象的独到见解等，让观众得以一窥明星光环背后的真实自我。这些生动的细节和感人的故事，不仅丰富了观众的情感体验，也启发了人们对生活、艺术和人性的深刻思考。

2003年，中央电视台新闻频道在《东方之子》的基础上，推出了《面对面》这一深度访谈节目。它以新闻人物为窗口，深入挖掘新闻事件背后的人性光辉与复杂情感，用人物的故事来解读事件，又以事件的脉络来凸显人物的深度。《面对面》以其独特的视角和深度挖掘，成为新闻人物访谈节目的典范。节目邀请的嘉宾大都是社会各领域极具影响力的人物，他们不仅在新闻事件中扮演了关键角色，更有着各自独特的人生轨迹和深刻的思考。这些嘉宾中，有在重大新闻事件中成为焦点的当事人，有在新闻话题中引发广泛讨论的真实人物，有在时代变革中引领风骚的风云人物，也有广受公众瞩目的各界名流。《面对面》通过与这些新闻人物的深入对话，不仅让观众了解到他们在聚光灯下的形象，更揭示了他们作为普通人的情感世界和思想深度。节目以真挚的情感交流、深刻的社会洞察和引人入胜的叙事方式，让观众感受到新闻背后的人性温度和时代脉动。

与此同时，一系列在选题上关注女性、在形式上以女性主持人为核心的访谈类节目纷纷涌现。1994年12月1日，中央电视台的《半边天》正式开播，以“展现时代女性魅力”为宗旨，紧密关注社会性别平等问题。该节目勇于引入女性视角和声音，探讨性别差异，推动男女互动，全力探索性别平等之道，从而在我国媒体领域独树一帜。此外，这个节目还让广大观众认识了张越、曹颖等优秀主持人。《鲁豫有约》是凤凰电视台的经典人物访谈节目，主持人陈鲁豫的采访对象都是各行各业具有一定实绩或突出表现的人物，通过寻访这些人物，挖掘“有故事的人”的背后故事，直指他们的生命体验与心灵秘密，一起见证文化的发展，思索人生，创造了一种新颖的开放式访谈模式。而2001年开播的《杨澜访谈录》，则秉承着“记录时代的精神印迹”的节目理念，主持人杨澜邀请政治、经济、文化等各领域精英翘楚，坐而论道。

同时期的人物访谈节目还包括上海电视台主持人曹可凡主持的《可凡倾听》、凤凰电视台主持人陈晓楠主持的《冷暖人生》以及李静主持的《非常静距离》等。此外，杨澜的系列访谈节目《天下女人》也备受关注。

如今，人物访谈仍然是一种重要的节目类型。除各大电视台制作的系列节目，如中央广播电视总台推出的人物访谈节目《高端访谈》、凤凰电视台推出的《风云对话》等之外，众多互联网平台也涌现出了许多人物访谈节目，如陈晓楠主持的《和陌生人说话》《我的青铜时代》等。

三、文化访谈节目的发展

2004年，中央电视台综艺频道播出文化访谈节目《文化访谈录》。该节目以“文化”为主线，邀请文化领域的知名人士对某一热点话题进行深入探讨。

2016年，主持人窦文涛携手优酷打造文化访谈节目《圆桌派》。该节目立足网络，既有社会话题，也有哲学艺术方面的话题，开启了全新的“谈论+互动”节目模式。与日播节目《锵锵三人行》不同的是，《圆桌派》不仅增加了谈话的人数，节目话题也从新闻性转向了人文性与社会性。

还有一类文化访谈节目不再局限于访谈本身，而是加入了多种新元素。如董卿主持的《朗读者》，将人物访谈和情景演绎结合在一起；许知远作为采访者的《十三邀》将纪录片形式融入访谈之中，开拓了访谈类节目制作的新视角。

其中，《十三邀》是网络文化访谈节目的典型代表，由主持人许知远以其独特的“偏见视角”，带领观众进行一系列“跨界”对话。在每一季节目中，许知远都与13位来自不同领域的嘉宾深入交流，分享他们独特的人生经历和深刻见解，同时对所处的时代进行深入思考和探讨。节目的命名巧妙地运用了麻将中的“十三幺”谐音，象征着13位嘉宾虽看似毫无关联，却能在对话中碰撞出思想的火花。《十三邀》不仅是一档访谈类节目，更是一种思想的启迪和社会的镜像，它鼓励观众跳出常规的思维模式，从不同的角度审视世界，发现问题的本质。

四、娱乐访谈节目的发展

娱乐访谈节目通常是指那些以轻松、幽默、互动为特点，聚焦娱乐圈内人物、事件或现象的电视节目。这类节目包括主持人与嘉宾之间的对话、游戏互动、才艺展示等形式，旨在为观众提供娱乐性内容，满足其休闲放松的需求。它们往往强调趣味性和观赏性，通过明星效应和话题性吸引观众，同时也可能涉及一些轻松的社会话题或生活趣事，但核心目的在于娱乐和消遣。从节目形式来看，这类节目可以大致分为以下两种：一种是偏向于明星艺人的访谈，通过主持人与嘉宾的互动，帮助观众了解明星不为人知的一面或对其作品进行宣传，从而达到娱乐大众或为影视剧集等作品宣传的目的。另一种取材于人民群众的日常生活与文化生活，展现人们在不同文化环境下的生活观念与态度，从而使观众在轻松愉快的氛围中获得消遣。

2004年，我国台湾地区的《康熙来了》播出，成为较早的知名娱乐访谈节目。节目初期以极具娱乐性的方式访谈台湾社会新奇、冷门职业从业者，而后逐渐开始聚焦热门新闻人物或明星艺人。节目中，主持人与嘉宾的语言无厘头、搞怪、大胆，即兴互动、娱乐话题及互动搞笑成为这档节目给观众的主要印象。

2005年，娱乐访谈节目《静距离》诞生，这档节目以主持人李静的名字命名。2009年6月，《静距离》更名为《非常静距离》，并在安徽电视台播出。《非常静距离》的定位为“拉近距离，静品生活，静享人生”，节目以幽默的方式夹杂着对明星情感的深入探讨，以独特的视角，全方位、真实、立体地展现嘉宾的形象与性格，向观众展现了明星内心世界与情感生活，让观众了解到明星在日常生活中的趣事。主持人李静率真、本色的风格特质在节目中得到了显现。

娱乐访谈节目的受众群体普遍较为年轻。近年来，网络视频平台也为访谈类节目的发展注入了新的生机。

2015年，娱乐访谈节目《非正式会谈》播出。该节目邀请不同国家的嘉宾参加，每期围绕不同话题展开讨论，以会谈的形式展开。节目中，由会长负责发起议题，把握讨论方向。每位嘉宾既代表自己的国家，又代表自己，就某个特定的主题，结合所在国家的民族特色，进行无国界的碰撞和辩论。节目展现了世界各国不同文化、不同文明间的差异之处和共通之点。

同年，腾讯视频引进韩国JTBC电视台同名节目，推出了《拜托了冰箱》。节目每期邀请两位明星嘉宾，他们带来的冰箱食材和背后的故事成为节目的重要看点。每期节目通过揭秘明星嘉宾的冰箱，展示他们的生活方式和饮食习惯，同时，主厨使用明星提供的食材进行快速料理对决，展现创意和厨艺。《拜托了冰箱》通过轻松愉快的氛围和美食与话题的结合，为观众提供了一个了解明星生活、饮食习惯及欣赏美食制作的窗口。节目不仅展示了明星的个人魅力，还传递了美食与生活的美好。

2022年，由知乎出品的节目《荒野会谈》创新访谈场景，将录制现场从摄影棚带到了户外。每期节目都以一个话题为方向展开，高度聚焦当代年轻人在社交、生活、工作、情感等方面面临的困惑。该节目通过纪实手法，将知乎上年轻人高赞、热议的内容进行视觉化呈现，旨在多元化、真实还原当下新职人群体的思想状态，获得青年群体的广泛关注。

第二节　访谈类节目的创作特征

一、新闻访谈节目

新闻访谈节目是一种以新闻事件、社会现象或特定主题为核心，通过主持人与嘉宾之间的对话形式，深入探讨和分析事件背后的原因、影响及意义的电视节目类型。这类节目通常注重信息的真实性、时效性和深度，旨在为观众提供全面、客观的视角，促进公众对社会问题的理解和思考。新闻访谈节目往往结合现场报道、专家分析、观众互动等多种元素进行，以增强节目的权威性和互动性，使观众在轻松地观看过程中获得知识和启发。新闻访谈节目的形式一般为对话、座谈或论坛，旨在开展直接的交流和探讨。根据交流方式的不同，此类节目可分为对话式、座谈式、群访式三种形态。

第一，对话式，又可称为专访。在这类节目中，主持人通过提问，邀请嘉宾基于自身理解，通过不同的视角回答问题，以表达观点和发表评论。在交谈过程中，嘉宾可以畅所欲言，各抒己见，观众则能从多元角度和观点的碰撞中收获不同的感受与理解。嘉宾热情洋溢的辩论也会在不经意间感染观众，激发他们的兴趣，吸引他们与主持人和嘉宾共同思考，产生共鸣。此类节目的代表有中央广播电视总台的《面对面》和凤凰电视台的《时事开讲》。

第二，座谈式。此类节目通常会邀请政府工作人员、专家及行业代表等就热点新闻事件发表见解、交流观点。这类节目并不注重寻求问题答案的“正确”，而是将信息传播、趣味性及事理辨析三大元素融合。现场氛围热烈，各种观点得以自由表达，相互启发与补充，为观众提供全面可靠的信息，同时为他们提供更多思考问题的角度。凤凰电视台的《锵锵三人行》堪称此类节目的典范，主持人窦文涛引导嘉宾就热点新闻事件发表独具个人风格的言论与观点。节目力求轻松幽默，坚守平民视角，深入浅出，富含浓厚的人文色彩和价值取向。2023年，优酷推出的《第一人称复数》亦属此类。每期节目都邀请不同嘉宾进行关于社会、科学、生活等多方面的探讨，以聊天形式展现多元视角，碰撞立体观点，洞察文化现象。

第三，群访式。此类节目主要以中央电视台的《实话实说》、上海电视台的《东方直播室》和凤凰电视台的《时事辩论会》为代表。这类节目以多方观点的交锋和不同思想的碰撞为主要表现形式。嘉宾是意见性信息的传播主体，而主持人则是整个话语场的平衡者。节目现场气氛较前两种形式更为活跃和激烈，最终呈现更加多元化的意见性信息。此类节目的选题多与百姓生活息息相关，也是百姓普遍关心和感兴趣的话题。

新闻访谈节目具有以下几个方面的创作特点。

（一）新闻性

新闻访谈节目常常围绕着某一新闻事件展开讨论，通过厘清、剖析某个新闻事件，引发人们的关注与思考，因此，新闻性是新闻访谈节目最为显著的特征之一。新闻性是指其内容所具有的时效性、重要性、显著性、贴近性、趣味性等新闻价值特征的总和。它要求节目能够迅速反映最新发生的事件，关注具有广泛社会影响的议题，突出报道对象的重要性和关注度，同时贴近观众的生活实际，满足他们对信息的即时需求和好奇心，以真实、客观、全面的方式呈现新闻事件，引发公众的思考和讨论。因此，不论是对节目选题的把握、话题的设置，还是新闻当事人的选择，都可以从其是否具有新闻价值的角度进行考虑。例如，新闻访谈节目的选题需考虑是否紧贴近期发生的新闻事件或者和受访嘉宾有关的新闻话题，即新闻的时效性；或考虑是否呼应当前世界范围内的重大新闻事件或社会上热议的重要话题，即新闻的重要性与显著性；或考虑话题、人物选择是否既可以增强公众的关注度，又可以满足观众的心理期待，具有一定的贴近性、真实性与趣味性。

（二）社会性

作为帮助大众了解时事、广泛参与生活的重要渠道之一，新闻访谈节目承担着连接新闻事件与观众的责任，因此，节目会更加主动地贴近大众在进行社会活动中所遇到的问题。在面对某些重大的时政或国际新闻时，新闻访谈节目需要通过主持人与嘉宾的引导，以更易于观众理解的角度进行传达。而在面对一些具有普遍性的社会问题时，节目则会进一步扩大访谈对象范围，力求从不同角度满足观众的需求。例如，《实话实说》《锵锵三人行》等节目正是通过主持人与嘉宾的合作，对于社会问题进行了鞭辟入里又生动活泼的表达。其中，《实话实说》的选题多为与老百姓的日常生活有密切关系的“鸡毛蒜皮”的小事，节目通过小事来透视社会大环境，或是通过对一些社会热点的讨论来引发人们的思考和对现实的关注与探讨。

（三）冲突性

新闻访谈节目的冲突性主要体现在两个方面：首先，在许多情况下，新闻访谈节目所选取的事件，往往触及社会、政治或经济的敏感点，其背后有着复杂的动因，可能涉及不同利益方之间的矛盾或冲突。而访谈的目的在于揭示这些矛盾和冲突的根源，梳理出各方的矛盾点和冲突点。这一过程不仅有助于观众理解事件的复杂性，也为寻找可能的解决途径提供了线索。其次，访谈过程中的对立性是节目的另一大特色。无论是主持人与嘉宾之间，还是嘉宾相互之间，不同的立场、经历和视角都可能产生明显的对立或矛盾冲突。这种对立性为节目增添了紧张感和动态性，同时也推动了各方更加深入地讨论和交流。由此，新闻访谈节目为公众提供了一个多角度、多层次的思考平台，不仅丰富了公众对事件的理解，也促进了社会问题的深入探讨和公众参与。

二、人物访谈节目

人物访谈节目是一种以深入探讨和分享个人故事、观点和经历为核心的视听传播形式，它通过与一位或多位嘉宾的对话，为观众提供一个了解不同人生视角和深层次思考问题的平台。这种节目形式不仅揭示嘉宾的个人魅力和专业见解，而且通过互动交流，促进信息的多元呈现和思想的碰撞。节目邀请的嘉宾通常在各自的领域内有一定的知名度和影响力。

（一）人物访谈节目的类别

人物访谈节目可以分为两个类别，即新闻人物访谈与名人访谈。

新闻人物访谈节目具有新闻性和时效性等基本特征，节目聚焦热点新闻事件中扮演关键角色的新闻人物。这类节目通过深入的对话，为观众提供了一个洞察时事、理解人物的窗口。例如，中央广播电视总台的《面对面》节目，以其深入挖掘和真实呈现的特点，成为此类节目的典范。在高端人物访谈领域，节目更倾向于邀请具有全球影响力的知名人士，特别是政治领袖，以展现他们的思考和见解。中央广播电视总台的《高端访谈》

便是这类节目的典型代表。

名人访谈节目是一种专门针对社会知名人士的节目形式，它通过深入对话和交流，揭示名人的个人经历、成就、思想和对社会的影响，旨在为观众提供一种近距离了解名人和感受名人风采的途径，同时促进公众对名人背后故事和价值观的深入理解。例如，《艺术人生》是一档以文化艺术领域杰出人物为访谈对象的电视节目，其节目特点在于深入挖掘艺术家的生活故事、创作灵感和艺术理念，通过富有洞察力的对话，展现艺术家独特的个性和对艺术的深刻见解，同时为观众提供一种欣赏和理解艺术的全新视角，促进艺术与公众之间的情感共鸣和文化传承。商业人物访谈节目则以经济领域的杰出人物为核心，他们的故事和经验在一定程度上映射了我国经济的蓬勃发展。上海电视台第一财经频道的《财富人生》便是此类节目的代表，该节目通过分享商业领袖的创业经历和管理智慧，为观众提供了经济领域的启发。

（二）细致刻画人物形象

人物访谈节目的主体是人物，而非事件。它不是在客观地报道新闻，而是在细致地刻画人物形象。通过精心设计的提问，节目不仅揭示了嘉宾的个人历程、职业成就、生活挑战，还触及了其鲜为人知的私人生活片段。这些生动的细节共同勾勒出一个丰满、立体的人物形象，可帮助观众多维度理解嘉宾，感受他们作为一个真实个体的复杂性和多样性。

此外，在人物访谈节目的创作过程中，强化情感共鸣是实现人物形象深度展现的关键手段，这种创作策略旨在激发观众深层次的情绪反应，建立起观众与嘉宾之间的情感联系。为了达成上述目的，节目主持人精心设计提问，巧妙引导嘉宾表达内心的真实情感，无论是真挚的笑声，还是感人的泪水，这些情感的自然流露都能使观众产生强烈的共鸣，体验到与嘉宾情感上的紧密联系。

（三）深入挖掘动人故事

故事在电视节目中扮演着至关重要的角色，正如CBS电视台《60分钟》节目的制片人唐·休伊特所言，一档成功的电视节目的秘诀可以浓缩为四个字：讲述故事。在人物访谈节目中，引人入胜的故事不仅是吸引观众的法宝，更是节目成功的关键。因此，人物访谈节目以嘉宾的经历为线索，捕捉并深入挖掘那些充满魅力的故事，探讨访谈嘉宾在故事中的行为、动机、心理变化及其发展轨迹。无论是曲折坎坷的成长故事，还是感人至深的情感故事，节目都紧紧抓住人物的命运和事件，持续展现故事中的矛盾冲突、进展纠葛，揭示出故事的内涵与意义。故事化的叙事策略不仅引领观众深入嘉宾的内心世界，而且增强了节目的吸引力和感染力。

在诸多名人访谈节目中，诸如《艺术人生》《非常静距离》《鲁豫有约》《杨澜访谈录》等，皆以嘉宾成长轨迹为线索，从中找到具有价值的故事资料。此外，主持人还需掌握节奏控制的技巧，确保故事讲述既不会过于冗长，也不会遗漏关键细节，使观众能够跟随嘉宾的叙述，体验他们的生活，感受他们的情感，从而实现情感共鸣和思想交流。

三、文化访谈节目

文化访谈节目是一种以探讨和交流文化现象、艺术作品、社会事件及其背后深层次意义为目的的节目形式。它通常邀请来自文学、艺术、哲学、历史等领域的专家学者或具有影响力的人物作为嘉宾，通过对话和讨论，为观众提供深入的见解和多角度的思考，旨在促进文化理解，激发思维碰撞，丰富公众的精神生活。

（一）多样化的节目形式

早期的文化访谈节目，如中央电视台2004年创办的《文化访谈录》，大多以座谈的形式呈现，节目在室内拍摄，由主持人与文化领域的不同嘉宾进行访谈。然而，近年来文化访谈节目的形式开始呈现出多样化特征，节目灵活运用多种表现手法和结构设计，以适应不同主题和受众的需求。从主题选择的广泛性到嘉宾阵容的丰富性，从节目环节的创新性到互动方式的多样化，从影像风格的多元性到叙事方式的灵活性，这些元素共同构成了文化访谈节目丰富多彩的表现形式。

腾讯视频出品的《十三邀》节目采用了纪录片的拍摄方式，通过真实场景、全程记录等方式展现主持人和嘉宾之间真实的对话过程。纪录片的拍摄手法能够体现真实性，更直接地还原整个访谈过程，让观众能够深度参与并理解节目内容。此外，《十三邀》在访谈环境上做了很大的突破，节目跳出演播室，录制环境依据嘉宾而定，去嘉宾熟悉的地方“做客”。地点一般为嘉宾喜欢的饭店、熟悉的咖啡厅、茶馆或者嘉宾的工作单位和家里，在嘉宾倍感亲切和有安全感的地方进行访谈，很大程度上可以避免表演性，让访谈嘉宾率性、真实地进行交谈。在专访过程中，节目会运用多种形式，如体验式采访、座谈会等，生动展示人物形象，并融入成长故事、幕后团队等相关人物访谈。

而由陈晓楠主持的《和陌生人说话》采用的则是“专访+素人快访”的表现手法。节目首先在演播室中对受访者进行深入的人物专访，然后在节目进程中融入受访者现实生活中的相关场景。接着，根据受访者的经历设定话题，展开“素人快访”。这种手法一方面丰富了话题内容，提升了层次感；另一方面在时长较长的人物专访之后，增强了节目的张力和吸引力，符合互联网时代快节奏的特性，可以在有限的时间内呈现更为丰富的内容。

优酷出品的《圆桌派》由窦文涛担任主持，节目的名称“圆桌派”象征着平等的对话环境，强调每个人在讨论中都有平等的发言权。每期节目，窦文涛都会邀请三位嘉宾，共同围坐在圆桌旁，进行深入而真诚的对话。节目的创作特征之一是“不设剧本，即兴聊天”，这种形式让对话更加自然流畅。嘉宾能够自由地表达自己的观点和想法，从而产生更多真实和有深度的交流。节目内容包罗万象，从社会热点到人生哲学，无所不包，这种广泛的议题选择体现了节目的开放性和多元性。《圆桌派》的另一个显著特征是其固定的流程和形式，如中式书房的录制环境、窦文涛点香的开场等，这些元素不仅强化了节目特有的风格，也为观众提供了一种审美上的连贯性，逐渐形成了一种“圆桌派”审美体系。

（二）个性化的主持风格

节目主持人在访谈节目中扮演着双重角色：他们既是信息的传递者，向观众清晰地传达节目的核心内容；同时也作为节目的重要组成部分，以自己的风格和魅力贯穿节目始终。不同于其他类型的访谈节目，文化访谈节目中的主持人因节目性质的特殊性，其功能和作用呈现出独特的差异性。在保持主持人这一角色共性的基础上，文化访谈节目的主持人更需展现出个性化的风采，他们不仅引导对话，更以自己的见解和风格为节目增添深度和魅力，使得每一次对话都成为一次文化与思想的交流，让观众在享受节目的同时，也能体会到主持人独到的见解和个性化的风格。

文化访谈节目主持人通常都具备卓越的文化素养、丰富的社会阅历和广泛的知识储备，能够对社会事件和文化现象进行深入解读。同时，主持人的个性特征与节目的整体风格也紧密相连。例如，窦文涛的主持风格可以概括为亲切、幽默且不失深度，他擅长用轻松诙谐的语言引导话题，使节目氛围既轻松愉快又不失思考的深度，能够巧妙地激发嘉宾的谈话欲望，让不同领域的嘉宾在平等、开放的环境中畅所欲言。同时，窦文涛的访谈不拘泥于形式，他经常以即兴的方式与嘉宾进行交流，这种自由流畅的对话方式使得节目内容更加真实、生动。这样的个性与风格贯穿于他所主持的节目当中，如《锵锵三人行》《锵锵行天下》《圆桌派》等节目，都打上了其鲜明的烙印。

（三）思辨色彩浓厚

文化访谈节目在内容选择上会较少选择文字、诗词、书信这类文化类电视综艺节目中已经涉及的领域，而是选择一些具有思辨性的话题或内容，其目的不在于引导某一单独价值观，而是通过不同嘉宾之间的讨论，使得观众形成自己的思考，在思辨中得出自己的答案。

《十三邀》颠覆了传统主持人与受访者的角色定位，以许知远为主导，引领观众深入观察嘉宾的生活。例如，许知远以普通群众身份参与王宝强的片场工作，以学生身份聆听罗翔的授课，以粉丝身份观看五条人乐队的演唱会，与嘉宾共同成为被观察者，等等。此外，节目还设有对许知远的访谈环节，增加观众的观察视角，激发思考。这些体验的记录旨在为后续的人物访谈铺垫，让观众在观看访谈时怀揣疑问与思考，将真实体验后的访谈变为解答疑惑的过程。

四、娱乐访谈节目

从狭义范围来看，娱乐访谈节目即从人或事的角度出发进行娱乐性访问的节目，而这里的娱乐人物和娱乐事件不单包括影视娱乐界，还包括大众文化界和体育界。节目邀请名人、明星、公众人物等作为嘉宾，通过主持人与嘉宾之间的互动，展现嘉宾的个性、趣事和生活方式，同时提供最新的娱乐资讯。“娱乐”既代表内容中的娱乐语言，还指节目类型的娱乐性。

（一）受众定位年轻化

娱乐访谈节目作为一种主流的媒体娱乐形式，通过轻松的氛围和丰富多彩的内容，满足观众对于休闲娱乐的需求，同时也为嘉宾提供宣传自己的平台。与其他类型访谈节目相比，娱乐访谈节目的受众多为年轻人，节目在内容、风格、嘉宾选择等方面更加符合年轻人的口味和兴趣，呈现出年轻化的特征。这是因为年轻人是媒体消费的主要力量，尤其在网络和社交媒体的时代，他们的喜好和习惯往往决定着娱乐产品的市场动向。在这样的定位之下，娱乐访谈节目在话题选择、人物选取等方面都体现出鲜明的年轻化特征。

在话题选择方面，娱乐谈话节目倾向于聚焦当前互联网上的热点话题，尤其是那些与公众人物相关的、受到网络用户广泛关注的花边新闻或趣味性事件。这些话题通常具有轻松的特性，能够迎合年轻观众的喜好。鉴于年轻群体对艺人的私生活和职业动态表现出浓厚的兴趣，节目话题的选择往往与“八卦”性质相关联，涵盖艺人的职业生涯进展、情感生活选择及对个人作品的深入见解等。此类话题因贴近年轻受众的生活实际和兴趣点，能够激发并维持他们对节目的持续关注。

在人物选取策略上，节目制作方通常会邀请时下流行的艺人作为嘉宾。考虑到年轻人对追星文化的热情，他们对这些艺人的个人生活和职业发展表现出极高的关注度，从而对节目形成强烈的忠诚度。例如，《拜托了冰箱》节目通过邀请当红明星参与，并以明星日常生活中使用的冰箱作为节目内容的切入点，有效地激发了年轻观众对于明星日常生活的好奇心和探索欲。

（二）娱乐属性突出

在娱乐访谈节目中，主持人与嘉宾从谈话场的构建，到表达方式的选择，再到谈话时的表情与动作，均会呈现出放松、自然的状态。谈话双方鲜明的个人特色很容易在这样的氛围下被激发出来，或是表达上更富于幽默感，或是谈话时情绪更加外放等，都体现了此类访谈节目鲜明的娱乐性。

主持人往往是娱乐访谈节目成功与否的关键因素，他们不仅要具备出众的表达能力和迅速的反应速度，还需要有能力把控现场节奏，引导话题的深入和转换。因此，娱乐访谈主持人通常拥有丰富的知识储备和对流行文化的敏锐洞察，能够与不同背景的嘉宾进行深入交流，同时在对话中穿插适当的幽默和风趣，以增加节目的趣味性。他们通过个性化的风格和亲和力，能够吸引和维系观众的注意力，同时，他们也具备一定的即兴表演才能，能够在不同情境下自如地应对。这些特点共同作用，使得娱乐访谈节目在轻松愉快的氛围中传递信息，提供观众所期待的娱乐效果。

（三）表演性强

在娱乐访谈节目中，主持人的“表演性”是一个复杂而多维的概念，这不仅指他们在镜头前的表演技巧，也指他们能够在不同的情境中自如地转换角色，与嘉宾和观众建立情感共鸣。主持人通过精心调控自己的言谈举止、语音语调，以及对节目流程的精确把控，不仅能够吸引并维持观众的注意力，更能在无形中建立起与观众的情感联系，营造出一种轻松愉悦且充满活力的节目氛围。

节目嘉宾的表演能力同样对节目的成功至关重要。在《大牌驾到》《金星秀》《康熙来了》等节目中，嘉宾的参与往往超越了单纯的对话。他们需要根据节目的特定需求，参与到更广泛的表演活动中，如即兴小品、歌唱表演或现场互动游戏等。这种多元化的表演形式不仅丰富了节目内容，也增强了节目的娱乐性和互动性，使观众获得更加立体和多元的娱乐体验。

现场观众的参与也是表演性的重要组成部分。通过被邀请上台参与节目，或是通过现场互动环节，观众不再是被动的接收者，而是变成了节目的共同创作者。这种参与感和沉浸感的增强，不仅能够提升观众的满意度，也是节目创新和差异化的重要途径。

综上所述，娱乐访谈节目中的表演性是多维度的，它要求主持人和嘉宾不仅具备专业的访谈和表演技能，还能够根据不同的节目内容和观众的期待，灵活调整自己的表现形式。这种调整是一种艺术，也是一种策略，它需要主持人和嘉宾对节目有深刻的理解和精准的掌控，以实现最佳的节目效果，让观众在轻松愉快的氛围中，享受到高质量的娱乐内容。

第三节　访谈类节目案例分析

一、《圆桌派》案例分析

《圆桌派》是由主持人窦文涛担纲的一档深受欢迎的文化访谈节目，于2016年在优酷平台首播，至2024年已成功推出七季。该节目以其独树一帜的对话风格和触及社会深层话题的内容，赢得了广大观众的青睐。

《圆桌派》内容涵盖范围广泛，从社会现象、文化动态到个人生活体验，节目旨在通过多角度的视野，展现话题的丰富层次和多样性。节目的显著特色在于其真实、自然的对话环境。窦文涛凭借深厚的主持功底和独特的个人魅力，巧妙地引导嘉宾进行自由而坦诚的讨论。参与节目的嘉宾通常是文化、艺术、学术界的杰出代表，他们独到的见解和深刻的讨论常常激发观众的思考，引发社会共鸣。

（一）话题设置的多元性

《圆桌派》节目以主持人和嘉宾之间的互动讨论为基础，聚焦一个或多个共同关注的话题。节目通过聊天、对话的形式，展示不同观点的交流与融合。因此，对于节目而言，选择具有现实相关性且能够激发公众讨论兴趣的话题是关键，将直接影响着节目的成败。

随着社会文化的不断演变，《圆桌派》节目成为多元文化交融的一个缩影。它不仅覆盖了从社会精英到普通大众的广泛视角，还深入探讨了性别议题、技术伦理等多元化话题。这些内容在网络谈话节目中引起了广泛关注，并展现了社会讨论的新趋势和特点。《圆桌派》的官方宣传语“打造活色生香的聊天节目，延续不装的风格，神侃包罗万象的话题”，明确了节目的定位和追求。节目精心挑选的话题，既贴近大众生活，又紧跟社会热点，全面展现了当代青年面临的焦虑与困惑。

《圆桌派》的话题选择主要遵循四个核心路径。

第一，从个体感受与困境中发掘话题。

第二，通过明星公共事件引出话题。

第三，聚焦社会热点事件中的争议话题。

第四，展现多元化的大众文化话题。

（二）场景设计的审美性

《圆桌派》的场景设计充满了审美的考量，每一处物件的摆放都经过细致的策划，以确保与讨论主题的和谐一致性。茶馆的精致布局、茶具的精心挑选、香炉中袅袅升起的烟雾，这些元素共同营造出一个富有文化气息的交流场所。这些物质元素不仅是节目的视觉标识，也是文化传承的媒介，它们的存在增强了节目的仪式感。茶道和香道的融入，旨在创造一种氛围，同时在视觉和嗅觉上为观众提供一种沉浸式体验。这种多感官的体验，使得节目的仪式感在观众心中留下难以磨灭的印象。

节目的审美性同样体现在其视觉呈现上。《圆桌派》整体色调以沉稳的暗色系为主，节目的背景和现场所用的物品大多是具有古色古香的木制品，色调均偏向深棕、暗红、暗黄等深色，节目片尾出现的节目辞典也是深棕色。同时，嘉宾及主持人的着装也大多以深色系为主，节目片尾的谈话回顾是黑白色调，深色加黑白色调象征着节目权威高雅、文化厚重的风格。暖色调的灯光、精致的物品搭配以及对光影的巧妙运用，共同营造出一种温馨而私密的观看体验。

节目的镜头巧妙地捕捉了每位嘉宾的细微表情和肢体语言，镜头的运用既连贯又富有节奏感，避免了生硬的切换，使得观众能够感受到一种仿佛亲临现场的真实体验。特写镜头与全景画面的交替使用恰到好处，既展示了嘉宾的表情细节，又保持了对话的流畅性，让节目的观看体验更加贴近真实的对话。

《圆桌派》在节目正式开始前，通过焚香这一仪式性的环节，为节目增添了独特的文化氛围。主持人点香的动作被镜头细腻捕捉，火柴划过火柴盒的瞬间，香被点燃的特写，以及随之显现的节目主题文字，共同构建了一幅层次分明的视觉画面。这种开场方式不仅为节目设定了基调，也体现了节目的视觉美学。

节目的开始和结束以焚香和品茗为标志，形成了一种对称的美学结构。镜头在焚香的过程中，通过由模糊到清晰的过渡，细致地展现了这一过程，节目以众人举杯喝茶的画面作为收尾，茶水喝完，节目也随之结束。这种首尾呼应的设计，不仅展现了中国美学中的对称美，也为观众带来了一种精妙的视觉享受，使得整个节目的观看过程如同一场视觉和听觉的盛宴。

（三）节目谈话场的包容性

《圆桌派》节目的制作理念体现在其对话模式的选择上。区别于传统电视节目的固定脚本，节目采用了更为自由和即兴的对话形式。这种模式为思想交流提供了开放的空间，使得嘉宾能够在不受限制的环境中表达自己的观点，促进了不同思想的交流与碰撞。与那些通常遵循预定脚本的传统谈话节目相比，《圆桌派》的吸引力在于其对话过程的自然流畅，节目仅设定一个话题，嘉宾可以自由地展开讨论，这种即兴的交流方式赋予了节目一种真实感和动态性。正是通过这种方式，《圆桌派》成功构建了一个多元且包容的谈话场，使得每次对话都显得自然而深刻。此外，节目所营造的谈话氛围，也使观众在不知不觉中融入节目中，仿佛自己也是对话的一部分。

在《圆桌派》节目的进行中，无论是探讨个人情感的细微差别、人际关系与群体互动的复杂性、社会争议的热点问题，还是多元文化的交融与碰撞，主持人和嘉宾都展现出一种均衡而克制的对话姿态。面对文化多样性带来的挑战及社会中的不和谐因素，他们通过维持一种既不偏激也不冷漠的交流方式，充分尊重和包容不同意见，促进了深入而富有建设性的讨论。这种追求平衡与包容的沟通策略，不仅为观众提供了一个理解和接纳不同观点的平台，也为社会对话树立了一种温和而理性的典范。

例如，在探讨“规则”这一议题时，《圆桌派》展现了多层次的讨论。节目首先直面中国社会中规则遵守度的问题，没有回避这一敏感话题，而是通过具体案例揭示了不遵守规则的多种情形。窦文涛在此过程中引导讨论，提倡从中国社会发展的角度出发，寻求理解而非仅仅停留在批评层面。接着，讨论聚焦规则的制定与遵守，提出了一个核心观点：合理的规则制定对于公众的遵守至关重要。这反映了规则制定和执行是一个互动的过程，需要考虑如何使规则更加贴近人性，更易于被人们接受。最后，节目探讨了“规则就是用来打破的”这一观点，分析了规则在何种情况下应当被挑战，在何种情况下应当被遵守。由此可见，对于“规则”这一概念，《圆桌派》的嘉宾并未采取单一立场，而是根据不同情境进行了深入分析。节目展示了不遵守规则的现象，但并未对任何一方进行批判，而是保持了一种理性和平衡的态度，确保了讨论的公正性、客观性与多元性。这种多角度的讨论方式不仅促进了观众对规则重要性的深入思考，也体现了节目对于社会现象的全面审视。

《圆桌派》的每一期节目都旨在营造一个开放的讨论环境，使话题变得生动具体，触动观众的心灵。这种节目不仅是视听的享受，更是一次心灵的探索和思考的过程，通过这种方式，节目能够在短时间内为观众提供深刻的心理体验和情感共鸣。

二、《十三邀》案例分析

《十三邀》是腾讯与单向空间合作推出的网络文化访谈节目，自2016年首次亮相以来，便以其新颖的制作手法和深刻的思想内容，与传统电视访谈类节目形成了鲜明对比。节目通过互联网平台的广泛传播，展现了其个性化的魅力，吸引了众多观众的兴趣和关注。

节目以主持人许知远的“偏见”为内核，通过他的视角来审视和解读相关人物及文化现象。这种独特的视角贯穿整个节目，使其呈现出鲜明的个人思想特色。许知远带着对世界的一种独特认知，通过自己的偏见，挖掘出访谈对象的另一面，让观众对嘉宾有了更深的理解。

《十三邀》采用纪实手法进行拍摄，节目将未经修饰的对话和互动直观地呈现出来，让观众有机会近距离接触到嘉宾的真实一面。这种纪实性的访谈方式，一方面营造了真实感，另一方面也弱化了对观众的引导，鼓励观众主动进行理性解读，而非被动接受信息。节目中，观众随着许知远的脚步，从一个偏见出发，通过访谈过程中的“打破或印证”偏见，构建出一个完整的纪实叙事过程，形成了节目的基本叙事逻辑。

截至2024年，《十三邀》已播出八季，节目通过大胆的探索与创新性的实践形成了独特的节目风格，为观众带来了看待文化访谈节目的新视角。

（一）带着偏见入局，凸显主持人个性

在《十三邀》中，许知远打破了传统的访谈类节目模式，采用了一种不寻常的、个人主观态度的采访方式。他不再遵循客观中立的惯例，而是以个人的认知和态度为出发点，以批判性的态度展开深度交流，旨在为自己解惑，同时也为观众呈现出对话方式的另一种可能性。这种偏见式的采访模式在节目中得到了充分的展示，许知远毫不掩饰自己的观点和态度，以第三人称的偏见视角切入，颠覆了传统的采访模式。同时，这种不羁的个人形象也成为《十三邀》的突出符号之一，为节目增添了独特的魅力和吸引力。通过这种非传统的采访方式，许知远成功地为观众带来了新颖而独特的节目体验，引发了观众的共鸣和讨论。

《中国大百科全书》对“偏见”的定义为：以不充分或不正确的信息为依据，形成对某人、某群体或某事物的一种片面乃至错误的看法和态

度。然而,《十三邀》中所展现的偏见是一种积极而富有建设性的态度,它代表了主持人许知远的个人立场和对问题的独特视角。这种偏见并非源自偏执或偏颇,而是基于深入的思考和对个人见解的积极表达。节目中,许知远与嘉宾之间的对话不仅是观点的碰撞,更是一次对知识交流和思想碰撞的引导。通过这样的对话,节目展现了主持人和嘉宾双方的深刻思想。许知远的提问和认知都根植于他清晰的个人价值观,而他精心挑选的采访话题则体现了对人文关怀和时代精神的深刻洞察,形成了独到的见解和判断。这种独特的访谈方式不仅为节目增添了深度和广度,也激发了观众对社会学、文化、历史等议题的深入思考和讨论,在让观众见证个体的生命历程的同时,也促使他们深入反思自己所处的时代,赋予了节目更强烈的思辨色彩。《十三邀》通过许知远的个人视角,成功地营造了一个充满思想深度和情感张力的节目氛围,为观众带来了丰富的启发和深刻的感悟。

值得注意的是,在准备采访嘉宾之前,许知远常常会与不同背景的观众进行深入讨论,收集他们对相关主题或对被采访者的看法,这种“前馈”不仅是一种对观众的调查,也是他个人思考和发表见解的过程。这种方法不仅为节目增添了丰富的视角和亮点,也有助于引导观众更深入地理解和思考节目内容。

此外,节目也勇于展示主持人在采访过程中的真实面貌。例如,在准备采访哲学家陈嘉映时,节目真实捕捉了许知远的紧张与不安,以及他对于能否深入挖掘哲学话题的疑虑。在与导演冯小刚的交流中,镜头同样记录了他的慌乱,这反映了他对于不同话语体系可能带来的沟通障碍的担忧。此外,在与罗振宇的对话结束后,许知远通过一段长时间的镜头独白,真诚地分享了自己对采访过程的感受和态度。这些独白不仅展现了许知远的个人风格,也加深了节目的深度,引导了观众的思考,使得每一次访谈都成为一次思想和情感的深度交流。

（二）访谈场景与对象不受拘束

近年来，访谈类节目正探索与观众建立更紧密联系的新途径，其中一种创新手法是将访谈的地点转移到演播室之外。《十三邀》正是这一趋势的典范，它突破了传统访谈类节目的界限，将节目带入更具真人秀特质的新领域。在许多传统的文化访谈节目中，封闭的演播室和一成不变的访谈布景往往使节目显得过于正式，与观众之间形成了一定的隔阂。《十三邀》则通过在多样化的真实环境中进行访谈，为节目注入了浓厚的生活气息，节目中的对话场景丰富多样，从天台到电影院、从排练室到烧烤店、从酒吧到办公室，环境是对话的重要组成部分，每一个地点都为访谈增添了不同的色彩和情感。这种创新的设置让节目摆脱了传统访谈类节目的刻板模式，以一种更加生动和接地气的方式展现了访谈过程，观众仿佛亲临现场，能够更加真切地体验到访谈的氛围，感受到主持人与嘉宾之间互动的真实性和自然性。这种接近生活、接地气的表达方式，让《十三邀》从众多访谈节目中脱颖而出，更好地满足了当代观众对于真实感和沉浸式体验的需求。

《十三邀》在访谈对象的选择上展现了鲜明的多元化特色，其嘉宾阵容跨越了娱乐、文学、考古、商业等多个领域。这种跨界的访谈策略不仅丰富了节目的内容，也为观众提供了一个从不同社会视角观察和理解中国文化的窗口，帮助他们更全面地把握中国社会的多维度面貌。为了深入挖掘每位嘉宾的故事，主持人许知远在正式访谈前会做足功课，通过采访与嘉宾有关联的人物或收集来自不同渠道的信息，对嘉宾的人生经历和思想进行全方位的核实和了解。在这种访谈模式下，嘉宾自然成为节目的焦点，而其他辅助性的人物则为构建嘉宾形象和深化话题讨论提供了更多层次的视角。虽然传统的文化访谈节目也会采用类似的采访手法，但《十三邀》在这方面做得更为突出，它不仅强调对嘉宾个体的深入挖掘，还通过这种方式勾勒出更为立体的人物形象，并进一步拓展嘉宾背后的文化意蕴和社会价值。

此外，《十三邀》的采访手法也打破了传统电视访谈类节目的常规模式，带来了一种新颖的表达方式。不同于常规节目中单一的演播室设置，该节目通过后期剪辑巧妙地将采访者和被采访者的对话与相关人物的见解融合，创造了一种独特的叙事结构。在这种结构中，采访者与被采访者之间的对话不再是孤立的，而是与更广泛的社会背景和人物关系相交织，形成了一种多维度的交流。在《十三邀》中，采访者与被采访者的对话通常在不同的空间进行，这些空间通过后期剪辑被巧妙地拼接在一起，为观众呈现了一个既独立又相互关联的访谈空间。这种手法不仅丰富了节目的视觉效果，也使访谈内容得以在更深层次上展开，让观众能够从不同角度和层面理解被采访者的观点和经历。节目中，采访者、被采访者及其他相关人物各自扮演着不同的角色，他们之间的互动和对话构成了节目内容的主体。这种多角色、多视角的设置，不仅增加了节目的深度和广度，也促使观众在多方意见的交流和碰撞中进行思考，从而促进其对理性讨论的参与。通过这种方式，《十三邀》成功地将传统的访谈类节目转变为一种更为丰富和立体的文化交流平台，为观众提供了一种全新的思考和体验方式。

（三）注重纪实风格，体现审美深度

针对“精英”与“小众”的受众定位，《十三邀》致力于精耕内容与细节，以卓越的审美表现力紧密契合受众需求。其独具一格的影像风格给观众留下了深刻印象。相较于传统的文化访谈节目，该节目摒弃了过度交流的镜头，也避免刻意追求黄金分割比，而是秉持了一种真实而深邃的影像风格。节目通过在摄影、剪辑及调色等方面的独特处理，营造出一种庄重而精致的纪实氛围，契合了目标用户的审美取向。

《十三邀》在摄影制作方面，力求呈现更为自然真实的表达方式，采用电影与纪录片式的镜头语言，与传统访谈类节目在拍摄理念上有着显著

的区别。在拍摄过程中，该节目不受限于构图的美感与层次，打破了传统访谈类节目对近景、中景切换的严谨要求。相反，为了强化纪实感，节目大量运用手持摄影方式，通过镜头的微小晃动与虚焦效果营造出一种呼吸感，突出主观化的影像叙述过程。在这种动态拍摄中，摄影机不再是冷漠的第三方视角，而是以主观化方式介入影像叙述。镜头的晃动虽然削弱了画面的完整性，却增强了情感感染力与纪实感。在拍摄过程中，摄影师全程跟拍，避免给访谈双方带来心理压力。这样的处理方式有助于展示最原始的关系，摆脱受过严格摄影训练的专业人士受标准束缚的问题。节目还致力于通过碎片化的剪辑手法重构真实感，不仅在正片中展现了许知远采访前的心理准备，以及对人物履历的解读和猜测，还在节目后期的回放与剪辑中融入了许知远的思考片段。摄影师有时会转移镜头焦点进行隐喻，营造出纪实与虚幻结合的空间氛围。这种即兴的灵感闪现与互动者的自然感应相结合，使《十三邀》在叙事语言与审美追求上展现出独特的美学。

同时，《十三邀》在摄影制作方面秉持自然光拍摄的原则，尽量减少对人造光源和补光的依赖。在拍摄复杂的外景时，节目组尤为注重避免使用灯光，因为他们担心过于强烈的灯光可能会使交流和对话显得生硬，进而失去真实性。尽管在前期几季节目中，室内镜头较多，固定镜头的使用相对简便，但在部分室外拍摄场合，制作团队依然选择依赖自然光线完成拍摄。以采访五条人一期为例，当许知远与仁科在小洲村漫步，交谈至兴致勃勃时，摄影师需在不打扰两人的情况下捕捉画面。随着夜幕降临，自然光无法满足拍摄需求，摄影师便巧妙地借助一辆清洁工的电动车，利用车前灯为二人提供补光。这种随性的抓拍方式生动地呈现了对话中的微妙瞬间，从观众视角出发，成片并未追求过于"光滑细腻"的视觉效果。相较于提前规划访谈内容，避免矛盾争议，以及剪辑掉尴尬和失误的传统做法，《十三邀》坚持严谨务实的态度，不盲目追求流量，不敷衍观众，将观众视为高层次的审美评判者。通过光影的运用，节目不仅诚实地呈现真实自我，也展现出对观众的最大尊重。

此外，《十三邀》还致力于全方位展现嘉宾风采，不仅关注他们在镜头前的表现，更致力于深入挖掘他们的内心世界，揭示其不为人知的一面。在第五季及之后的几季节目中，许知远的主持风格产生了一定的变化，不再将话题引向高深莫测、晦涩难懂的领域，也不再依赖学术知识与嘉宾展开舌战。相反，他采用更为包容、纯粹的态度，深入体验嘉宾的生活，通过平凡的生活琐事来理解对方。以采访王宝强为例，为了让观众更好地了解这位演员成名前的艰辛，许知远亲自参与电影拍摄，扮演赌徒角色，与群演在赌桌前互动。这些看似简单的镜头，却平实地展现出许知远凌晨三点半起床化妆，连续工作15个小时，最后换来的只是剧组提供的三份盒饭和100块钱的真实经历。随后，他前往河北省邢台市大会塔村采访王宝强，深入其故乡，探寻他的成长故事。在采访过程中，许知远以一位随意而至的熟客身份，与王宝强边吃花生边聊天。两人一起登上楼顶，展现了一种更为亲近的交流方式。这种改变使得节目更加关注受访者的好奇心和倾听欲望，摒弃了高深莫测的知识探讨和激烈的争论，呈现出一种更为真实、贴近受访者本人的人物描绘。

三、《非正式会谈》案例分析

《非正式会谈》是一档以文化交流为核心主题的娱乐访谈节目。该节目会聚了来自世界各地的青年代表，与我国主席团成员共同探讨社会热点问题，充分展现各国文化的独特之处及观点差异。该节目自2015年4月起在湖北电视台首播，随后在哔哩哔哩同步播出，进一步扩大了节目影响力。截至2024年，该节目已播出8季。

《非正式会谈》的流程包括外籍代表的小剧场表演、各国特色文化展示及针对特定事件展开辩论的提案环节等内容。这种跨国文化交流的模式使观众能够更加深入地理解各国的文化、价值观及思维方式。外国嘉宾与中国主席团成员的辩论，有助于促进文化间的相互理解与沟通，为国际友好关系的发展贡献力量。

（一）主持人与嘉宾身份的重塑

《非正式会谈》中主持群的角色设计十分独特，分为“会长”“副会长”“秘书长”“书记官”，巧妙地将节目流程与“会谈”形式相结合。此举使节目更贴近实际会议场景，观众得以沉浸其中，参与感倍增。明确的主持角色分工不仅有助于节目流程的顺畅进行，更能相互补足，提升节目的整体效果。通过此类角色的设定，节目还塑造了独特的品牌形象，深入人心。随着节目不断的发展和变化，主持人团队的成员或有变动，但逐步形成了以会长大左、副会长杨迪、秘书长陈铭、书记官陈超为核心的一个较为固定的主持团队，以确保观众享有稳定、连贯的观赏体验，进而提升节目的传播力和吸引力。

在《非正式会谈》中，大左作为会长，以稳健的驾驭者形象领导节目的主要进程，并引领节目氛围，确保嘉宾在平等、积极的环境中展开交流。他负责开启节目，主持“全球文化相对论”及“提案辩论”等核心环节，为节目注入活力与深度。

副会长杨迪则在节目中着重呈现幽默诙谐的一面，通过富有感染力的即兴表演和敏锐的综艺触觉，营造出轻松愉快的氛围。作为“交流者”，他的职责在于，在与外国代表互动的过程中体现会谈“非正式”的特点，通过调动节目氛围、增强娱乐效果进一步提升节目的吸引力。他在轻松调侃的环境下，为嘉宾提供了更大的发挥空间，使节目更加生动有趣，也对年轻观众产生了更强的吸引力。

在节目中，秘书长陈铭作为意见领袖，负责对各国代表的发言进行提炼和总结，在辩论结束后将辩题提升至更高层次，升华主题，使节目更具文化内涵。陈铭具备倾听和辩证思维的能力，可以准确把握各国代表的观点精髓，并提出具有深刻思考的总结性陈词，触动代表和观众的内心。

书记官陈超作为唯一的女性角色，同样承担着关键职责。她主要负责提出每一期节目的主题（辩题），并在辩论环节为讨论提供独特的女性视角，防止节目陷入单一男性思维模式的局限中。作为承接者，她不仅推进了节目流程，更传递着一个群体的思想观念。她的角色在节目中弥补了女性视角的缺失，为节目增添了多元性和深度。

明确分工的主持角色旨在实现互补效应，进一步提升节目表现力，并塑造独具特色的IP，使之具备广泛的传播潜力。通过主持人的不同职责和角色，节目能够更全面地展现出各个方面的观点和意见，为观众带来更丰富的思想碰撞和交流。

同时，在《非正式会谈》中，各季不同国家的代表阵容相对稳定，主持人与代表在节目外的频繁互动有助于增进彼此间的了解，为节目中的默契配合和话题互动奠定了情感基础，同时也赋予了谈话场活力。例如，在讨论“减肥”这一话题时，会长大左分享了自己少年时期因病发胖的经历及曾遭受的言语伤害。结束讨论后，大左表示：“尽管瘦身仍是我追求的目标，但能否实现则是我的自由。希望大家能对身边深受体重问题困扰的朋友给予足够的宽容。”大左以亲历者的身份积极分享与话题相关的个人经历，与各国代表及电视观众形成了更为直观的生活化的对话与情感互动。因此，在该节目中，主持人的角色设定和职业化主持特质得以弱化，他们以话语主体的身份全程参与谈话场的构建，在辩论中积极表达个人观点或提出疑问。主持人不仅是话题的引出者和引导者，更是提供不同社会视角的话题参与者。这种模式使得节目更具有真实性，更能引起情感共鸣，并能够更好地吸引观众，使他们更专注地投入节目的讨论和交流中。

（二）极具仪式感的谈话场

《非正式会谈》之所以备受年轻观众青睐，其中一个重要原因就是其充满寓意的“国际会谈”式场景设计。这种设计创新了传统脱口秀节目的形式，将其打造得仿佛一场真实的国际交流活动。通过仪式化的场景设置，节目使观众仿佛身临其境，参与到一场国际会谈中去，深深触动了全球青年热衷于参与世界发展的内心需求。在这样的场景下，节目嘉宾可以在一个开放自由的环境中展开互动和讨论，而观众则可以作为旁观者，从外部观赏这些交流和争论。这种双重身份的体验使得观众和嘉宾都能产生高度的角色认同感，增强了他们对节目的投入和参与感。同时，这种国际化的场景设计也使得节目更具吸引力，吸引了更多年轻观众的关注。

该节目通过展现来自不同国家的代表在节目中的互动，呈现了一幅国际关系的微观画卷。在特定的情境下，各国代表自然地将自己融入自己国家的身份中，体现了“个人即国家”的认知。这种认知使得国际话语在节目中自然而然地体现，将话题的探讨提升至新的层次。

在《非正式会谈》节目中，不同国家的代表携带着各自独特的思维方式和价值观念，这些鲜明的差异在节目的“全球文化相对论”环节中得以展现。他们不仅激发了合理而深刻的思想碰撞，更促进了对不同民族话语的深入理解和认同。外国青年代表在成长旅程中所参与的社会活动和所扮演的社会角色，为节目注入了丰富的社会话语元素。由此，国际话语、民族话语和社会话语在节目的交流空间中交织成一幅绚丽的图景，使得节目内容的层次更加立体，意义更加丰富。这种多维度的话语交织不仅为话题的深入探讨提供了广阔的空间，也为节目的深度和观赏性增添了新的维度。

《非正式会谈》还巧妙地构建了一个全球文明的微缩景观，一个促进直接交流的仪式空间。节目以汉语作为沟通的桥梁，帮助外国嘉宾绕开了母语所携带的文化主体性，实现了更平等的对话。此外，通过规则的巧妙设计，节目实现了主持人角色的隐匿，将话语权真正赋予了来自不同国家的嘉宾，象征着对中心话语权的有意识让渡。这种创新的节目形式不仅有助于淡化文化主体性，构建一个平等的文明对话平台，而且确保了各国嘉宾能够充分表达自己的声音。它为跨文化传播奠定了坚实的基础，并推动了全球范围内的文化交流与理解。

（三）在理性对话中求同存异

在《非正式会谈》的舞台上，仪式化的场景为参与者赋予了独特的身份和象征意义，通过充满深意的形式，传达了特定群体的情感和信仰。仪式作为一系列象征性、表演性、传统性和程式化的行为模式，是社会成员或专业人员参与的集体表达。节目中，外国嘉宾被安排在会议桌前，面对各自国家的国旗，而节目话题则以提案形式呈现，这种仪式化的“国际会谈”场景，成为节目区别于一般娱乐访谈节目的独特之处。不同国家的青年在这一情境中，不仅作为节目嘉宾，更扮演着“国家代表”的角色，肩负着传播本国文化的使命。成熟的对话场建立在包容和开放的基础上，节目严格杜绝歧视和霸权，确保每位代表都享有平等的发言权，从而展现世界文化的多样性。这种仪式化的场景设计为节目增添了独特的氛围，促使参与者更好地表达自己的观点和文化特色，推动了跨文化交流和理解。

此外，《非正式会谈》以理性为基础，秉持“消除偏见、求同存异”的理念，从全球视野出发，在和谐友好的氛围中构建了一种超越国家文化的对话环境。这为多重话语的共存创造了条件，观众在观摩这一仪式化场景的同时，也在重新审视自身作为社会成员的责任感。他们不仅关注节目中的辩论和世界文化内涵，更在关注社会议题和获取全球知识的过程中，对“地球公民”角色产生了强烈的认同。这种认同是对全球文化多样性和社会问题的深刻理解和包容，也是观众在思考和参与全球性议题时产生的主人翁意识。

《非正式会谈》作为一档国际文化类节目，充分体现了平等交流和多元互动的重要性。节目中，各国代表畅所欲言，通过广泛的对话交流实现价值的有效传播，同时将世界文化的丰富多彩展现给观众。在第五季的一期节目中，印度代表天乐面对恒河信仰与现实的水污染问题之间的矛盾，选择坦诚面对，并分享了自己对恒河文化的自豪。通过理性对话和互相尊重，大家都感受到并理解了恒河在印度文化中的重要地位，体现了对文化多样性的包容和尊重。这一精神展示了节目在全球范围内促进理性对话和文化交流的努力，加深了观众对世界各国文化的了解和尊重。

综上所述，《非正式会谈》节目秉承着求同存异的核心理念，精心打造了一个促进不同文化间交流与融合的互动平台，在倡导开放、自信、平等的社会氛围中，受到了广泛的关注和好评。节目组巧妙地将主流文化与各国独特的文化特色相融合，不仅向国内观众展示了国际文化的魅力，同时也助力中国文化走向世界，实现了文化的双向传播。这种跨文化的互动模式有效地减少了由文化差异带来的偏见与误解，为文化多样性的繁荣发展提供了有力的支持。通过这样的文化交流，观众不仅能够拓宽视野，增进对不同文化的理解与尊重，也能够在全球化的背景下，共同探索和构建一个和谐共生的文化生态。